社会化养老的山西实践

SHEHUIHUA YANGLAO DE SHANXI SHIJIAN

山西省发展和改革委员会宏观研究院课题组 著

山西出版传媒集团
山西经济出版社

图书在版编目(CIP)数据

社会化养老的山西实践 / 山西省发展和改革委员会宏观研究院课题组著. --太原：山西经济出版社，2019.4

ISBN 978-7-5577-0470-4

Ⅰ. ①社… Ⅱ. ①山… Ⅲ. ①养老-社会服务-研究-山西 Ⅳ. ①D669.6

中国版本图书馆 CIP 数据核字(2019)第 059329 号

社会化养老的山西实践

著　　者：山西省发展和改革委员会宏观研究院课题组
责任编辑：侯铁民
装帧设计：陈　婷
排　　版：李新生

出 版 者：山西出版传媒集团·山西经济出版社
社　　址：太原市建设南路 21 号
邮　　编：030012
电　　话：0351-4922133（市场部）
　　　　　0351-4922085（总编室）
E－mail：scb@sxjjcb.com（市场部）
　　　　　zbs@sxjjcb.com（总编室）
网　　址：www.sxjjcb.com

经 销 者：山西出版传媒集团·山西经济出版社
承 印 者：山西万佳印业有限公司

开　　本：787mm×1092mm　1/16
印　　张：17
字　　数：230 千字
版　　次：2019 年 4 月　第 1 版
印　　次：2019 年 4 月　第 1 次印刷
书　　号：ISBN 978-7-5577-0470-4
定　　价：58.00 元

前　言

当前,我国人口老龄化呈现“井喷式”发展态势。据国家统计局数据显示,2018 年末,全国 60 周岁及以上人口达 24949 万人,占总人口的 17.9%,且全国 60 周岁及以上人口将继续以每年近千万的规模递增,预计到 2025 年,60 周岁及以上人口将达到 3 亿人,届时我国将成为超老年型国家,并伴有高龄化、失能化、空巢化、少子化“四化并发”的难题和“未富先老”的突出问题。为此,在老龄化社会快速发展的时代背景下,建立和完善社会化养老服务体系,推动社会化养老健康可持续发展,成为各级党委和政府必须破解的一道难题。

就山西而言,按照 2018 年山西省人口变动情况抽样调查主要数据公报显示,全省常住人口中 60 周岁及以上人口达 606.09 万人,占常住人口的 16.3%。16.3%的老年人口比例,对于经济欠发达的山西,无疑是一种巨大的压力和挑战。近年来,山西省为了有效应对人口老龄化带来的挑战,相继出台了一系列相关政策,在健全社会化养老服务体系方面进行了积极探索。但随着人口老龄化的快速发展,老年人养老需求的日益多样化,现有的社会化养老服务体系建设仍难以适应新形势下的社会化养老服务需求。当前,结合国内外养老服务体系建设的经验和新形势下社会化养老的新趋势,研究如何构建山西省的社会化养老服务体系,对于保障老年人权益,不断提高老年人生活质量和幸福指数,让发展成果更公平地惠及老年人群,促进和谐社会建设,具有重要意义。

本书以山西省养老服务的实证研究为基础，着力理论探究，从多个角度深入研究社会化养老服务体系建设，以期为山西建立和完善社会化养老服务体系工作提供借鉴和参考。本书第一章首先从理论角度，认真梳理了国内外学者对社会化养老的理论基础、内涵、模式、特点、服务体系建设等方面的研究论述，以便更好地为养老服务的广泛性、多样性、针对性等特征提供理论依据，为我省社会化养老服务的分析做出铺垫；第二章从实证分析的角度，在全面梳理了我省养老概况的基础上，对山西养老服务市场的供给侧和需求侧进行了分析，并就有效匹配养老供给，促进我省养老服务市场达到动态平衡提出了相关措施和建议；第三、四、五、六章分别选取了养老服务设施、养老金融、医养结合、智慧养老等当前社会养老服务中的关键问题和热点问题进行深入研究，并通过系统分析提出了我省在开展相应工作中应采取的策略和对策建议；第七章从国际和国内两方面梳理了不同养老模式发展的先进经验，通过国内外典型养老模式的探讨，总结出对完善山西养老模式发展的经验启示；第八章在梳理山西养老政策文件的基础上，通过对山西养老相关法规政策的制定与落实情况进行评估，发现我省在养老法规政策方面的不足，并针对性地提出完善的建议；第九章在前文多角度研究的基础上，提出了以推动医疗卫生和养老服务相结合为重点构建山西养老服务体系的战略构想，有针对性地从医养结合、健康预防、行业监管、制度保障等方面提出了完善相关制度体系的对策建议。

人口老龄化是一个持续变化的过程，老年人的需求也是动态发展的，对社会化养老服务体系建设的研究也应针对不断出现的新情况、新问题逐步深入，这就需要更多研究工作者持续关注老龄事业，不断去探索开发更为完善的养老模式，为我国社会化养老服务体系建设提供更有力的理论支撑。本书旨在社会化养老服务体系研究方面抛砖引玉，错漏难免，诚望读者不吝批评指正。

目　录

第一章　社会化养老理论研究综述

国内外学者对社会化养老理论进行了深入的研究，形成了比较成熟的理论体系。本章围绕这些内容进行研究，从而为后文打下基础。

第一节　社会化养老理论基础

通过对社会化养老服务的内涵、相关理论基础、制度依据和发展趋势的深入研究，才能更好地为养老服务的广泛性、多样性、针对性等特征提供理论依据，为山西省社会化养老服务的分析做出铺垫。

一、社会化养老的内涵与特点

（一）社会化养老的基本内涵

学界把社会化养老定义为，老年人在敬老院、福利院等养老机构养老。养老模式包括经济供养、生活照料和精神慰藉等方面的因素。本书中，社会化养老的概念要远远广于“社会养老”。社会化养老，指的是老人晚年生活的经济来源和日常照料来源于社会，由社会提供，比如老年人退休金、福利费、医疗费等由政府、企事业单位及社会保障机构提供，而不是由家庭提供（如图 1－1 所示）。“社会化养老”这个概念包含了许多现有的养老模式，比如完全的机构养老（养老院、福利院）及不完全的机构养老（短期托老所），完全的自我养老和不完全的自我养老（自行居住，和儿女联系并不紧密），完全的家庭养老及不完全的家庭养老（为老服务与家庭养老没有冲突),这个概念是广泛的,涉及的方面很多(保险、医疗、养老机构、社区为老服务、财政对老龄工作的投入等)。

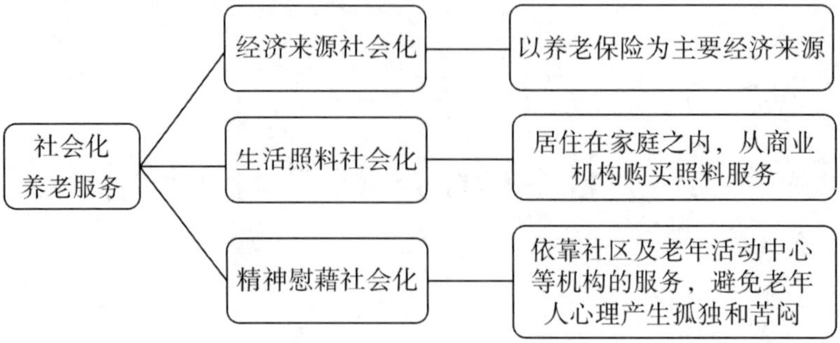

图1-1 社会化养老服务的来源

(二)社会化养老的基本模式

新中国成立后,国家养老体系的发展主要经历了改革开放前和改革开放后两大阶段,养老服务的主体和客体都发生了很大变化。改革开放前,实行主要由家庭和单位向其所针对的特定人员或群体提供养老服务的模式。改革开放后,开始逐渐发展由多元化供给主体向全体老年人提供基本养老服务的模式,各地广泛探索和实施因地制宜、形式多样的养老方式,主要有:

——居家养老模式。居家养老是我国养老服务体系的基础,是老年群体最易接受的传统养老方式。居家养老以家庭为核心,以社区为依托,以老年人生活照料、医疗康复、精神慰藉、文化娱乐为主要服务内容。其基本特征是:对老年人的照料服务由家庭和社会共同承担,精神生活保障主要由家庭承担,物质生活保障由国家、集体和个人共同承担。受历史传统、文化理念和发展程度的影响制约,居家养老在今后很长一段时间内仍将是我国的主要养老方式。

——机构养老模式。机构养老是一种社会化养老的模式,该模式是通过社会途径保障的养老方式,其主要实现形式是综合福利院、老年养护院、社区老年公寓、养老院等。社区老年公寓涵盖了包括老年社会保障、老年社会福利、老年社会服务等多项内容。许多社区老年公寓将社区医院和老年公寓有机结合起来,通过对老年生活社区的整体开发而较全面地解决养老问题。

——互助养老模式。互助养老模式是由政府支持、多方参与、民间运作的养老模式。其基本形式是在老人家中和社区两个层面建立互助养老点和互助养老中心，形成以老人家庭为基础的家庭式互助养老和以社区养老设施为依托的社区式互助养老模式。该模式的特点是由政府负责为互助养老点购买娱乐设施、补贴水电费，并加强引导扶持、组织开展活动，条件宽裕的老人家庭提供活动场所，社区内企事业单位提供闲置场所或提供赞助，有效整合了政府、社会和家庭资源。目前，我国很多农村开展互助幸福院以及北京、天津、青岛等地开展的结对组圈式互助养老，都属于这种模式。

——异地养老模式。所谓互动式异地养老，是指各地养老机构通过有效的机制建立起一个统一的网络，将满足老年人需求的市场资源和养老机构的闲置资源整合起来，进行交换性服务，相互交换客户资源，让老年人在没有增加很多费用的情况下，可以享受来自不同养老机构的多样化服务。异地养老模式的实质是移地养老，其中主要包括互动式异地养老、度假养老、回原籍养老等基本形式，是经济发展到一定阶段的产物。目前，海南、深圳等地都有这种养老模式。

——复合养老模式。复合养老模式的特点是家庭养老充分发挥家庭供养的日常照料作用，社区养老充分发挥社区集体的作用，自我养老充分发挥老年人个体作用，社会养老充分发挥政府的作用。该模式既保留了居家养老的亲情和舒适环境，又配置了大量社区娱乐休闲场所，同时引入专业机构提供持续照料和医护服务，让老人们享受到“居住在家中、生活在社区、医护在机构”的退休生活。比如，在我国，上海、长春等地开展的“9073”复合养老模式，探索实践老年人中90%由家庭自我照顾、7%接受社区居家养老服务、3%入住机构养老；安徽省支持保险公司创新开发养老服务、健康保险产品，在社会养老方面探索建立失能失智老年人长期护理保险业务。

二、社会化养老的理论依据

（一）福利多元主义理论

福利多元主义主张福利供给主体的多元化，在养老模式多元化发展中具有重要的意义。养老服务的提供主体是养老模式的选择和构建的关键，服务供给的主体是养老模式得以运作的执行者和推动者，直接关系到老年群体生活质量的维持和提高。随着经济社会的发展，在养老服务中单一的供给主体已不能满足社会发展的需要。

1978 年英国的《沃尔芬德的志愿组织的未来报告》中首先使用了福利多元主义这一概念，随后在罗斯和伊瓦斯研究中不断地明确和发展。福利多元主义主张福利是全社会的产物，国家、市场、家庭、雇员、志愿机构等都是福利的供给者，认为国家是主要的福利生产者，但并不是福利的唯一来源，让国家去承担福利生产的完全责任是不正确的。国家在提供福利的过程中扮演着非常重要的角色，但绝不是福利供给的垄断角色。市场亦是福利的重要来源之一，无论是家庭还是个人都会与市场提供的福利存在着关系；从历史的角度来看，家庭一直是福利的基本提供者。

我国现阶段家庭提供养老服务的主体地位不断减弱是不争的事实；政府在养老方面的政策措施力度不断加大，但仍存在扩面、提质等方面的问题；养老市场逐渐放开和成熟，但仍然缺乏有力的政策支持和发展头绪。这些发展和不足给养老模式的多元化发展提供了可能，为多元化的福利供给提供了空间和契机。服务的供给是任何养老模式赖以生存的基础，养老模式的多元化离不开福利供给的多元化，福利供给的多元化推动着养老模式多元化发展趋势。

（二）新公共服务理论

新公共服务理论是关于公共行政在以公民为中心的治理系统中所扮演角色的一套理论，于 20 世纪 90 年代末兴起，以登哈特为代表人物。其理论基础主要有公民权理论、社区和公民社会理论、组织人本主义理论、后现代主义和话语权理论等，其主要内容体现在以下几方面。[①] 一是

---

① 杨琦、罗遐：《政府购买居家养老服务问题研究——基于新公共服务理论的视角》，《长春大学学报》2014 年第 5 期。

政府职能是服务而非掌舵。公共管理者即政府的重要作用在于帮助公民表达和实现他们的共同利益，而非对社会的控制或"掌舵"。问题的解决需要政府与私人、非营利组织共同行动以及公民的参与。政府角色从控制转变成调解、协调甚至裁决。二是公共利益是目标而非副产品。公民应该把眼光从自身利益扩展到公共利益上，而政府官员需要促进一种集体的、共同的公共利益观念的建立。其目标是要创立共同的利益和责任，而非由个人选择驱动的快速解决问题的方案。三是在思想上要有战略性，在行动上要有民主性。只有通过集体努力和合作，才能够使符合公共需要的政策和方案最有效地、最负责任地得到贯彻执行。在具体实施过程中依然需要公民的参与和回应。四是为公民服务，而不是为顾客服务。公共利益产生于公共价值观的对话，而不是个人自身利益的集合。因此，公务员要着重关注公民的需要和利益，并与其建立信任和合作关系，满足公民参与公共管理活动的愿望，提供回应性的公共服务。五是责任并不简单。公务员应该更加关注法令和宪法、社区价值观、政治规范、职业标准以及公民利益等，而不仅仅是市场。而传统公共行政理论和新公共管理理论都将责任问题过于简单化。六是重视人，而不只是重视生产率。新公共服务理论强调"通过人进行管理"，因为在新公共服务理论中处于核心地位的人类行为要素是人的尊严、自信、归属感以及基于公共利益的公民意识。七是公民权和公共服务比企业家精神更重要。政府的所有者是公民，政府官员不仅要分享权利，通过人民来工作，通过中介服务来解决公共问题，还必须将其在治理过程中的角色定位从企业家转换为负责的参与者。

（三）马斯洛需求分析理论

老年人需求的满足是养老选择和构建过程中的重要考量，也是评判其是否合理有效的一个重要标准，所以需求理论在实际养老选择中有着重要的理论指导意义。

在心理学中需求被认为是一种人体内部的不平衡状态，是人对维持和发展生命所必须拥有客观条件的反应。美国著名心理学家马斯洛将人类需求分为五个层次：生理的需求、安全的需求、社交的需求、尊重的需求和自我实现需求。各种需求之间有高低层次和先后顺序之分，这些高低有序的需求是人类个体成长和发展的内在力量和动机，每一层需求的满足情况，将决定个体人格发展的程度和境界。这些需求贯穿和影响着人的一生，这些需求的满足情况在人类晚年阶段，具有重要意义。

老年群体作为人口中的特殊群体，由于年事已高、身体机能衰弱，依赖性逐渐增强，特别是体弱和患病老人，对生理需求和安全需求的满足要求较为迫切，如食物、水、住房、生活的安定、避免遭受疾病痛苦等这些最基本生存的需要；老年人作为社会成员，人际情感交流、家庭社区成员之间的互动、自己的生活圈子等构成了老年人的社交需求；老年群体同样也有被尊重需求和自我价值实现的需求，老年人年纪大、身体弱、独立性差、依赖性强等标签化的特征使得人们在对待老年人的时候，往往从自身有些狭隘的价值观考虑问题，认为老年人处于生命周期的末端，除了消费不创造任何价值，是家庭和社会的负担，因此常常忽视老年人的需求和价值，社会上更有弃老、虐老现象发生。不能简单只是将老年群体归类为弱势群体，我们在日常的生活照顾上尊重老年人的同时也要尊重老年人对自身价值的诉求。

（四）生命周期理论

生命周期理论，同时也被称为消费与储蓄的生命周期假说，由美国经济学家 F. 莫迪利亚尼（Franco Mordigliani）和 R. 布伦博格（Richard Brumberg）等学者于 20 世纪 60 年代初提出。莫迪利亚尼和布伦博格于 20 世纪 50 年代先后合作发表了两篇论文《效用分析与消费函数：横截面数据的一种解释》和《效用分析与总量消费函数：统一的释义》，由此奠定了生命周期理论（Life Cycle Theory）的理论基础。该理论的基本思路是：任何一名理性的消费者，不仅要对某一时点上某一消费行为或者消费项目进行决策安排，充分考虑个人效用的最大化，最重要的是要追求其一生，即整个生命周期内的效用最大化，预算约束则为生命周期内创造的收入与消费支出的平衡。个人在生命周期的各个阶段上对消费支出的选择，遵循的都是一个与预期相符的、长期的、稳定的、平均化的消费率，周期内各期的消费水平基本等于一生总收入水平的平均数。这就决定了短期储蓄的出现，因为在平均消费和即期收入之间存在一个差距，从而导致了我们悉知的财富在生命周期内的“驼峰形”分布状态。[①]

（五）善治理论

善治，是一种公共权威运作和社会管理的过程，其基本目标是实现公共利益的最大化，该公共利益具有社会共享性。简而言之，善治就是使公共利益最大化的社会管理过程。20 世纪 90 年代以来，善治这一概念受到学界的广泛认同。善治意味着国家权力向社会回归，更强调政府与社会的合作，即善治的过程重视良性互动和有效合作，运用多元化的管理手段和方法处理公共问题，强调多元社会机制的协同整合功能。它的本质特征是政府与市场、社会、公民三者对公共事务的互动合作管理，是国家与公民社会实现共生共荣、互相促进、互相协作的良好合作过程。[②] 我国著名学者俞可平认为善治的以下几个要素是衡量善治程度高低的重要指标：一是合法性，即政治合法性，它以人民的选择和授权为基础，是一种自觉认可和服从社会秩序和公共权威的性质和状态。善治程度与公众对政治权威的认可和服从度及公共部门存续的合法性呈正比，即，认可和服从度越高、公共部门的合法性越高，善治程度也越高。二是法治，法律面前人人平等是其基本原则，法律是公共政治管理的最高准则。法治规范个人行为、维护社会秩序的同时，也要规范政府行为、规范公共管理过程。三是透明性，即政治信息的公开性，此处的透明不单指政府方面的信息应当透明，整个社会内部的信息也应当透明。信息透明公开是良好治理的必备条件，知情权是民主化的重要组成部分，所以，政

---

① 赵玛丽：《基于生命周期理论视角的以房养老问题研究》，硕士学位论文，浙江大学，2013。

② 李金晓：《政社合作居家养老服务模式研究——基于善治理论》，硕士学位论文，首都经济贸易大学，2018。

府根据公众的需要提供政务信息是必要的,公众有权利知晓政府的各种行为,包括其做什么、怎么做、程度如何以及取得何种效果。善治程度也同政治信息的透明度呈正相关。四是责任性,它强调的是政府的权利和义务并存,通过制度明确政府责任,要求公职人员履行各自责任。五是回应性,该要素是责任性的延伸,是指政府需对公众提出的要求做出及时和负责的回应,并及时采取措施满足公共需求,实现公共利益。六是参与性,即公民对政治和其他公共生活的参与程度。七是有效性,即公共管理的效率。少投入、高效益应当是公共管理体制追求的目标。这需要公共部门在提升管理活动的科学性和灵活性,降低管理成本,提高公共部门的绩效和效率的同时,兼顾公共管理的社会效果。八是公正性,它要求权利、分配、机会和司法等方面的公平。九是稳定性,具体包括政治稳定、经济稳定和社会稳定,此处更主要体现在公共政策的连贯性。十是廉洁性,来自三个基本条件的共同约束:政治上退出的约束、法治下的惩罚以及信息透明下的监督。

善治理论的本质是国家与社会合作共治。善治所追求的是,在民主权利框架中,建立比政府更广泛、更开放的公共事务管理和公共服务体系。其追求的公共事务的治理,不是政府自上而下的控制,而是多元主体互动参与的合作共治的过程,因为不同主体虽然利益和目标不尽相同,但是他们也拥有各自的独特资源和相对优势。政社合作共治,即是多主体基于共同利益,通过整合各自的资源,以实现多主体的共赢。

传统社会管理的实质是,国家基于政治权力,对单个主体间的利益关系进行协调,从而实现资源整合,化解矛盾。而政社合作共治中,社会组织可参与社会管理,二者主动进行资源整合,充分发挥整合优势,提供公共服务,调整并增进社会福利。因此,在尊重的前提下,实现国家和社会间的认同和支持,使权力和权利协调发展,实现更充分的治理,即善治。

总之,善治理论强调政社合作的互动,社会由传统公共管理的客体转变为现代公共管理的主体。政府要积极转型,突破传统观念的束缚,以积极的心态面对社会参与，认可其为实现公共利益和完善政府职能的必要补充。国家与社会在资源整合过程中的互相监督和支持，是从善政走向善治的现实基础。

（六）协同治理理论

协同与治理，是协同治理理论的两个基本要义。协同意思为协调与合作，是价值理念的一种。治理的原意是控制、操纵以及引导。1971年，联邦德国的物理学家赫尔曼·哈肯提出了协同学理论，它的基本假设是："即使在没有生命的物质中，新的、井然有序的结构也会从混沌中产生出来，并伴随着恒定的能量供应而得以维持。"赫尔曼·哈肯等人认为："协同学在社会科学研究领域内应用的重点是不同的社会主体之间的互相协调与合作，比如不同地区之间的合作或者不同部门之间的相互协调等。"我国学者俞可平认为："治理的基本含义是指公共权威在既定的范围的运用，是政府或民间的公共管理组织为满足公众需求，利用权威维持秩序的过程。治理的目的是通过运用权力去引导、控制和规范公民的各种活动，使公众利益最大限度地增进。"[①]由此可见，协同治理理论首先强调的是治理主体的多元化。治理主体不仅包括国家和政府组织，也包括社会组织，比如民营组织，企业、家庭以及公民个人等均可以参与到社会公共事务的治理。各个组织或者行为体之间没有共同的价值判断以及利益需求，并且各自掌握着不同的社会资源，这些组织或者行为体之间存在着竞争与合作的双重关系。其次强调的是各个组织以及行为体之间平等自愿的协调与合作，政府在协同治理的过程中是作为嵌入社会的行为体出现的，它负责各组织或者行为体之间协同合作规则以及目标的制定，政府起到对各组织或行为体内部或不同组织之间、不同行为体之间的协作进行组织的作用。

三、社会化养老的制度依据

社会化养老是对老年人的赡养方式由家庭向社会的转化过程及所

① 秦志颖、李振军：《我国农村养老服务供给主体多元化研究——基于协同治理理论视角的分析》，《中国集体经济》2016 年第 1 期。

产生的结果。在我国,推动社会化养老发展有着法律法规方面、党中央决策部署方面、金融支持政策、服务促进政策方面的依据和保障。

(一)法律法规的立法依据

根据2018年全国人民代表大会修订的《中华人民共和国宪法》,其第四十五条中指出:中华人民共和国公民在年老、疾病或者丧失劳动能力的情况下,有从国家和社会获得物质帮助的权利。国家发展为公民享受这些权利所需要的社会保险、社会救济和医疗卫生事业。这一条款可以说为我国公民养老、维护老年人合法权益提供了根本上的法律保障,也是社会化养老的根本依据。

而根据2015年最新修订的《中华人民共和国老年人权益保障法》,总则中提出:"国家和社会应当采取措施,健全保障老年人权益的各项制度,逐步改善保障老年人生活、健康、安全以及参与社会发展的条件,实现老有所养、老有所医、老有所为、老有所学、老有所乐。"并明确提出"国家建立和完善以居家为基础、社区为依托、机构为支撑的社会养老服务体系"。在接下来的第三章社会保障、第四章社会服务、第五章社会优待、第七章参与社会发展中,都对构建社会养老服务体系提出了具体的相应规定。特别是在社会服务这一章中,明确提出了要发展城乡社区养老服务,鼓励、扶持专业服务机构及其他组织和个人,为居家的老年人提供生活照料、紧急救援、医疗护理、精神慰藉、心理咨询等多种形式的服务,并就养老机构的设立、登记、变更,发展老年产业等做了具体说明。

此外,国务院及相关部委多年来也相继出台了一些有关社会化养老方面的法规和规章制度,如:《老年人社会福利机构基本规范》《关于加快实现社会福利社会化意见》《养老机构管理办法》《养老机构设立许可办法》等。

由于我国养老法律制度起步较晚,且相对目前需求存在一定的滞后性,亟须进一步完善和健全,借鉴一些较早进入老龄化社会的国家,吸取它们当中一些好的社会化养老方面政策措施。

专栏一:国外出台的一些法律法规借鉴参考
英国在1908年颁布了《老年群体退休年金保险法》,确立了以政府为主要负担者的社会养老保险制度,并在20世纪70年代之后陆续出台了《社会保障退休金法》《退休金计划法》《福利改革和养老金法》等。英国全民覆盖的养老法律制度立足于国民的基本生活需求,侧重于动员全社会保障老年贫困人群的生活、维护社会稳定以及增强老年群体的幸福感。 美国在应对人口老龄化问题以及保护老年人生活权益方面也出台了大量的法律,形成了一系列配套的社会化养老体系,出台的《社会保障法》《医疗保障法》《老年人法》《禁止限制老年群体再就业法》《居家和医疗疾病法案》等,对老年人权益的维护主体、相关部门职责、维权方式等方面都做了详细的阐述,为实现养老机构的多元化和健康发展提供了有力的保障。特别是在相关法律文件上的统筹协调性,养老服务机构的监督、追责体系的完备性上值得借鉴。 日本一直在致力于营造规章规范化的养老服务体系,相继颁布了《民众福祉法》《老年人福祉法》《老年人医疗保健法》等相关法律,从立法层面规定了养老机构的准入条件、运营管理及退出标准和相关安全标准。相关法律法规涉及从养老领域社会保障到相关人才培养,从市场监管标准到对老年人的关心爱护等方面。完善的法律制度条款使老人的生活质量、服务人员的服务专业技能及服务质量、服务设施的规模、标准、护理度都在国家层面上得以法制化、完备化、精确化。同时,对所涉及的行政负责机构职能、责任加以界定,明晰认定责任主体,改善服务水平。通过规范完善的法律服务体系使得养老服务行业健康发展。

(二)社会保障的政治依据

我国面临着严峻的老龄化问题,我们党也历来高度重视应对人口老龄化的工作。党的十八大以来的三中、四中、五中全会以及"十三五"规划纲要都对应对人口老龄化、加快建设社会养老服务体系、发展养老服务产业等提出明确要求。习近平总书记在中共中央政治局第三十二次集体学习时强调,要不断完善老年人家庭赡养和扶养、社会救助、社会福利、社会优待、宜居环境、社会参与等政策,增强政策制度的针对性、协调性、系统性,要完善养老和医疗保险制度,落实支持养老服务业发展、促进医疗卫生和养老服务融合发展的政策措施。要着力发展养老服务业和老龄产业,构建居家为基础、社区为依托、机构为补充、医养相结合的养老服务体系,更好满足老年人养老服务需求。

在党的十九大报告中,提出了要完善城镇职工基本养老保险和城乡居民基本养老保险制度,健全老年人关爱服务体系,积极应对人口老龄化,构建养老、孝老、敬老政策体系和社会环境,推进医养结合,加快老龄事业和产业发展等内容。可以说,党的十九大报告将我国公民社会化养老提升到了新高度。

(三)金融支持的政策依据

为解决当前及未来日益增多的有关养老需求的难题,有效增加社会养老体系的有效供给,要充分释放市场潜力,调动社会各界力量参与的主动性、积极性,不能仅仅依靠政府财政,还应广泛吸纳社会民间资本参与其中。

2013 年 9 月 6 日,国务院以国发〔2013〕35 号发布《关于加快发展养老服务业的若干意见》。其中提出要完善投融资政策、税收优惠政策以及补贴支持政策,积极支持民间资本投资养老服务业和养老设施建设。

2015 年民政部、国家开发银行发布《关于开发性金融支持社会养老服务体系建设的实施意见》,指出要运用开发性金融的理论和方法,充分依托民政部门的组织协调优势,推动形成"政府引导、金融支持、社会参与、市场运作"的社会养老服务发展体制机制,发挥开发性金融的资金引领作用,吸引民间资本投入,秉承养老普惠的理念,共同引领以居家为基础、社区为依托、机构为支撑的社会养老服务体系建设。

2016 年 3 月 21 日,中国人民银行、民政部、银监会、证监会、保监会联合印发了《关于金融支持养老服务业加快发展的指导意见》，指出要大力推动金融组织、产品和服务创新，改进完善养老领域金融服务，加大对养老服务业发展的金融支持力度，促进社会养老服务体系建设。要积极创新专业金融组织形式，探索建立养老金融事业部制、组建多种形式的金融服务专营机构，创新适合养老服务业特点的贷款方式，探索拓宽养老服务业贷款抵押担保范围，加大对养老领域的信贷支持力度。

目前来看，相关部门及金融机构已经相继出台了责任保险、社会民间资本参与、价格管控、投融资等多个专项政策，积极为社会资本参与社会化养老提供便利。随着未来我国相关政策支持力度的进一步加大，以及养老金融业态的不断创新深化，通过金融方式解决社会化养老问题将成为我国破解老龄化难题的重要突破口。

（四）养老服务的政策措施

进入老龄化阶段以来，我国陆续出台了一些政策文件来推进养老服务业的发展，改善养老服务环境。随着我国养老服务需求的快速增长，以及需求的多样化、专业化，国务院、各部门也相应出台了一些政策提高养老服务供给。

国务院以国发〔2013〕35 号发布《关于加快发展养老服务业的若干意见》，提出要统筹规划发展城市养老服务设施，大力发展居家养老服务网络，大力加强养老机构建设，切实加强农村养老服务，繁荣养老服务消费市场，积极推进医疗卫生与养老服务相结合这六方面内容。并提出了到 2020 年，全面建成以居家为基础、社区为依托、机构为支撑的，功能完善、规模适度、覆盖城乡的养老服务体系的发展目标。这是我国第一个提出要发展养老服务业的国家级纲领性文件，为后来发展养老服务的政策出台提供了方向。

国务院办公厅转发卫生计生委等部门《关于推进医疗卫生与养老服务相结合指导意见的通知》国办发〔2015〕84 号中提出，要加快推进医疗卫生与养老服务相结合，并明确了医疗卫生机构与养老机构合作机制，支持养老机构开展医疗服务，推动医疗卫生服务延伸至社区、家庭，鼓励社会力量兴办医养结合机构，鼓励医疗卫生机构与养老服务融合发展这几个方面重点任务。

2016年国务院办公厅出台的《关于全面放开养老服务市场提升养老服务质量的若干意见》国办发〔2016〕91号中，进一步放宽了养老服务业的准入条件、优化市场环境，提出到2020年养老服务市场全面放开，养老服务和产品有效供给能力大幅提升，供给结构更加合理，养老服务政策法规体系、行业质量标准体系进一步完善，信用体系基本建立，市场监管机制有效运行，服务质量明显改善，群众满意度显著提高，养老服务业成为促进经济社会发展的新动能。

在地方推进养老服务体系社会化方面，各地也在积极探索，不断放开养老服务领域限制，推进养老服务体系建设。

专栏二：地方出台的一些养老服务政策

重庆市出台的《关于全面放开养老服务市场提升养老服务质量的实施意见》中指出，要优化养老设施服务审批流程，精简审批手续，加强养老服务行业的信用建设，完善价格形成机制等方面内容，提升城乡养老服务保障能力，创新发展、建设优质养老服务供给体系。

上海市出台的《关于完善本市养老基本公共服务的若干意见》和《关于鼓励社会力量参与本市养老服务体系建设的若干意见》的通知中指出，要积极推广政府与社会资本合作（PPP）模式，吸引社会资本参与养老服务设施投资运营，创新养老服务机构贷款机制，落实各项税收优惠政策和养老服务机构优惠政策。并将建立健全养老基本公共服务合格供应商监管机制，完善对民办养老服务机构政府投入的监管。

安徽省政府出台的《关于全面放开养老服务市场提升养老服务质量的实施意见》中指出，要大力发展智慧养老服务新业态，推动移动互联网、云计算、物联网、大数据等与养老服务业结合，着力提升农村养老服务能力和水平。依托农村社区综合服务设施，拓展养老服务功能。

山西省人民政府办公厅《关于全面放开养老服务市场提升养老服务质量的实施意见》中提出，要大力推进居家社区养老服务，推进城镇居家社区养老服务全覆盖，加快医疗卫生和养老服务融合式发展，加快推进养老服务标准化建设。到2020年实现养老服务市场全面放开，养老服务和产品有效供给能力大幅提升，供给结构更加合理，养老服务政策法规体系、行业质量标准体系进一步完善，市场监管机制有效运行，服务质量明显改善，推动社会力量成为养老服务业发展主力军。

四、社会化养老的发展趋势

发展社会化养老服务有着其必要性和可行性，建立形成完善的社会养老服务体系，有助于充分调动各种社会力量，发挥社会各类资本优势和政策优势，进而最终满足多元化的养老服务需求。社会化养老发展趋势有着以下六个方面的特点：服务的对象由单一化向公众化发展，服务的提供由政府包揽向社会化参与发展，服务的内容由生活救济向内容多样化发展，服务的格局由集中式养老向多形式养老发展，服务的资金来源由财政拨款向多渠道筹资发展，服务的体系由平面化向立体化发展。①

（一）服务的对象由单一化向公众化发展

从我国现有的社会化养老服务对象上来看，主要集中在没有法定赡养人、没有劳动能力和没有经济收入的老年群体，而且主要集中于城市地区。对于其他那些有养老服务需求，渴望改善现有生活条件和生活状况的老年群体，社会化养老发展规模较为滞后。随着我国老年人群体数量的不断提升，各式各类养老需求的不断扩大，社会化养老的服务对象也将不断扩大到整个老年群体。不再简单面向“三无”老人，在做好对“三无”老人的保障的同时，更面向身体状况正常、有收入，但有养老改善需求的老人；不再简单面向城市孤寡老人，更面向农村老年群体，通过建设村级养老服务站、幸福院、托老所等养老服务设施，使广大农村老年

① 佟新：《人口社会学》，北京大学出版社，2003，第67—71页。

人能够享受到养老服务便利。[①]

（二）服务的提供由政府包揽向社会化参与发展

随着我国市场化进程的不断加快，养老服务领域也要不断加快改革步伐。从我国及一些发达国家的发展经验上来看，养老服务事业完全由政府大包大揽，不仅效率低下，造成资源浪费，存在着的风险无法化解，同时单单依靠政府财政也无法满足民众的养老需求。而民营资本在经营管理上有着优势，依托整个社会也可以为老年群体提供更好的医疗、养护服务。因此，未来的社会化养老发展方向，必须是不断市场化改革，通过市场来调动社会各方面的积极性，更好地满足老年群体的养老需求。[②]

对此，一方面，政府将不断推进简政放权，打破旧有的阻碍养老服务业发展的体制机制弊端，解决好民营机构在养老领域投融资难、机构落地难、养老服务设施审批难、用房难等问题，将社会化养老的发展机遇积极向市场开放，让渡社会组织，吸引社会各团体参与到养老服务领域。另一方面，政府要做好科学引导、规划布局、监管兜底的角色，积极开展养老服务需求评估、服务设施建设规划，引导社会力量理性投资，规范管理服务，既确保基本服务保障的底线，又通过政府购买服务为产业发展提供有效需求。

（三）服务的内容由生活救济向内容多样化发展

我国最初的养老服务机构仅仅是为“三无”老年人提供生活救济、医疗和日常照料的社会福利机构。随着养老服务事业的不断发展，服务内容及受众的不断扩大，社会化养老的服务内容和方式也呈现多样化。但我国当前的养老服务仍存在着较为单一、同质化、涉及领域内容较少等问题，老年群体的需求未能得到很好的满足。[③] 大量的居家养老服务仅

---

① 汪晓鸣：《居家养老——如何在社区和家庭照顾老人》，中国劳动社会保障出版社，2013，第56—61页。

② 熊必俊：《人口老龄化与可持续发展》，中国大百科全书出版社，2002，第43—46页。

③ 夏磊：《多元化养老模式选择研究》，硕士学位论文，浙江财经学院，2012，第35—39页。

提供基本的家政打扫、简单的配送饮食和例行检查，养老服务机构中提供的配套服务也很趋同、单调，缺乏对老年人的心理关怀，没能对老年人个体需求提供很好满足。

社会化养老应朝着满足多样化、品质化服务的方向发展。要开展创新智能养老模式，搭建起数字化养老服务云平台，覆盖区域内的养老服务对象和养老服务人员。以此平台为基础，老年人一旦有相应的需求即可通过该平台迅速得到相应的实时服务。除提供基本的照料外，平台还会向老年人提供包括康复护理、洗护清洁、心理咨询和辅导等服务。针对不同老年人的需求，提供相应的饮食、医护、旅游、教育、生活娱乐等方面有区别的、个性化的服务。随着老年人物质生活水平的不断提高，其在精神层面的需求变得更加突出，因此，在满足基本的物质生活关爱的同时，养老服务机构及社会各界还会以各种活动形式给予老年群体更多的关心慰问，让他们感受到温暖，特别是给予精神层面的关爱、鼓舞。

未来发展方向即通过现代化、多样化、人性化的服务使老年人在物质和医疗上得到保障，也使他们在精神层面得到慰藉，以身心健康的状态享受老年阶段。

（四）服务的格局由集中式养老向多形式养老发展

我国当前养老服务更多的是集中式养老院的形式。而由于受传统观念影响，以及一些养老院条件不如家中舒适或经济状况不允许等因素，很多老年人更愿意在家中养老。而且不同的老年人身体状况、经济条件、个人需求偏好都存在着差异，单一的集中的养老模式无法满足老年人的要求，也会造成一定的资源浪费。因此，要将单一的集中式养老服务格局扩大范围，以多种形式的养老服务满足老年人需求。建设完善好集中式的专业化养老服务机构的同时，还要补充发展好居家养老、社区养老、集中居家相结合养老等方式，以多种养老方式供老人选择。[①]

一方面向失能、半失能、高龄老人提供专业化的集中式的养老服

① 马千里：《社会转型背景下我国养老问题研究》，硕士学位论文，山西师范大学，2017。

务；另一方面结合社区老人健康情况、收支水平、需求情况，向社区老年人提供生活照料、家庭医疗、心理咨询等服务，将养老院的专业服务直接延伸到社区老人家里，让老人在家中即可享受到便利。同时还可以通过将居家和集中式相结合方式让有需求老人得到更为便利化的服务，通过建设大型养老城、养老社区、养老聚居点等方式使老年人集中起来，享受到相互的帮助和集中化服务的便利，又能在家中同子女更好生活。①

（五）服务的资金来源由财政拨款向多渠道筹资发展

中国人口老龄化的快速发展、老年人口的大量增多和"未富先老"的现状，使得政府独自提供社会化养老服务资金既不现实，又存在大量缺口。同时单一的依赖于政府财政支持又会面临资金使用效率低、资金浪费等问题。而社会民营资本具有资金利用率高、来源广泛、金额充足、管理经验先进、丰富等优势。因此，需要动员市场、社会、家庭、外资、民营企业，构成多渠道投入主体共同参与的多元化的筹资来源。

一方面，要以政府直接投资的方式打造好基本的养老服务平台，向老年人提供基本需求及帮助，同时以公建民营、委托企业、政府购买等多种方式由政府进行兴建再交由市场、企业进行运营。另一方面，要以各种优惠、鼓励政策吸引社会民营资本、各类企业投资养老服务领域，确保民营资本与公立服务机构具有相对平等的政策福利和法律地位。政府为各类民营资本提供产业发展、风险评估咨询服务，提供完备的专业服务人员培养库，解决好民营资本可能面临的问题。② 引导金融机构增加对养老服务企业、项目的投资和信贷支持，增加金融养老服务产品。

（六）服务的体系由平面化向立体化发展

近年来，随着老年人群体的增加，各种需求不断增加，我国的养老

① 叶宁：《主动引领家庭养老向社会化养老转变》，《湖北日报》2017 年 8 月 13 日。

② 李乐：《养老服务社会化中的地方政府职能优化研究——以上海市为例》，博士学位论文，复旦大学，2013。

服务市场也在不断地丰富完善，但目前仍存在诸多问题：如养老供给需求不相匹配，政府、社会和家庭相互养老协调配合度不足，监督保障机制不完善等。解决这些问题，需要从整体的角度入手，打造精准的养老需求评价体系，多元完善的养老服务供给体系，协调、完备的支持保障体系，全面严格的市场监管体系四方面构成的立体养老服务体系。

具体而言，精准的养老需求评价体系即以年龄、健康情况、家庭收入情况、生活起居特点为评价要素，对老年人进行长效需求评估，针对不同的需求特点提供养老服务而建立起的评价体系。① 多元完善的养老服务供给体系即以政府承担基本保障托底和引导的作用，在管理监督政策上加以大力支持，吸引社会各界广泛参与，多渠道筹集养老服务资金。协调、完备的支持保障体系即政府一方面建设标准化、高质量的基本养老服务设施，培育一批高水平、专业化的养老服务人才，同时提供各项税收、金融、土地政策上的优惠吸引广大社会力量兴办养老服务设施、企业，共同构建起多层次、全面的养老服务平台，为老年人提供全方位的保障。全面严格的市场监管体系即在养老服务市场的准入、运行过程中严格监管，仔细审核把关，做到公开透明，并接受社会各界监督。构建规范的行业准入标准，依据法律规定确保进入的企业及社会力量合法合规且符合资质，同时维护好市场良性竞争的秩序，对于存在的行业内违法违规行为严格处罚，保障好广大老年人的合法权益。②

通过立体化的养老服务体系提升广大老年群体的保障感、幸福感和获得感，也使整个养老服务市场运行更为完善。

① 吕凤亚、李坪：《社区居家养老服务的多渠道投入机制研究》，《广州城市职业学院学报》2015 年第 3 期。

② 侯敏：《养老服务业地方立法基本问题研究——以天津、青岛、浙江三地为例》，博士学位论文，浙江大学，2016。

第二节　相关文献综述

一、国外社会化养老文献综述

20 世纪末，西方国家已经构建起比较完善的社会养老服务体系，养老服务社会化和市场化程度较高。通过查阅文献，发现国外对社会化养老的相关研究主要集中在养老社区服务和社区运作模式方面，本书从社会化养老的原因实施分析、社会化养老的服务机构探析和社会化养老的前景探索研究三个方面对当前研究进行了梳理。

（一）社会化养老的原因实施分析

Chen A. J.（1989）在研究中发现，在东南亚地区大部分老年人已不再完全依靠家庭，开始慢慢向依靠当地政府、社会等非家庭力量过渡。

Hashimoto（1992）将影响家庭养老的因素归结于人口、经济、政治和文化四个方面，并认为人口因素如人口老龄化、迁移和家庭结构变化等都会影响家庭养老资源潜在的可获得性。

Albertl Hermalln（2005）通过对比同一区域内不同国家（地区）得出结论，不同的年龄、接受教育的程度、性别、居住及家庭生活方式等是影响家庭、社区对养老支持力度的显著性因素。

J. Vullnetari & R. King（2008）在研究阿尔巴尼亚的跨国移民及出国劳务人员现象时发现，因为老年人来自家庭照料的资源减少和国家社会化养老服务的不完善、分布不均等，致使该国农村留守老年人的福利和健康情况恶化。

David & Chard（2009）通过研究发现，在离异家庭中，单亲的父母会将照料的重点集中在孩子身上，相对来说会削弱对父母双亲的照顾，对传统意义上的家庭照顾模式有一定的冲击。

Mason & Allenwalke（2012）指出，随着工业化、城镇化的发展，家庭结构和规模的简单化、小型化使得老年人在家庭中的地位逐渐削弱，加之生活照料的主要成员妇女社会参与度越来越高，使得家庭的养老功能弱化,在此基础上提出“社会与家庭共同承担养老责任”等一系列对策建议。

(二)社会化养老的服务机构探析

姜小鹰(2000)在研究中指出,欧洲大部分国家在19世纪末便进入了人口老龄化,比如瑞典、丹麦、芬兰等国家,无论是政府还是卫生行政机构都比较重视老年人的照料和护理服务,因此对养老服务机构建设的投入也较大。

Sherry Anne Chapman(2002)在研究中发现,当前在人口老龄化社会中机构养老可以为老年人提供高质量的养老服务,但实际中缺乏对老年人精神方面的慰藉照顾。

Denise Cloutier - Fisher(2007)通过比对澳大利亚公众资助的长期照顾体系认为,机构照顾在长期照顾体系中更占优势,其主要原因在于机构照顾不会受外界干预,相比较社区服务受制于预算的不确定性来说,越来越多的人都转向机构养老。

邹益民、孔庆庆(2008)在研究中发现,发达国家在发展养老服务机构时比较注重人本理念,整体的设计、规划以及配套设施,都是以老年人的需要和特点为出发点,例如环境舒适、交通便利以及医疗卫生等。随着经济的发展,更是不断地推出附加服务,比如为康复患者提供家庭护理服务、临床咨询服务、理财计划、可行性学习服务、项目管理与规划等。

Dr. Ian Philp(2004)认为,选择在养老机构养老的老年人,机构工作人员为其生活起居、日常料理等提供直接的护理,这一类老年人可以对养老机构的服务进行最直观的评价。

(三)社会化养老的前景探索研究

M.弗里德曼(1997)研究认为,未来美国在老年人社区养老中需要注重:一是打破现有体制内对参与者性别、收入和受教育程度的限制;二是扩大服务的范围;三是在现有的基础上创新发展,既能够满足社区的基本需求,又能够为参与者提供发展的机制。

C. Milligan(1998)指出,随着英国经济的发展与环境的改变,英国志愿者机构以及所提供的服务供给也随之变化，长此以往，会导致对社区服务供给的地区不公平、不公正的情况加剧，特别是社区养老服务的不公平、不公正情况加剧。

Biaggi（2009）在调查中发现，在美国80%老年人的日常生活照料是由非正式照顾系统承担的，随着社会进步及发展，非正式养老体系已经面临着巨大的挑战。

David Phillips（2002）研究发现，虽然国家在政策上支持和建立社区养老以及辅助养老服务系统，但实际上“社区养老”已再次演变成为“家庭养老”。

二、国内社会化养老文献综述

中国人口老龄化进入时期比国外要晚，社会化养老的研究也相对较晚，20世纪90年代之前的研究几乎是空白，21世纪后中国人口进入老龄化，相关的研究才日益丰富起来，归纳社会化养老的研究主要包括以下几个方面。

（一）传统的养老模式研究

郝麦收（1998）将传统的养老模式分为三种：子女养老的小农养老模式、企业养老的计划经济养老模式、靠社会养老的西方养老模式。他认为这三种模式必将走向衰竭，只是衰竭的时间不同，我国在选择养老模式上必将选择自我养老为主的养老模式，并且针对这种模式提出了要解决的三个问题：亲子关系的变革、家庭经济的恢复、发展老年产业。张建华（2010）认为，家庭养老是中华民族传统美德的体现，也是符合中国人传统文化习惯的养老模式。在儒家的思想基础上中国逐步建立了传统的养老模式。战国时期，儒家把“孝悌”作为仁政之本，认为“孝为百行之冠、众善之始，是天之经也，地之义也，民之行也，德之本也”。随着儒家思想的盛行，在汉代“敬老爱老”“养老”“送老”的伦理开始大众化并成为人们必须遵循的道德准则和行为规范。“百善孝为先”被看作是做人的基本道德品质，几千年来的家庭养老的观念深深扎根在社会中。成伟（2012）等专家指出，中国传统的养老模式是以血缘为纽带的家庭养老。家族成员对上一代的老年人提供赡养的生活方式,仅限于家庭内部进行的“反哺式”养老模式。随着中国社会进步,在经济上、政治上、文化上、社会上的不断变化,传统的家庭养老模式也面临着巨大挑战。

(二)社会化养老的内涵研究

刘贵平(1999)在解释社会养老内涵时提出了一些独到的见解,他认为社会养老和家庭养老不是对立关系也不存在排斥,二者是相辅相成的。另外,他认为社会养老的参与者不仅仅是政府部门,全社会都应该参与进来。付诚、王一(2010)认为在推动社会化养老服务体系健康有序的发展时,一是必须协调好政府和市场的关系,二是引导市场提供专业化、多样性的养老服务。刘晓梅则认为社会养老服务的对象应该面向社会全体老年人,保证养老服务的全覆盖。崔恒展、李宗华(2012)认为养老应分为家庭养老、社会养老和自我养老三类,养老应包括经济供养、生活照料和精神慰藉三个方面。赵向红(2015)认为社会化养老的发展需要将政府和市场合理化定位,在完善政策法规的同时壮大老龄服务事业的发展。

(三)养老机构设立及影响因素分析

进入21世纪,发展机构养老成为应对人口老龄化和家庭养老功能弱化的必然选择。傅桦等(2000)在研究中发现,在我国大部分城市养老服务的硬件过于陈旧,以北京为例,人口老龄化的速度明显高于养老设施的发展速度,这些原因阻碍了养老服务社会化的进程。王方刃(2003)对福州市现有的养老机构进行了走访调查,从机构的数量、规模、资源利用率方面进行了分析,得出福州现有的养老机构主要是政府和集体所办,规模上面也比个人所办的养老机构要大;从入住率看,政府和集体所办的养老机构的入住率要高,个人兴办的养老机构入住率较低;从配套服务上看,政府和集体兴办的养老机构所提供的配套服务也较个体兴办的养老机构强。阎青春(2007)在研究中认为,养老机构要首先遵循“以人为本”的理念,其次他强调政府要加强对养老机构的监管。周云和陈明灼(2007)经过分析《中国民政统计年鉴》发现,在我国养老机构的床位数量虽然逐年在增加，但在机构生活的老人数量依旧为70%左右。因此他认为，在建设养老机构上不仅要能够满足老年人的基本床位需求，更需要保障老年人的生活质量，要从方方面面考虑老年人的居住感受、对服务的满意度等。刘昌平、殷宝明（2011）通过借鉴国外经验，认为建立社会养老机构不能光凭政府的力量，要鼓励社会各界积极参与并承担到兴建养老机构中。

（四）社会化养老发展困境研究

王艳芳（2009）对制约社区养老服务的因素做出了定义，存在体制机制、资金预算、服务人员、组织机制等问题。张卫、张春龙（2010）认为在人口老龄化的背景下，受传统养老观念、政府的管理、社会的投入以及养老服务质量等方面的影响，我国社会化养老的发展进程很慢。李荣华（2010）指出制约我国社会化养老服务发展因素在于对社会化养老的认识不足、相关的政策不健全、法制体系不完善、在管理上存在不规范、从业人员综合素质有待提高等。鱼洁（2011）认为我国居家养老服务工作中，一是政府的包袱太重，政府除了制定相关政策、划拨经费外，还需要承担实施主体的职责。二是在内容上我国居家养老服务比较单调，从现阶段来看，仅限于日常生活照顾、物质和经济上补贴以及简单的护理服务，对老年人的健康服务、精神慰藉较少，文化娱乐活动更加贫乏。三是实现养老供给的市场化，倡导自我养老、互助养老。王桥（2015）同样也认为我国养老服务行业在发展中存在：养老服务项目单调，养老资源分布不均，养老服务人员需专业化培养，养老服务团队规模小，养老服务业在体制、政策及市场运作方面呈现的“短板”亟待修补等问题。

（五）社会化养老模式探索研究

邬沧萍（1998）提出，我国学术界将家庭养老和社会养老的结合作为我国养老模式的主流。王伟（2004）认为老年人的生活离不开与人之间的感情互动。王树新（2004）通过研究分析提出，传统的家庭养老功能受观念、照顾资源等多方面的变化冲击正在不断地弱化。陈有华（2008）等研究人员通过分析认为社区养老服务不仅能够解决老年人照顾的问题，同时能够减轻子女的心理负担，维护了老人和子女的自尊心。张俊良等研究人员提出“社区＋机构＋家庭”新型养老模式，这种混合养老模式不仅可以弥补传统养老模式的不足，而且新型的养老模式集合了社区、机构、家庭三种养老模式的优点，建成之后的养老机构会取代社区居民委员会，直接面对老年人家庭。

另外，近年来的养老地产和旅游养老逐渐成为新型的养老模式。比如北京“万科幸福汇”、中国石化在四川布局养老地产项目等。旅游养老则是将旅游资源和养老服务结合起来，因季节的不同，选择不同的地方养老。例如四季如春的昆明、阳光明媚的三亚等地利用特有的气候条件和域内丰富的旅游资源，打造旅游养老产业。

（六）社会化养老服务体系建设综合研究

社会化养老服务体系是为了提高老年人的生活质量，促进社会保障体系而建立的。不同地区的社会养老服务体系研究的内容、方法和关注点也有所不同。穆光宗（2012）等研究人员提倡养老服务组织与医院和专业护理机构紧密合作，做好老年人的生活照料，需要对医疗、养老、康复和护理四大板块进行整合。曾维和（2012）认为英国、法国、德国等西方国家提供公共服务是以福利多元主义理论为前提，如养老服务等公共服务的提供以公私合作伙伴关系为主，“政府—私营组织”和“政府—非营利组织”两种组织结构模式提供公共服务。张云英、王薇（2013）认为大多数发达国家和地区都已经相继建立了多元、高效的社会化养老服务组织体系。呈现出服务组织结构合理、数量充足，服务内容多样化、个性化、专业化水平高等特点。德国、美国等拥有护理院、临终关怀机构等多元化的养老服务组织，采取政府管理与非政府组织既分工又合作的养老服务模式。孟庆梓等（2014）认为美国社会养老服务体系主要由非政府组织和企业等社会养老服务组织力量组成。政府将社会和市场两种资源充分利用，形成了养老院照顾、老年之家等服务体系。在北欧国家则注重协调多元化的力量，如各级政府、家庭、社区、资源组织、营利组织等，充分发挥各个领域的优势，从而满足老年人生活所需的物质、精神、医疗等综合服务。日本政府通过鼓励民间养老服务组织,希望它们抓住养老服务业的商机,从单一的养老照护扩展到住宅建筑、服装设计、休闲娱乐等多种行业。目前在日本已经形成养老产业发展迅猛的浪潮。

三、国内外社会化养老研究述评

纵观国内外对社会化养老的研究,西方国家对社会化养老的研究开始时间较早,研究上相对比较成熟,山西省在发展上可以因地制宜加以借鉴;从国内研究综述来看,中国社会化养老的研究虽然起步晚,但已经有了一定的积累,能够为山西省社会化养老的研究提供较好的理论支持和实践指导。

(一)国内外社会化养老研究的共同性

国内外学术界对养老的研究成果颇多,在社会化养老服务的必要性、解决其发展中的问题的对策上有着以下共识:一是传统的家庭养老模式弱化,必须发展社会养老服务,并一致认为需加快发展居家养老和社区养老;二是认同社会养老服务的多元化理论,并肯定政府在社会化养老发展过程中的作用;三是对老年人的照料既需要满足老年人基本生活需求,同时也要配套满足老年人的享受需求、精神慰藉、文化娱乐等服务。

(二)国内外社会化养老研究特征

第二次世界大战后,西方发达国家逐步跨入老年型国家,相对我国来说,人口老龄化进入较早,因而对社会化养老的研究比较早和全面,通过梳理文献发现,国外学者对社会化养老的研究主要侧重于原因分析、对社会化养老服务机构的探讨以及对未来社会化养老服务的前景分析等。

相对来说,国内对社会化养老的研究较浅,缺乏系统性的研究,这与我国人口老龄化进入时间晚有一定的关系,国内的研究侧重于养老机构设立和影响养老机构设立的制约因素分析、对社会化养老服务发展的瓶颈分析、对社会化养老模式的探析和对社会化养老服务体系建设等研究。整体来看,我国对社会化养老的研究还停留在理论阶段,缺乏实际的可操作性。

（三）社会化养老研究的不足

（1）从研究对象看，一是缺乏普遍性研究。我国地域广阔，不同地域的养老资源存在巨大的差距，老年人的群体也存在着文化、经济、心理等方面的差异。就目前来看，我国社会化养老的研究对象多为社会养老服务整体或居家、社区、机构养老服务，对于城市社会养老的研究主要集中在个别发达城市。二是缺乏整体性研究。我国将社会化养老区分为两个研究领域：非正式的家庭研究领域和正式的居家、社区和机构研究领域，而没有将这二者作为一个整体，研究相互间的联系和影响。

（2）从研究内容看，一是研究长期照料的文献偏多，国内关于社会养老服务的需求数量、内容、方式的研究偏少。尽管照护是社会养老服务的核心，但是将其直接等同于社会养老服务，有失偏颇；二是国内多数研究多论述社会养老服务体系建设的必要性，从服务需求者即老年人需求视角的微观研究不够；三是仅有的关于需求的研究没有区分需要和需求概念，忽视老年人的养老意愿和支付能力，无法解释老年人口众多但社会养老服务利用率低的矛盾；四是缺乏清晰地划分社会养老服务供给主体的责任、确定服务的内容和形式、服务的目标人群的研究。

（3）从研究的深度看，研究流于表面。一是普遍的研究局限在学科范围之内，研究范围比较狭窄；二是经验研究和一般性的对策研究比较多，抽象层次较高的理论研究相对缺乏；三是实证分析停留在现象和宏观数据的描述，缺乏对现象和数据背后深层原因的挖掘；四是国内对养老服务费用的研究开展得很少。

第三节　社会化养老服务组织体系的构成要素

社会化养老服务组织体系是由多个体系共同作用、相互协调和补充的，主要包括领导组织体系、供给组织体系、服务监管组织体系、运行机制。

一、社会化养老服务体系的界定

(一)社会化养老服务体系的文件表述

以往学术界研究很少涉及社会化养老服务体系的含义,只有近几年的政府有关文件有所表述。2000 年 2 月,国务院办公厅转发民政部等 11 个部门联合下发的《关于加快实现社会福利社会化意见的通知》(国办发〔2000〕19 号)中,明确提出"在供养方式上坚持以居家为基础、社区为依托、社会福利机构养老为补充"的社会化道路。这一提法在 2006 年前后确定为"以居家养老为基础、社区服务为依托、机构养老为补充的社会化养老服务体系"。

2010 年前后,针对社会化养老服务体系的研究不断增多。2009 年,国家民政部、发改委将养老服务体系分为两大类,即"基本养老服务体系"和"非基本养老服务体系",提出要在全国实施"基本养老服务体系试点",并确定黑龙江、江苏、湖北、重庆、甘肃 5 个试点省份。明确了"基本养老服务体系"的含义,是指与经济社会发展水平相适应,以满足老年人基本服务需求、提升老年人生活质量为目标,面向所有老年群体,提供基本生活照料、护理、康复、精神关爱、紧急救援和社会参与等设施、组织、人才和技术要素形成的网络,以及配套的服务标准、运行机制和监督制度。其性质是福利性养老服务,是政府为生活特别困难的老年人提供保障型养老服务。"非基本养老服务体系"是政府、社会对非营利性和市场性(营利性)的养老服务提供的各种支持制度、政策、机构等构成的系统。其性质以非营利为主,由社会团体、个人和民营与外资机构等提供养老服务。

温家宝总理在 2010 年的政府工作报告中明确提出,要"加快建立健全养老社会服务体系"。同年 10 月,党的十七届五中全会强调要"优先发展社会养老服务"。11 月,全国社会养老服务体系推进会提出的社会养老服务体系,是要构建与经济社会发展水平相符合、与人口老龄化进程相适应,以居家养老为基础、社区养老为依托、机构养老为补充,由政府主导、部门协同、社会参与、公众互助相结合为老年人提供无偿、低偿、有偿的社会养老服务。

2011年，民政部在《社会养老服务体系建设规划(2011—2015年)》中指出，社会化养老服务体系是与经济社会发展水平相适应，以满足养老服务需求、提升生活质量为目标，面向所有老年人，提供生活照料、精神慰藉、康复护理、紧急救援等设施、组织、人才和技术等各类要素形成的网络，以及与之配套的服务标准、运行机制、监管制度等，包括居家养老、社区养老、机构养老服务三个有机部分。

纵观政府部门的表述，明显看出的变化有四个：一是增加“社会”两字，表明需要充分发挥政府、家庭、机构和社区等的作用，要以全社会之力做好养老这项工作；二是将机构的“补充”作用改为“支撑”作用，进一步肯定了养老机构的作用；三是强调了服务的价格和性质问题；四是明确资金保障，提出服务要与资金保障相匹配。

(二)社会化养老服务体系内涵的学者表述

不少学者在论述社会化养老服务体系时，采用政府的表述居多，虽稍有不同，但意思基本接近。李学斌(2008)认为，养老服务组织体系应该是一个涵盖个人、家庭、社区、国家制度政策等多层次在内的、功能互补的服务体系。刘益梅(2011)提出“社会化养老服务体系”，是以居家养老为基础、以机构养老为补充，由多主体、多层次、多元化提供养老服务。金双秋、曹述蓉(2011)认为社会化养老服务体系要包括建立健全老年人服务制度、供养服务、医疗服务、再就业服务、继续学习服务等体系，还包括养老服务机构和养老服务人力资源开发体系。苏国(2011)提出要在大力增强政府提供基本养老服务能力的基础上，引导各种所有制投资主体进入养老服务市场，鼓励发展各种性质、业态的养老服务机构，形成覆盖城乡、体系完善、多元开放、层次多样、竞争有序、监管有力的社会化养老服务格局。董亚红(2012)基于老年人养老服务需要特征，认为应构建切实提高老年人的生活、生命质量的以居家为基础、机构为支撑、社区为平台、社会服务为依托，政府主导、社会参与、全民关怀的制度、标准、设施、队伍、补贴等要素相互支持、互为补充的社会养老服务体系。黄匡忠等(2017)提出兼顾综合性和专业性，以居家为基础、社区为主力、社工为纽带、养老机构为后盾的无缝养老服务体系。张文娟(2017)将社会养老服务体系界定为:以家居养老为基础、社区服务为依托、机构养老为补充的多支柱、多元化养老服务体系,包括政府、社会支持养老服务的各种制度、政策、机构等构成的系统。

(三)社会化养老服务体系的内涵理解

综上所述,社会化养老服务体系是指为适应人口老龄化,更好地满足老年人需要,提高其生活、生命质量,由政府主导、社会参与、全民关怀,以居家养老为基础,机构养老为支撑,社区养老为平台,社会服务为补充,设施、队伍、补贴、制度等各种要素互为支持、互为补充,实现养老从服务主体到老年人传递的组织机构、运行机制、服务方式等要素组成的有机整体。内涵理解如下:

(1)建立社会化养老服务体系的目的是满足老年人的需求,功能是保障其晚年的生活和生命质量。

(2)必须明确政府要承担社会养老服务体系构建的责任,重点对失能、半失能老人和低收入等困难老年人提供基本养老服务。

(3)必须厘清服务性质和价格问题,保障服务与资金相匹配。在基本养老服务保障的对象和服务内容不断变化的今天,要把基本养老服务作为普遍的公共服务来看待,不能仅保障特殊群体的基本生存,要满足老年人不同层次和多方面内容的需求。

(4)要明确社会化养老服务体系的构成部分。社会化养老服务体系包括服务的主体、对象、内容、方式、措施及保障等要素,包括实体的组织和非实体的各种运行机制等。通过这些要素合理配置,实现高质量的养老服务供给。

二、社会化养老服务领导组织体系

1999 年 10 月,经党中央、国务院批准成立的全国老龄工作委员会,是国务院主管全国老龄工作的议事协调机构。全国老龄工作委员会在“统筹规划,分级负责”的指导方针下,在社会化养老服务领导组织体系中发挥“领头羊”的作用,负责研究、制定我国老龄发展战略和政策,组织和协调国内外重大老龄活动,指导和监督各省、自治区、直辖市老龄工作。各省、自治区、直辖市老龄工作委员会接受上一级的指导和管理,并管理下一级老龄机构,各市(县、区)、乡镇老龄工作接受上一级指导和管理,层级由高到低,职能也越来越细化。各省、自治区、直辖市由省(自治区、直辖市)办公厅、民政厅、人社厅、财政厅等组成老龄工作委员会,对各市(县、区)老龄工作进行指导和管理。各市(县、区)设置了老龄委员会办公室,统管各市(县、区)的老龄工作。最基层的是乡镇一级的老年协会等机构在负责老龄工作。

2018 年 3 月,根据国务院机构改革方案,将全国老龄工作委员会办公室的职责整合,组建中华人民共和国国家卫生健康委员会,保留全国老龄工作委员会,日常工作由国家卫生健康委员会承担。

三、社会化养老服务供给组织体系

根据前述内容,社会化养老服务体系一般包括居家养老、社区养老、机构养老三个部分,因此社会化养老服务供给组织体系也从居家养老、社区养老、机构养老三方面进行研究。

(一)居家养老服务供给组织体系

家庭是为老年人提供生活照料、精神安慰等养老服务资源的重要场所。居家养老建立在亲情关系基础上,具有低成本、高稳定性等优势。这种家庭内部的无偿照顾模式不属于真正意义上的社会化养老服务模式,只有这种无偿照顾被社会化的服务替代,才是真正意义上的社会化养老服务模式。虽然我国老年人绝大多数还是选择居家养老,但这种传统的居家养老模式受到老龄少子、无子等越来越多的挑战。居家养老规模逐渐趋向小型化、核心化,同时社会经济发展带给家庭中年轻一代更大的生活压力和竞争压力,由家庭负担的养老服务正在逐渐弱化。除了子女为居家养老的主要养老服务提供者,还有专业组织、老年协会、村级老龄办和志愿者等养老服务提供者和机构,可以为老年人提供生活需求和精神需求等居家养老服务。

(二)社区养老服务供给组织体系

社区养老是将养老服务的供给责任过渡到社区,联合各主体向生活在社区的老年人提供经济支持、生活照料、精神慰藉等多领域的养老服务。[1] 养老服务的供给场所是家庭和社区,老年人居住在家,可以享受到由政府、市场、社会等多主体提供生活、心理等方面的养老服务。

在我国,作为社区居家养老模式的主要供给者,长期以来,政府依靠政策推动和资金支持,不仅没有提高社区养老服务的供给效率,还增加了自身的财政负担。在积极引入企业、市场、社会组织、志愿者等多种供给者后,社区养老服务效率有了大幅提高。同时,还有不少城市基于自身特色,建立多元主体养老服务供给机制,在社区养老模式的实践上有了新的探索。其中上海和苏州的实践得到广泛推崇。

专栏三:上海和苏州的社区养老实践

上海静安区老年生活护理援助中心成立于1999年,以“立足社区、服务居民、面向老人、优势护理”为宗旨,主要针对高龄老人和生活不能自理老人(含完全不能自理和半自理老人),提供价廉质优高性价比的养老服务。该中心由政府筹办,提供启动资金及实行护理补贴,采用市场化运营,向老年人收取相应的护理服务费用,用以正常运转和持续经营。同时,调动更多社会力量积极参与,将私人供给养老服务与志愿服务相结合。[2]

苏州市沧浪区虚拟养老院,是新形式的社区养老,服务的供给者成功纳入政府、企业、市场多主体。由政府提供资金补贴购买居家乐211系统,录入老年人信息,进行需求分析和会员化管理,记录服务过程,监督服务供给情况。市场和企业积极参与,由民办非企业的鼎盛物业管理有限公司为老年人提供24小时的养老服务,不断丰富养老服务内容,提供了包括家政服务、娱乐休闲、应急救助等在内的共53个项目。[3]

① 徐玮茜:《多中心治理视角下社区居家养老服务供给研究》,硕士学位论文,南京大学,2015。

② 刘新萍:《论城市居家养老服务多元合作体系的建设及发展——以上海市静安区为例》,《甘肃行政学院学报》2009年第4期。

③ 张国平:《居家养老社会化服务的新模式——以苏州沧浪区“虚拟养老院”为例》,《宁夏社会科学》2011年第3期。

（三）机构养老服务供给组织体系

养老服务机构是一种专业化的养老服务，是居家和社区均无法满足养老服务基本需求时，专业承担养老服务的主体。

机构养老服务通过建立养老院、敬老院、老年大学、老年公寓等机构，为老年人提供从生理基本需求到更高需求层次（追求安全和自我实现）的专业照顾和专业医疗的养老服务。服务的主要提供者是社会团体、民办非企业单位和基金会等民间社会福利组织。

四、社会化养老服务监管组织体系

社会化养老服务监管体系是由法律监督、政府监督、社会组织监管、自我监督等构成的监管体系，确保养老服务高质量化、透明化发展，其监管主体包括政府、社会、组织自身、老年人、公民个人等。主要考察社会化养老服务组织基础设施建设情况、服务质量情况、人员管理情况、内部管理情况、信息公开情况、资金使用情况、政策落实情况等方面。在社会化养老服务监管体系中，养老服务标准体系、养老服务质量评价和第三方评估非常重要。

（一）社会化养老服务标准体系

2014 年，民政部等 5 部门以民发〔2014〕17 号联合发布了《关于加强养老服务标准化工作的指导意见》，提出要积极推进养老服务领域的标准化管理，通过制定和实施养老机构划分与评定等级、养老服务质量评估和评定等级等标准，统筹推进养老服务的等级评定、合格评定和标准化示范建设等工作。

各地陆续开始制定地方养老服务质量评估标准和办法，建立了一系列养老机构评估、提交年度工作报告、鼓励举报和投诉等制度，比如在 2002 年北京市颁布实施的《养老服务机构质量标准》（DB11/T148－2002），以及 2004 年出台的《养老服务机构服务质量星级划分与评定》文件，明确了北京市养老服务行业有关服务质量星级划分的原则、依据、条件和评定要求。此后，2008 年又颁布实施了《养老服务机构服务质量规范》，针对养老服务当前的多样化发展趋势，进一步明确了养老院、敬老院、托老所和老年公寓等养老服务机构的基本要求、服务项目和质量控制等内容。

(二)社会化养老服务质量评价

2015年,中国质量认证中心将国际标准化组织(ISO)发布的国际标准《质量管理体系要求》(ISO9001:2015)与中国养老服务要求相结合,发布了国内首个养老质量评价标准《养老机构质量评价》(CQC9101－2015)。新标准不仅填补了国内养老服务领域质量评价的空白,也对提升养老机构服务质量和管理水平具有较强的指导作用。

专栏四:英国和日本的养老服务质量评价
在养老服务质量评价方面,英国以私密性、独立性、提供选择权、具有权利、享有满足感为基本原则,采用已有的质量评估工具,由英国护理质量委员会对服务提供者的员工状况、服务过程、老年人的生活质量及意见等方面进行每年两次的养老服务质量评价检查,检查结果最终会公之于众,便于社会大众及时了解养老服务质量。英国的这种包括员工数量、培训体系、行为监督和自我评估等在内的养老服务质量评估体系,在一定程度上促进了英国整体的养老服务质量的提高。①   日本在养老服务质量评价方面,颁布了《指定介护疗养型医疗机构人员、设备以及运营标准》等养老服务质量考核评价指标,采取机构自评、老人评价和第三方评价模式。机构自评是采用国家质量指标对养老服务机构提供服务过程进行重点评价,包含基本事项、服务体制、服务内容、业务管理与运营4个方面的评价内容,70余项具体的评价指标。老人评价模式评价标准包含机构运营机制、服务内容等5个方面,囊括过程性和结果性两类质量指标,侧重对老年人真实的服务体验和感知方面的评价。第三方评价标准涵盖了服务提供过程、老人体验等多方面内容,指标体系包括过程性、结果性和结构性三类质量指标。②

① 张文娟:《中国社会养老服务体系建设》,社会科学文献出版社,2017,第160页。

② 同上。

（三）社会化养老服务的第三方评估

2013年，民政部颁布了《养老机构管理办法》，提出了"第三方"这一概念，明确应当建立养老机构评估制度，对养老机构的设施、人员、管理、服务、信誉等情况定期进行综合评价。同时提出养老机构评估工作可以委托第三方实施，应向社会公布最终评估结果。

第一方是被评对象，第二方是服务对象，第三方是独立于第一方、第二方，与两者都不具有任何行政隶属关系，也不具有任何利益关系的"独立第三方"。在国外，为保证评估的独立性、专业性、权威性，一般由专业评估机构或研究机构的非政府组织充当第三方。在我国，第三方评估主要是对从事养老服务研究的过程和结果进行评估，评估对象主要是企业、社会组织等养老服务供给主体。

五、社会化养老服务运行机制

社会化养老服务的运行机制主要是指社会化养老服务组织体系中进行组织领导、服务供给、监督管理的主体和客体之间发挥功能的相互影响和制约的运行方式，主要包括利益分配机制及风险承担机制。

在利益分配机制方面，新中国成立之后的四五十年间，是由政府占主导地位（包括管理和运营等），通过政府公办敬老院等养老机构的形式，以服务的数量、质量等为依据进行利益分配。

但随着社会养老服务需求的不断增加，仅靠政府提供养老服务显然是不可能完成的。于是，由市场主导、政府引导，充分发挥公办民营、民办公助等各类养老服务组织的优势提供养老服务，产生了以合同契约为依据进行利益分配模式。1998年全国在13个城市开展了社会福利社会化试点，2000年，民政部召开了全国社会福利社会化工作会议，提出要在政府的倡导、组织、支持和必要的资助下，动员社会力量建设社会福利设施，开展社会福利服务。社会化养老服务机构从传统的公办公营、公办私营，创新出了公办民营和民办公助的政府与市场机制相结合的模式。直到2006年，国务院办公厅下发《关于加快发展养老服务业意见的通知》国办发〔2006〕6号，首次明确提出要"积极支持以公建民营、民办公助、政府补贴、购买服务等多种方式兴办养老服务业”,公办民营(含公建民营)与民办公助开始起步,支持和鼓励社会力量多形式、多渠道兴办各类老年服务实体。

专栏五:公办公营、公办民营、民办民营、民办公助四种模式简介
公办公营是由政府或集体投资兴建,所有权和运营权统一归政府或集体所有。 公办民营是由政府出资建设,非营利组织或个人经营,所有权和经营权相分离的运营模式。 民办民营是由私人投资兴办,依靠市场而不是政府帮助筹集养老资金,所有权和经营权全归私人所有。 民办公助是指由社会力量负责投资和运营,政府对运营给予一定的物资和资金支持。

在风险承担方面,由各类养老服务的主体和客体共享资源,共负责任,共担风险。我们可以从社会化养老机构的发展过程中体会运行模式及机制的变化。

撰写人:刘　琪(负责人)
郝莉娜　李梦超　韩　锵

第二章　山西养老服务供求分析

山西已经进入老龄化社会，老年人都希望老有所养、老有所依、老有所乐、老有所安，从而愉快地度过人生后期的时光。我们鼓励社会资本进入养老领域，发挥社会资源在养老服务中的主要作用，推进养老市场供给侧改革，满足多样化养老服务需求，提升老年人的获得感、幸福感，这就需要我们全面梳理养老概况，认真分析养老需求，匹配养老供给，使得养老市场达到动态平衡。

第一节　山西养老相关概况

山西正在逐步健全与经济社会发展水平相协调、与老龄化发展形势相适应的养老服务体系。在城市，人们的养老观念逐渐变化，逐步由居家养老为主向以社区为依托、以机构为补充的养老模式转变；在农村，养老依然以居家养老为主，以农村老年人日间照料中心为补充，切实提升了山西老年人的满意度及获得感。

一、山西人口老龄化趋势及现状

有尊严的养老需求是人民对日益增长的美好生活的需要之一。人口老龄化是经济社会发展的普遍现象，我们应当客观地看待山西老龄化状况。2017 年末山西常住人口 3702.35 万人，比上年末增加 20.71 万人。从年龄构成看，16 至 59 周岁的劳动年龄人口数为 2506 万人，占总人口数的比重为

67.68%；60 周岁及以上人口数 582 万人，占总人口数的 15.73%，其中 65 周岁及以上人口数 368 万人，占总人口数的 9.95%。

（一）山西进入老龄化社会阶段

联合国 2001 年发布《联合国世界人口老龄化报告（1950—2050 年）》，将老龄化社会发展分为进入、深度、超级三个阶段。当一个国家或地区 60 岁以上老年人口占总人口的 10%，或 65 岁以上老年人口占总人口的 7%，老年抚养比在 10% 左右，认为这个国家或地区进入老龄化阶段；当一个国家或地区 65 岁以上老年人口占总人口的 14.3%，老年抚养比在 20% 左右，认为这个国家或地区进入深度老龄化阶段；当一个国家或地区 65 岁以上老年人口占总人口的 21.2%，老年抚养比在 40% 左右，认为这个国家或地区进入超级老龄化阶段。根据以上标准，2017 年底，山西 60 岁以上老年人口占比为15.73%，老年抚养比为 12.64%，符合一个国家或地区进入老龄化阶段的标准，可见，山西进入老龄化社会阶段。

（二）老龄化、高龄化、空巢化趋势显著

山西省 65 岁以上老人占总人口的比重明显上升（见图 2－1）。即使在单独二胎政策实施之后，山西生育意愿的低迷比我们之前预料得还要严重，再者由于预期寿命的不断延长，山西老龄化水平自然加剧，到 2020 年，全省 65 岁及以上的老年人口有可能攀升到总人口的 11% 左右。山西高龄人口逐年增长较为显著，在总人口中占比逐步提升。尤其在农村，大部分青年外出打工，只剩下老人和孩子，空巢化、老龄化更为严重。

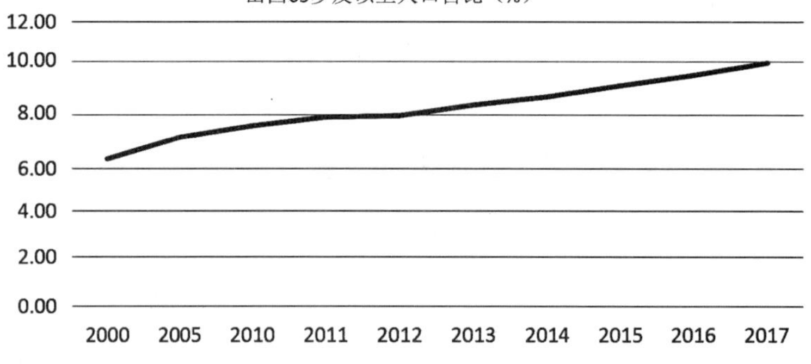

图 2－1　2000—2017 年山西 65 岁及以上人口增长趋势

（三）未来老年人口抚养负担加剧

老年抚养比说明每百名劳动年龄人口负担的老龄人口，即老龄人口与劳动年龄人口之比。从2000—2017年山西老年抚养比变化趋势（见图2－2）可以看出：山西老年抚养比呈持续上升趋势。2000年，老年抚养比为100∶9.32；2017年，这一比例上升为100∶13.36，赡养老年人的负担日益加重。在人口结构尚未得到较大程度变化的前提下，在十几年之后，现在的劳动人口步入老年，山西老年人口抚养负担将日趋沉重。

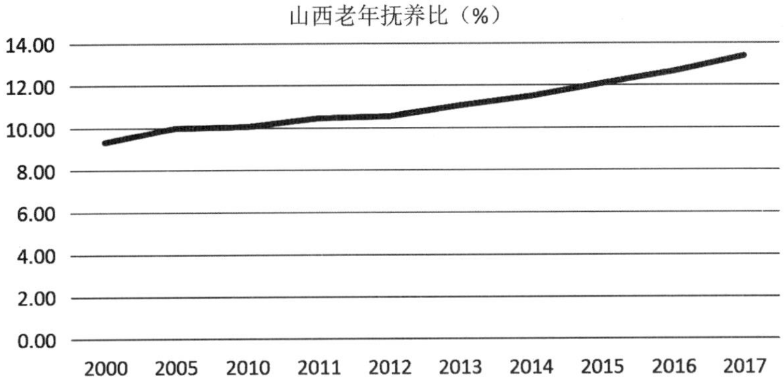

图2－2　2000—2017年山西老年抚养比变化趋势

（四）城镇老龄化程度高于农村

2017年，城镇老龄化程度高出农村2.8个百分点，城镇抽样调查户数为2363户，共5984人，其中60岁及以上的人数为1085人，占比15.5%；农村抽样调查户数为2159户，共6212人，其中60岁及以上的人数为1134人，占比18.3%。城镇、农村的老龄人口比重较2013年分别提高了4.5个百分点、4.4个百分点。

二、山西人口老龄化特点分析

山西属于经济欠发达地区，而现在已进入老龄化阶段，属于未富先老，老龄化超前于现代化，老龄化制约了山西经济社会发展。从我省人口老龄化发展状况来看，山西老龄化主要呈现以下特征：

（一）老龄化在城乡发展不平衡

受计划生育政策的影响，城镇生育率较农村生育率低，与此同时，农村许多劳动力去城市打工，农村老年人增多，其中，独居老人居多，农村老龄化趋势不容小觑。这些因素导致城乡人口老龄化发展不平衡。

（二）老年人空巢、独居比率较高

由于生活节奏的加快，很多子女没有充分的时间陪伴父母，空巢家庭逐渐增多。目前，我省空巢老人比重较高，占比约50%。随着新型城镇化进程不断加快，人口流动日益频繁，分户居住现象日益普遍，引发家庭结构发生变化，主要表现在家庭趋于小型化和家庭内部成员结构日益简化。

（三）高龄化趋势加剧

随着物质条件、医疗卫生等状况的改善，人口老龄化呈加快趋势。随着年龄的增加，身体机能逐步衰弱，高龄老人的病残率较其他老人更高，需要更加关心关注病残高龄老人。

三、山西老年养老状况

山西老年人愿意选择居家养老，但是随着养老观念的变化、养老资源的优化配置，越来越多的老年人进入公办或民办的养老机构享受老年时光。与此同时，由于养老基础设施不够健全，患病、失能等特殊老年人群的养老需求尚不能完全满足。

（一）山西的主要养老模式

目前，山西养老模式有居家养老和社会养老，其中，现阶段居家养老依然是人们养老的主要方式。社会养老主要由公办和民办两种养老机构来提供，公办养老机构包括各级民政部门开办的敬老院、福利院、社区日间照料中心等。民办养老机构主要是民间企业投资开办的养老院。一般来说，公办养老机构收费较低，而民办养老机构收费较高。

绝大多数老年人选择居家养老。主要是因为传统文化中有大家族的观念，老年人喜欢与孙一辈共同生活，共享天伦之乐。家庭养老，包含了两个层次的含义：一是物质方面，帮父母做家务，照顾起居，使父母得到生活上的便利；二是精神方面，通过跟亲人沟通交流，获得精神上的愉悦。

部分老年人选择社会养老。由于公办养老机构设施较为完善，价格合理，许多老年人愿意在此养老，导致床位供不应求。也有一部分老年人经济条件好，自立性强，有能力、有意愿到高端的民间养老机构养老。

随着经济社会发展、新型城镇化的推进等，作为省会的太原市积极探索城市日间照料中心、民办养老机构相结合的养老模式。社区居家养老服务机构根据不同服务对象提供无偿、低偿和有偿服务，对辖区内失独老人、孤寡老人提供无偿服务；对低收入老年人提供低偿服务；对其他老年人提供市场化有偿服务。太原市从 2013 年起就给每个社区提供 20 万元惠民项目资金，用于开办老年餐桌、日间照料、发放爱心一键通等。60 岁以上的老年人在这里可以享受到订餐、送餐、上门理发、中医按摩、居家看护等服务。

（二）重点老年人群的养老状况

在养老人群中，要重点关注患病失能的老年人，要不断推动养老市场规范化、精细化发展，从而让重点老年人群享受到高质量的养老服务。

1. 患病老年人的养老状况

从医疗支付比例来看，我省个人负担较重，40% 左右的医疗费用由个人支出。对于老年人来讲，患癌症、心脏病、老年痴呆等慢性疾病的概率很高，而这些疾病的治疗费用较为昂贵，自费药占比较大。与此同时，大量的慢性病支出给不甚健全的医疗体系带来不小压力。

2. 失能老年人的养老状况

山西失能、半失能老年人约 110 万人，占老年人口 18.9%，这类人群占比较高，慢性病防治、护理、心理慰藉等问题已成为这类群体亟须解决的主要问题。失能是摧毁老年人幸福生活的一个重要因素。山西失能、半失能老年人数呈现不断扩大的趋势。显而易见，失能老人将会对整个家庭带来巨大的影响。

3. 实施十大工程，提升养老服务水平

为推动养老服务业市场化、标准化、精细化发展，持续提升养老服务水平，山西在《山西省“十三五”养老服务业发展规划》中，明确养老服务十大工程，并积极组织实施。

专栏一:山西养老服务十大工程

1. 实施市县两级公办养老机构全覆盖工程。市级公办养老机构不少于300床,县级社会福利中心不少于100床。到2020年,使市、县两级公办养老机构实现100%全覆盖。

2. 实施城市社区养老服务示范工程。鼓励没有条件建设照料中心的社区建设老年餐桌,到2020年,全省城市社区养老服务基本实现全覆盖。

3. 实施农村老年人日间照料中心示范工程。到2020年在全省创建20个示范县、300个示范村,起好引领和示范作用,实现全省农村老年人日间照料幸福工程基本覆盖千人以上行政村的目标。

4. 实施"一区两片"健康产业规划工程。规划实施"1310"工程,即规划建设1个省级康养综合示范园区(大同)、3个省级康养园区(晋中、晋城、忻州)、10个特色康养小镇。

5. 实施大同市康养产业园区建设工程。园区建设采取"1+3"模式,市区在云州街北文瀛北路以东约两平方公里规划建设大同市康养产业示范园区,在阳高县罗文皂、大同县火山群、浑源县汤头温泉建设特色养生养老基地。

6. 实施医养结合示范工程。到2020年,所有医疗机构开通老年人优先挂号、优先就医便利服务绿色通道,65岁以上老年人健康管理率达到70%以上,各县(市、区)至少建成1个医养结合机构或医疗养老联合体。

7. 实施长期照护保险试点工程。确定1—2个市进行试点,探索长期照护保险的保障范围、参保缴费、待遇支付、管理办法、运行机制等体系建设,利用1—2年时间,积累经验,力争在"十三五"期间,形成长期照护保险制度架构体系。

8. 实施养老信息化工程。整合老年人口、养老机构、社区居家养老、老年人能力评估、养老从业人员等数据统计分析，建设集养老机构管理系统、经济困难的高龄失能老年人与百岁以上老人补贴管理系统、社区居家养老服务信息系统、养老评估系统等为一体的省级养老服务信息系统。

9. 实施公办养老机构改革试点工程。完善公建民营实施办法，保障公办养老机构改革顺利推进，每个市确定1—2个公办养老机构进行公建民营试点，到2020年公建民营机构达到各级公办机构总数的30%以上。

10. 实施养老服务人才培养工程。加强与有关高校合作，加快培养老年医学、康复护理、膳食营养、心理咨询、社会工作等专门人才。建立护工培养实训基地，对农村转移劳动力开展职业技能培训，解决养老护工短缺问题。“十三五”期间完成3万名养老护理员培训就业。

四、山西人口老龄化存在的问题

当前，我省正处于转型发展的关键期，人口老龄化在经济发展、社会稳定、文化传承等领域的影响逐渐显现，给经济社会持续发展带来一定的挑战。

（一）人口老龄化加重经济发展负担

近年来山西人口老龄化程度持续加深，老年抚养比持续上升，新创造的物质被新增的老年人口消费，给现有劳动力形成了较大压力。显然，老龄化已经给经济发展形成了不可忽视的压力，特别是在太行、吕梁连片贫困地区，经济发展无法满足老龄人口的抚养需求，很多地方财政出现赤字。

（二）人口老龄化影响社会稳定

我省正在进行新型城镇化建设，新型城镇化进程促使农村劳动力不断向城市转移，大量人力资源的聚集虽然在很大程度上弥补了城市缺乏劳动力的不足，与此同时，也带来了就业压力、保障不足等问题。农村由于缺少青壮劳动力，出现土地无人耕种、大量房屋无人居住、一些老人无人赡养等现象，从而造成潜在的社会稳定风险。

（三）人口老龄化进一步影响传统文化

随着我省老龄人口逐渐增多，处于30岁左右的青壮年大多为独生子女，由于忙于工作或者照看孩子，对老人的关心关怀不够，而只通过物质方面来补偿，传统家庭观念中赡养父母的思想逐渐由“用心”“用钱”转变为“用钱”。

（四）人口老龄化对老年人身心健康的影响

从身体状况上来讲，随着年龄的增长，老年人的自身免疫功能逐渐下降，身体机能逐步退化，心脑血管疾病、风湿病等成为老年群体中常见的疾病。从社会角色来看，由于社会角色的转变，老年人社会参与的减少容易产生孤独、抑郁、焦虑等不良情绪。从情感方面来看，子女忙于工作而没有时间跟家里的父母沟通交流，老年人缺乏家庭和社会的关心和理解，老年人的身体状况和精神状态比较差。

（五）人口老龄化使家庭养老问题突出

解决山西老龄化的问题不但要政府托底，而且要动员、激励社会力量办养老，根据不同养老需求提供相应的养老服务。如今的家庭结构模式大多数为传统的“421”家庭，意味着两个子女要承担赡养四个老人的义务，这无形中加重了家庭成员的养老负担。在更加重视家庭养老的农村，由于大量劳动力去往经济更发达的城市发展，有些农村最年轻的劳动力也在50岁以上，居家养老更为艰难，农村的养老问题更加严峻。

（六）养老服务供给不足

我省在养老供给方面，虽然大同建设了康养园区、太谷推进市场化养老，取得了一定成效，但是从全省范围来看，仍存在资金来源单一、养老专业人才队伍缺乏、产业扶持机制不健全等问题，制约了养老服务的发展。从资金来源看，社区养老的主要资金来源于政府财政拨款，单一的政府投入无法满足养老服务个性化、多元化需求，急需引进社会资本，以全社会的资源来提供养老服务。从队伍建设看，养老人才队伍不稳定，人员素质不高，与养老所需的护理水平、医护水平有一定距离。从产业扶持机制看，民间养老机构在申请优惠政策等方面有一定困难，养老市场的有效竞争机制不健全，养老供给不足。

第二节　山西养老服务需求分析

通过初步分析现有山西养老服务市场规模，进一步研究山西养老服务需求类型，继而重点分析影响养老服务需求的重点因素，从而精准确定山西养老服务需求。

一、山西养老服务需求市场分析

2017 年，山西养老产业规模约 596 亿元，占地区生产总值的 4%，山西养老市场有着很大的发展空间，如果养老产业按增速 10% 计算，到 2020 年，养老产业规模将达到 793 亿元，平均每年实现 65.7 亿元的增长。

二、山西养老服务需求类型

基于山西养老服务需求结构的分析，按照适用程度，可以将需求分为老年人的普遍需求和部分老年人的特殊需求；按照刚性与否来分，可以将需求分为基于现实需要形成的刚性需求和老年人主观预期产生的弹性需求。通过需求分类，主要回答需求是否有差异，是否有轻重缓急之别，老年人对家庭养老、社会养老等不同方式有怎样的看法。

（一）基于马斯洛需求理论分析养老需求

美国人本主义心理学家马斯洛认为：人的基本需要有不同层次之分，按其重要性及发生先后顺序分为生理需要、安全需要、爱与归属需要、尊重需要和自我实现需要。依据马斯洛人类基本需要理论对养老机构老年人需求进行分析，使社会、养老机构及家庭多角度、多层次地满足老年人需求，以针对性提供人性化照护服务。

1. 生理需求

生理需求是人类最基本的需求。随着年龄增长，老年人会出现一系列与衰老有关的生理改变，面临多系统健康问题及行为能力丧失，因此，生理需求应首先得到满足。

日常生活需求

老年人日常生活能力随着年龄增加呈下降趋势，需要不同程度的日常生活帮助，其中洗澡占首位。由于老年人胃肠功能下降及心肺疾病，需要少量多餐，但养老机构一般遵循一日三餐的传统习惯，老年人早晚加餐的需求得不到满足。

健康指导需求

原发性睡眠障碍、生理节律紊乱、药物、精神疾病等严重影响老年人睡眠质量，约60%养老机构老年人白天瞌睡，晚上入睡困难，且深睡眠时间短，而睡眠紊乱经常被医护人员忽视。另外，老年人预防和治疗便秘的需求处于较高水平。因此，养老机构应加强对老年人睡眠及便秘的健康指导。

医疗护理需求

医疗护理需求是老年养老需求中的关键需求。65岁及以上的老年人多患有慢性疾病，突发性的疾病更有可能随时危害老年人的生命。越到生命最后阶段，老年人对医疗护理的需求便越迫切。

2. 安全需求

安全需求是指希望受保护及免遭威胁，从而获得安全感的需求，包括身体、心理和经济安全三个方面。

身体安全需求

随着年龄增长，老年人出现平衡能力下降、感觉减退等功能障碍，增加了安全风险。主要的安全问题包括：跌倒、用药安全、食物呛噎等。另外，老年人生病具有一人多病、临床表现不典型、病情急、进展快等特点，这使老年人对紧急医疗救助需求明显增高，所以，养老机构应考虑与大型医院的距离。

心理安全需求

养老机构中老年人远离亲戚和朋友，容易感到无聊、孤独和无助，引发心理问题，严重影响其生活质量。研究发现，养老机构中老年人喜欢住双人间，愿意与更多人交往，希望和志愿者聊天，但心理需求常常被忽视，导致老年人焦虑、抑郁等心理问题频发。目前，养老机构志愿者及社会工作者少，大多数养老机构缺乏专业心理咨询师，且医护人员对心理照护认识水平有限，不能满足老年人心理需求。

经济安全需求

老年人收入减少，医疗费用高，缺乏经济来源。目前子女经济支持依然是养老机构老年人主要经济来源，对子女经济支持需求高于对医保、发放补助需求。中国社会保障制度不健全，养老机构长期护理保险开发不足，老年人对养老机构收费问题敏感，而民办养老机构收费较高，甚至出现床位空置现象。

3. 爱与归属需求

爱与归属需求是指被他人或群体接纳、爱护、关注和支持的需求。养老机构中老年人与亲朋好友的联系淡化，对爱和归属需求较迫切。90%的老年人需要护理人员主动关心和家属探望，50%以上的单身老人希望找一位老伴共度晚年。养老机构中老年人渴求被爱和关心，随着人口老龄化和中长期照护发展，不必要住院时间缩短，养老院将成为老年人最需要临终关怀照护的场所。

4. 自尊需求

自尊需求是指个体渴求能力、自信和成就等。老年人因交往范围缩小、退休等导致社会地位降低，产生无用感。老年人对他人对自己的态度尤为敏感，注重自己在知识和修养方面的提高，关注自身形体、衣着装扮，希望得到社会重视和认可。

5. 自我实现需求

自我实现需求是指个体希望最大限度地发挥潜能，实现理想的需求。养老机构中老年人在精神上表现为学习多种才艺，发挥余热，实现自身价值。而大部分养老机构中老年人的文娱活动是安静地看电视或听广播，再学习及参加社会活动和休闲娱乐活动的需求不高，可能与养老机构人力资源短缺和限制老年人外出活动有关。老年活动理论认为老年人具有参与社会活动的需求，以社会参与来填补退休之后失去的角色，则能够减少孤寂。

(二)本书对养老需求的分类

本书根据“老有所养”“老有所医”“老有所乐”“老有所安”四个领域将养老服务需求(养老服务需求见下表)分为生活照料服务、医疗护理服务、精神服务、安宁服务等，其中，前两项属于物质方面，后两项属于精神方面(见表2-1)。对于饮食、清洗等物质方面的需求是无差异的，可以通过社会化的方式来满足；而对于健康指导、老年大学、心理慰藉等精神方面的需求是有差异的，需要专业的医疗、教育等专业机构来满足。

表2-1　养老服务需求分类

领域	分类	细化条目	有无差异
老有所养	生活照料服务	饮食、起居、清洗、卫生等	无
老有所医	医疗护理服务	健康指导、预防保健、康复护理、医疗救治等	有
老有所乐	精神服务	老年大学、集体旅游等	有
老有所安	安宁服务	心理慰藉等	有

老有所养，主要体现在生活照料方面，比如饮食、起居、清洗、卫生等。这一服务需求在高龄老年人中普遍存在，可以通过家政公司、义工服务等方式来解决。

老有所医，主要体现在医疗护理方面，比如健康指导、预防保健、康复护理、多发病诊疗等。医疗护理需求可以由一定专业水平的护理机构来定期解决。

老有所乐，主要体现在精神方面，比如参加老年大学、继续从事某一职业等。可以通过组织各类旅游活动、文体活动，丰富老年人的日常生活。

老有所安，主要体现在安宁服务方面，比如心灵呵护、临终关怀等。通过培养服务理念，优化服务流程，从而满足老年人精神上的需求。

整体来看，老年人对“老有所养”“老有所医”“老有所乐”和“老有所为”服务的物质生活需求水平呈现出渐次降低的态势，其对医疗护理与精神慰藉服务的需求相对强烈。

三、影响养老需求的主要因素

养老需求受养老观念、身体状况、家庭条件、经济收入、社会养老资源配置等多种因素影响，下面重点分析身体状况、家庭条件等因素如何影响养老需求。

（一）身体状况

一般来说，低龄老年人身体健康状况相对较好，自理能力较强，有些老年人甚至能工作至70岁以上，对这部分老年人来讲，工作给他们带来的满足感，可以达到“老有所乐”，生活品质较高。高龄老年人身体健康状况相对较差，自理能力较弱，需要专人照顾饮食、起居等日常生活，身体成为其享受养老时光的一个约束条件。

对于身体机能较差的老年人而言，其社会养老服务需求是一种客观的现实性需求，而非主观的感知性需求。在家庭养老观念仍然占据主导地位的时代背景下，对于多数老年人而言，无论其经济社会地位高低，只要其身体健康且具有生活自理能力，老年人首先会考虑家庭养老；只有当他们的身体机能持续下降，且家庭养老条件或资源不足时，老年人才可能考虑寻求社会养老服务的支持。从这个意义上讲，对于身体机能较差的老年人而言，其社会养老服务需求是一种刚性的、不可逆的需求。这种需求如果无法得到及时响应，老年人的生活会极为艰难。

（二）家庭条件

家庭条件是影响老年选择不同养老方式的重要因素。用家庭代际数、子女情况及老年人配偶情况等指标来反映家庭结构因素。

就家庭代际而言，我国历来有多子多孙的家族传承观念，老人们愿意感受到“家族的绵延”，并在隔代养育中体现个体价值并获得情感慰藉。现在，仍有许多结婚生子的子女与父母居住在一起，一个大家“其乐融融”，在此情况下，老年人愿意在家养老的意愿较强，而社会养老服务的需求则较弱。

就子女情况的可能影响而言，一个家庭中儿子越多，老人可获得的养老资源就越多,老人就越可能享有高品质的养老。虽然有些多子家庭中儿子间推诿养老责任的现象时有发生,老人受到情感、社会舆论等因素的影响,但依然期望儿子来为其养老。

就代际关系的可能影响而言,代际关系不仅具有资源互换的功利性,更具有以亲情和利他为核心的情感性。一方面,老年人与家中晚辈关系不融洽、晚辈不孝顺可能意味着子女承担家庭养老责任的动力缺失,即家庭养老的资源基础不足;另一方面,当老年人更看重"家族绵延"的价值及其对儿孙的责任时,哪怕是晚辈不孝或与其关系不融洽,老年人仍愿意在家中养老。

就配偶情况的可能影响而言,在代际关系失衡的背景下,"老伴"是老年人在家中最主要的生活照料者和情感慰藉来源。因此,当配偶健在时,老年人留在家中养老的意愿可能较为强烈,其社会养老服务需求水平可能较低;反之,对于丧偶或无配偶的老年人而言,其对社会养老服务的需求水平可能较高。

(三)经济社会地位

用户口性质、文化程度、经济宽裕程度(有无稳定收入来源、个人年收入等)等指标来反映个体的经济社会地位。

就户口性质的可能影响而言,城乡老年人之间对机构养老的需求不存在显著差异。

就文化的可能影响而言,文化程度较高的老年人可能更易于接受社会养老这种新型养老方式,对社会养老服务的需求水平可能更高。

就经济宽裕程度的可能影响而言,对于老年人来说,家庭养老意味着多重目标的实现,其文化意义甚至优于经济意义。在表达养老服务需求偏好时,老年人不仅会考虑子女是否有意愿或能力为其提供养老支持,而且会考虑能否通过在家中养老为晚辈做出贡献(例如操持家务、照料孙辈)而不是增加子女负担。从这个意义上讲,较高的经济地位既可能增强老年人的社会养老服务购买能力,也有可能增强老年人居家养老的资本。

第三节　山西养老服务供给分析

随着我省与全国一道步入老龄化社会，除了公共养老金给付问题成为社会各界密切关注的焦点外，养老服务供给能力能否满足老龄化社会的普遍需求也日益成为社会广泛关注的问题。从许多早已步入老龄化社会的西方发达国家所面临的挑战看，应对“银发浪潮”既要解决“养老钱”的问题，又要解决“如何养老”的问题，而后者直接涉及养老服务业发展问题。

一、山西养老服务供给类型

养老服务是为了满足老人精神层面和物质层面的需求而提供的服务。当前，我省老龄人口对养老服务的需求已经超出了基本养老服务供给能力，老龄人口普遍需要规范化、高质量、专业化的养老服务。面对这种形势，结合生活社区个性化、定制化的社会养老机构发展起来。目前，学术界一般认为养老服务供给包括两个方面，即物质方面的“物质养老”和精神方面的“精神养老”。

（一）物质层面

所谓物质层面的养老，主要是满足老龄人口基本生理及安全领域的一系列需求，通常指老龄人口在吃、穿、住、行等基本生活方面得到应有保障，传统的居家养老模式通常可以解决这些问题。对于机构养老模式，物质层面的养老不外乎是全天候管家服务、全营养配餐服务、高品质护理服务、精细化看护服务和及时医疗服务。

在养老供给主体建设方面，截至 2015 年底，全省养老服务机构总数 379 所；全省登记床位总数 60589 张，平均每所机构拥有床位 159.87 张。同期，公办养老服务机构达到 152 所，占机构总数的 40.11%；床位为 17772 张，占床位总数的 29.33%，平均每个公办养老服务机构拥有养老床位 117 张。

在养老服务土地供应方面，《山西省人民政府关于支持社会力量发展养老服务业若干措施的通知》(晋政发〔2015〕39号)提出,社会力量兴办养老服务建设项目,国土资源部门应优先给予用地保障。经养老主管部门认定的非营利性养老服务机构,其养老服务设施用地可采取划拨方式供应。农村集体经济组织可依法使用本集体所有土地,为本集体经济组织内部成员兴办非营利性养老服务设施。每年养老服务机构项目建设涉及新增建设用地,由各市统筹安排,应保尽保。各市用地计划指标确有困难的,可申请使用留省用地计划。

在专业人员方面,近年来全省养老机构从业人员数量较为稳定,但随着老龄人口的增多和社会用工成本的不断上升,养老服务从业人员的需求将不断扩大,未来专业化、规范化的专业护理人员缺口将呈扩大趋势。

（二）精神层面

所谓精神层面的养老,主要是指老龄人口在政治、文艺、科学等方面的活动。针对养老机构而言,主要是指为入住老人营造适宜的生活氛围。根据“马斯洛需求层次理论”,人们基本的物质需求被满足后,就会更加迫切追求精神层面的需求。随着人民生活水平的不断提升,老龄人口的养老需求也呈现出多元化、个性化和定制化的趋势,除了满足基本的生存与安全需求以外,重点新增了卫生保健服务、照料精神慰藉和文化健身等方面的需求。步入老龄阶段,尤其是高龄、重症和临终阶段,身体状况和精神状态都处于非常脆弱的时期,是真正的弱势群体。这个群体的老人渴望得到更多的爱与陪伴,得到更多真诚、细微的心灵呵护,借以缓解可能遇到的疾病折磨、孤独困扰和死亡恐惧,期望自己人生最后的旅程能够在欣慰、平静、祥和的状态中走完。这方面需求也应当是社会给予他们最后的人文关怀和福利,需要引起必要的重视。

在老龄人口的诸多养老服务需求中,例如日常生活护理、医疗和康复等需求大多可以通过商业化的运作模式加以解决。而老人对于心灵呵护、爱与陪伴或者临终关怀等方面的需求,目前的养老机构尚难以满足。因此,丰富多彩的文化娱乐生活,护理人员与老人间亲人般的相处,就成为未来养老服务机构发展的方向和趋势。

在养老机构老年人精神生活满意度的诸多影响因素中,有以下几方面的具体影响。一是在院老人家庭成员的关心频率和社会公益这两个因素对在院老人的精神生活满意度呈显著正向影响。老年人精神生活较年轻时期相对匮乏,情感方面的照料和慰藉是充实老人精神空间的重要途径,这部分需求主要通过家庭成员的关怀来满足。另外,社会公益深度介入的养老机构,其接受的社会捐赠较多,能够进行更多的基础设施建设,雇用更多的高素质护理人员,从饮食条件到住宿条件进行改善,养老敬老的氛围就越好。此外,这些机构通常会和大学生义工团体和社会志愿者团体开展合作,给大学生及志愿者提供爱心活动场所,在得到帮助的同时,受过良好教育的高素质志愿者群体也能够给老人带来精神慰藉。因此,家庭成员的关心和社会公益的介入程度正向影响养老机构老年人精神生活满意度。

二是老年人的社交网络和家庭年收入两个因素对在院老人的精神生活满意度呈显著正向影响。其中,年家庭收入的影响程度更大。养老机构入住老人,与外界交流存在天然缺失,因此需要增加人际交往以满足其社交需求,通过人与人的沟通交流使精神生活丰富起来,有助于在院老年人的心理健康。经济水平是衡量一个人生活质量的重要指标,收入稳定且没有负担的老年人,往往会选择入住服务水平及医疗条件有保障的养老机构,舒适的生活环境和周到细致的护理服务会带来愉悦的感官体验,进而使精神满意度提高。此外,高收入也是事业有成的象征,给老年人带来的自豪感也会提升精神满意度。

三是良好的生活自理能力对在院老人的精神生活满意度呈显著正向影响。身体健康状况不佳的老年人,身体饱受病痛折磨,部分甚至需要专人看护,生活品质的下降影响了生活信心,降低了老年人的精神满意度。生活自理能力与身体健康状况呈明显正相关,自理能力越低,精神状态越差,最终导致老年人产生自卑、绝望等消极的情绪。健康状况良好的老年人,其生活能够自理,并能够参与文化娱乐活动,进而形成自己的社交网络，获得心理上的满足感，精神方面的满意度也越高。

四是个人文化程度和公共活动组织情况对在院老人的精神生活满意度呈显著正向影响。两者相比，公共活动组织情况的影响程度更大。调查中发现，“经常”开展公共活动地区的养老机构在院老年人精神生活满意度比“偶尔”和“从不”开展公共活动地区的养老机构在院老年人高23.1%。受教育程度高的老年人能够更加开阔全面地考虑问题，乐于接受新兴事物，能够紧跟时代发展潮流，并培养诸如读书、书法等更为高雅的兴趣爱好，从中获得广泛的精神慰藉，进而提升其精神生活满意度。

我们亟待扭转养老服务供给中重物质保障、轻精神慰藉的现状，抓紧抓好老龄人口精神慰藉服务，补齐养老服务产品供应链的短板。这不仅仅是老龄人口朴素的对美好生活的向往，也是国家走向更高层次、更高水平文明的重要标志，我们的社会主义现代化建设应该而且必须提供这样的服务，让老龄人口都能“老有所养、老有所依、老有所乐、老有所安”。

二、山西养老服务基础设施建设

山西全省各级政府高度重视养老服务基础设施建设和运营，从财政、土地、税收等方面给予支持，不断加大财政投入，放宽养老市场准入，公办养老机构服务持续优化，民办养老机构数量、质量不断提升，全省养老机构床位数持续增加，有效缓解了全省养老服务供给不足的问题。

（一）公办养老机构

公办养老机构是目前我国养老服务供给的主体，主要有完全公办的养老机构和公建民营的养老机构两种形式。完全公办的养老机构采取公益类事业单位管理模式，而公建民营的养老机构采取所有权和经营权分离的管理模式。

依照国际通用的每百名老人拥有床位5张的标准，近年来山西省财政对养老基础设施进行大力投入，使养老机构的床位增长幅度较之往年有大幅提升，2018年床位数量持续较快增长；预计到2020年，山西省每百名户籍老人养老机构床位数将动态保持在4张，其中政府保障型床位占总床位的30%,并逐步使护养型床位达到总床位的70%以上。目前公办养老机构主要存在体制机制不活、经济效益较低等方面的问题。

公建民营养老服务机构的场地和设施主要由省市县三级财政出资修建,民政部门提供运营起步资金并进行事中监管,其主要服务对象是城乡社区老龄人口。公建民营养老服务机构主要包括社区养老服务中心和社区日间照料中心两类,且数量庞大。目前,山西省各市均已制订了社区养老服务中心建设计划,其具体项目也全部向社会资本开放,已有不少公建民营、民办公助、合作项目进入建设阶段。目前在山西省人社厅登记为城乡社区日间照料中心的总共有3679所,占全省公建和社会资本投资养老机构总数的81%,养老床位45744张,占全省公办和社会资本投资养老床位总数的29.75%,每所照料中心平均床位12.43张。已建成并运营的这类"照料中心",采用工作人员大多来源于雇用本地村民的运营管理办法。根据调研走访了解的基本情况,目前这类"照料中心"大多数未能正常运行。这种结果出现的内在原因在于一次性投入后的产权归属不明晰、组织管理不畅、服务监管不到位等,尤其是因为其是政府投资建设,但其职能和人员又不能进入行政序列,因此在财政保障方面受到制约,存在不可持续问题。

(二)民办养老机构

民办养老机构是养老服务供给的有效补充,目前在我省主要有以下几种存在形式:

一是自然人以个人身份投资创办的养老服务机构。个人投资创办的养老服务机构占全省社会投资养老服务机构的多数,也是我省现有社会化养老服务业的主体,工商注册登记为民办非企业,并享受相关扶持政策。按其提供服务内容包括"生活照料型"和"医护照料型"两类机构。其中,"生活照料型"机构的个人投资者一般以个体经营方式管理,采用院长负责制,大多数尚未建立完整周密的组织运行体系。在一些规模较小的养老机构中,由夫妻或家族合办的也较为常见,机构内专业工作人员少且岗位轮换随意性大,院长要承担多种工作。机构日常运转主要依赖创办人的个人意志，这种管理机制的有利方面主要是机制灵活、成本低、效率高等；不利方面是内部管理不规范，随意性大，收费标准和服务项目混乱。这类养老服务机构的平均入住率大多在50%左右，经济效益不明显，多数处于负债经营状态。“医护照料型”机构的投资人主要是有医技专长的人员，目前数量很少，但其入住率一般从第三年起就开始稳步上升，到第五年左右约能达到80%以上，进入稳定盈利阶段。

二是以共同出资方式注册成立的合伙类型养老服务机构。合伙类型养老服务机构是两个或多个有相关工作背景、人脉渠道、经济能力和经营条件的自然人之间，以共同出资、共担风险方式成立的养老服务机构。目前，这类机构约占全省社会资本投资养老服务机构总数的20%左右，同时也可以民办非企业在工商部门注册登记并享有相关扶持政策。大体分为“农村福利型”“单位承包型”和“租赁经营型”三种形式，投资规模一般在200万—500万元之间，内部开设床位100张左右。“农村福利型”养老服务机构承担了许多乡村老年公益职能，其中有些还义务承担着所在乡村“五保户”和孤寡老人的生活照料，通常能够得到驻地乡镇政府、村委会在开办场所、基础设施、运营补贴或民政部门专项补贴等方面的支持，经营稳定，口碑普遍较好，但经济效益一般。“单位承包型”养老服务机构通常利用单位闲置资产开办，承担本单位本部门退休人员服务或吸纳本单位本部门富余人员相关职能，起步阶段多能得到本单位、本部门租金减免、水电设施、物品配备甚至一定的资金扶持，主要靠收养城市中高收入的自理和半自理老人获利，经济效益普遍一般。“租赁经营型”养老服务机构基本采取市场商业投资模式，主要靠收养城市半自理和失独、空巢自理老年人盈利，同时对外经营餐饮业作为补充，承担部分属地老龄人口公益职能，大多有驻地街道办事处或社区支持，大多综合经济效益较好。以上三类机构的共同特点是，大多具有驻地政府或村委背景关系，分担社会公益职能，投资规模较大，基础设施环境条件普遍比个人成立机构要好，而且与基层医疗机构建立联系，收费标准统一并且相对较高。但因此类机构起步较晚，多处于完善运营阶段，因此入住率大多在60%左右,整体上看处于亏损状态。但是,这类机构的最大特点是能盘活存量社会闲置资产和资金用于公共福利事业,是社会资本投资养老服务机构的重要组成部分。

三是以企业法人身份投资而形成的法人类型养老服务机构,这类机构是具有经营和经济实力背景的企业以企业法人身份投资而形成的。目前已有国企、民企与混合所有制企业等产业资本进入,它们虽然只占全省社会投资养老服务机构总数的7%—8%甚至更少,但其背景强大,资金雄厚,规模可观,是近年来发展较快的一种机构类型。这类机构多数以民办非企业注册登记并享有相关扶持政策,个别在工商局注册按营利企业定性并实行集团公司运营模式,也有个别大型国企仍按内部福利机构定性管理。按盈利模式分类,大体可分为医养结合型、专业护理型、企业福利型、多业融合型等模式,其投资规模差别很大,从数百万、数千万到亿元不等,设计床位一般在200—1000张之间。主要由改制医院、房地产商、大型国企和民营企业投资,资金来源有自身积累、借贷、申请扶持和吸收公众资金等多种方式。目前,这类机构存在的问题主要是缺乏规范的法人治理结构和严密的资本运行监管。

(三)第三方评估机构

对养老机构服务的评估,从国际上流行的方法来看,有定量分析、定性评估、平衡计分卡、顾客满意度评估等。但根据研究重点以及评估标准的不同,评估方法也会有所差异。如果强调服务方案,选择的方法可以是服务预测评估、服务方案的可行性评估;如果强调服务提供过程,可供选择的评估方法有服务项目评估逻辑模式、服务审计等。如果是强调服务结果,可供选择的评估方法有服务满意度评估。我国对养老机构服务评估正处于起步发展阶段,在借鉴国内外最新理论和实践成果基础上,构建居家养老服务的评估体系,设计科学的服务评估模型与评估方法,这对我国居家养老服务的可持续发展无疑具有重要的实践价值。实施第三方评估:一是把握养老服务项目购买经费投向,提升养老服务政府资金购买效益;二是评价承担政府购买服务项目养老服务组织服务质量，推动养老服务组织规范化发展。

（四）康养园区

康养园区一般是由专业投资公司、金融保险机构、风投众筹机构投资的财团类养老服务机构，多为社会影响较大的大型养老项目及其机构，目前山西只有山西投资集团直接投资，拟由台湾天度养生事业集团及北京天度养老公司管理运营的太谷县“孟母文化养生健康城”项目一家，该项目总投资15亿元，属于养老社区与文化旅游高度融合的大型综合地产开发项目，带有政府引导、市场运作、多元经营性质。

三、山西养老服务队伍建设

目前，山西省城乡养老机构职工总人数为5012人，平均每家机构仅有7名职工，入住人员与职工人数之比为6.7∶1。养老服务机构的工作人员整体素质不高、专业技术水平较低，流动性大，从而使整个养老服务机构内部缺乏稳定性和凝聚力，极大影响了养老服务机构服务质量的提升。

（一）养老护理人才队伍建设

护理人员专业水平不高是阻碍山西省养老事业发展的一大难题。目前，相关机构养老护理人员以进城务工人员为主。他们负责照料老人的日常起居，没有经过专业的技术培训，整体专业素质不高。毕业于专业卫校的护士觉得在养老机构护理老年人，工作又苦又累而且待遇不高，社会地位低下。这些客观因素导致养老机构在市场竞争中人员配置上缺乏专业水平高的服务队伍。

护理人员队伍不够稳定，不仅吸引不到优秀的人才加入，即使在岗的护理员工也因为工作环境、压力、待遇等多方面的原因不愿意留下来。护理人员多不具备专业的知识技能，由于养老机构的工作环境相对较差，护理人员流动性大。医护人员和管理人员只是将养老机构作为他们临时的工作选择，有更好的工作单位他们会选择离开，这些因素也导致了养老机构在人员方面的不稳定性。同时，与城镇养老机构相比，农村敬老院的工作人员专业素质更难保证，其人员构成以当地农民为主，管理能力、医护能力较低，但每位职工服务老年人的数量是城市养老机构的2倍以上。总的来说，我省养老护理人才队伍缺口很大，广大农村地区养老院的问题更加突出。

（二）养老专业技术人才队伍建设

当前，我省在养老专业技术人才队伍上缺口很大，养老服务体系尚处于初级发展阶段，具备心理慰藉、心理疏导等专业技能的社会工作者很少。我国自2010年开展养老护理员职业技能鉴定工作以来，山西省也开展了此项工作，但目前大量养老服务从业者，无职业资格鉴定证书和资质，很多服务人员大多未经培训就上岗，存在缺乏规范的现象，影响服务质量。

（三）养老管理人才队伍建设

老年服务机构的运营管理离不开专业人士的参与，包括基本的管理岗位例如会计人员、人力资源管理人员等，他们需要具备各自领域的专业知识。同时养老机构也需要高级管理人员，负责养老机构的日常运营。

目前山西养老机构管理人员素质不高，影响了养老事业的进一步发展。首先，管理人员专业结构与国务院《关于加快发展养老服务业的若干意见》要求不适应，《意见》要求养老机构采用公办、公建民营等方式，吸收民间资本，不断提高服务水平。养老机构运营涉及许多方面的专业知识，因此，养老机构管理队伍需要宽泛的知识结构，能够帮助养老机构应对运营中的诸多问题，以满足公办或民营养老机构正常开展运作的需要。从目前的调研结果来看，我省养老机构管理队伍还有待进一步建立合理的知识结构。其次，养老管理人才队伍的整体学历层次有待进一步提升。加快发展养老服务业，除了政策指导、措施保障、组织领导外，管理人员队伍建设尤为重要。从长远发展考虑，我省需要进一步充实高层次管理人才，以适应养老服务业的快速发展。

（四）养老各类人才队伍建设的相关建议

建议主要从政策保障、人才培养等方面来提升养老服务水平。

1. 提供政策保障

长期以来，我省公办养老机构普遍存在薪资福利低、工作人员流动性大等问题，对于这类公办养老机构，可由同级财政部门负担所需相应经费，通过向社会公开招聘或向所在地的人社部门申请公益性岗位名额，聘用不占编制的从业人员，同时可以利用我省养老公寓实训基地的便利条件，每年为全省养老行业培训护理人员，抓好人才培养。

2. 加强人才培养

积极开拓学校与养老机构的合作渠道。目前我省只有4所高校设置有老年护理、社工等涉老专业，下一步，要支持我省高等职业院校设立相关的养老服务专业，做好人才储备工作，同时鼓励大中专院校相关专业的毕业生去养老服务机构工作，从职业培训、岗位补贴、职业技能鉴定补贴等多方面加大从业人员保障力度。公立、私立教育加快培养，将技能培养与大学教育相接轨，开发和设置更多职业工种和就业岗位群。

着重发挥医学院校对养老管理人才培养的特殊优势。医学院校在养老管理人才培养方面有特殊优势：一是综合性医学院除了与老龄相关的医学师资，还具有管理学、心理学、法学等与老年服务管理相关的师资，从教学基础上保障有足够的、多元的培养模式。二是综合性医学院校具有更广阔、更专业的实践教学基地，如医养结合的养老院、医院的养老社区等，实践教学基地对学生以后的就业和发展提供良好的机会。三是除日常的生活护理外，养老机构也需要医疗、心理、法律等多元服务的专业化养老管理人才，而医学院校正是具备培养这方面的综合性服务人才的教学资源，有利于解决当地养老机构对养老管理人才的需求。

鼓励更多的人成为养老服务志愿者。志愿服务是养老机构的重要补充。近年来，虽然志愿服务事业发展迅速，但在养老方面没有发挥出应有的作用。第一，参与机制不健全，信息流动性差。志愿组织的动员能力不强，志愿服务参与渠道狭窄。第二，人才结构不合理，队伍缺乏稳定性。我省专职志愿者数量较少，志愿服务者职业精神的缺乏和专业能力的不足，影响了服务的效果和质量。第三，服务资源存在浪费，网络协调缺乏统一性，长期以来，我省资源共享机制不健全，造成了志愿服务的重复和浪费。第四,由于养老服务对象的特殊性,志愿者前往养老机构服务的比例较低,进一步凸显了我省养老服务人才的缺口。

四、基于服务供应链的供给新模式探索

随着养老服务业的快速发展,服务供应链作为服务运作管理的重要组成部分,逐步开始得到重视。同时,服务外包的兴起使供应链管理研究已经开始从产品供应链走向服务供应链。服务企业以市场为导向,正在构建若干条供应链,实现从企业与企业的竞争向供应链与供应链的竞争过渡。

(一)服务供应链理论

养老服务供应链的内涵是:以养老服务需求为导向,为协调管理从服务计划、服务整合、服务供应到服务反馈的这一过程中的服务流、信息流与资金流等,有机联合各类养老服务提供商(涉及康疗护理、生活照顾、休闲娱乐、心理慰藉、养老公寓、老年产品等)、养老服务集成商和养老服务需求者所形成的功能型网链结构。

区别于当前国内养老服务供应模式,山西应当在养老服务供应链中加强政府的主导作用,重点确立养老服务集成商在协调管理上的关键作用,使其具备管理养老服务资源、计划与收集供需信息、协调决策、考核绩效、监控风险等功能,在有效调控其中各项资源的同时,以养老服务需求为导向,科学合理地对设备能力、服务方式、服务成本等进行计划,然后将整合打包后的服务项目提供给对应的养老服务需求者并收集服务完成后的反馈。

(二)服务供应链的设计和合作伙伴选择

养老服务供应链提供了一种多行业、多部门间的协作方式,涵盖了从调配各类养老服务提供商、整合服务资源开始到最终完成养老服务需求者的服务要求的全部过程。围绕养老服务组织环节、规划环节、运行环节与监控环节的四个维度来展开养老服务供应链中服务质量保障体系的理论架构,具体构架如图 2 – 3 所示。

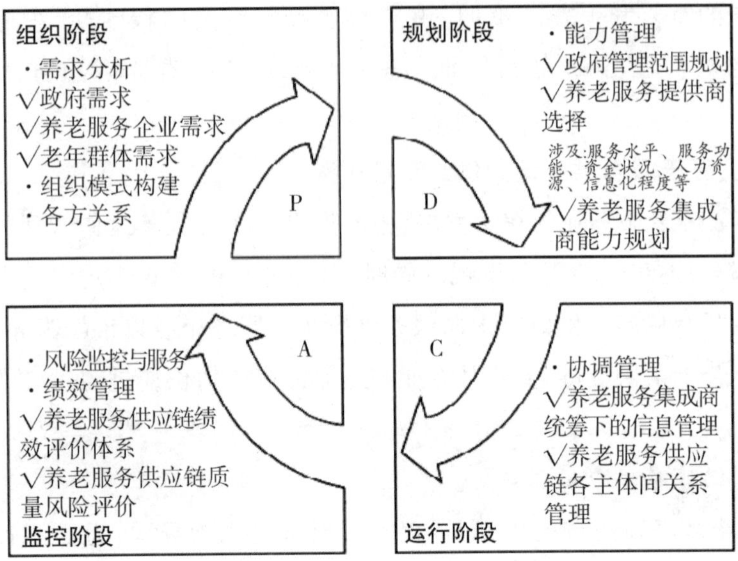

图2－3　养老服务供应链服务质量保障体系

在组织阶段,组织环境是养老服务供应链运行的核心,能确保持续的动力供给。这需要对各参与成员(政府、养老服务方和养老服务需求者)的需求进行分析,确定政府的主导角色(包括政策的制定、养老服务市场环境的引导)及养老服务集成商和提供商的角色,构建运作模式,建立各方间的关系,把养老服务提供商、集成商、需求者三方面有机地组织起来。

在规划阶段,能力管理是养老服务供应链的重点。在确立养老服务供应链中各方角色的基础上,要对政府、养老服务提供商与集成商的服务能力进行规划。包括政府的管理范围规划、养老服务提供商的服务能力水平设计、服务功能定位、服务提供商之间的能力分配、服务资源优化整合,以及养老服务集成商的服务能力水平和管理范围设计等。

在运行阶段,协调管理是养老服务供应链的关键问题。这其中包括了信息和关系的管理。信息的协调涉及信息流的设计、信息共享的机制与原则,以及信息系统、平台的构建等;关系的协调涉及养老服务提供商之间的竞合关系研究、集成商与提供商的交易框架确定以及所有服务组织成员和养老服务需求者之间的关系构建等。

在监控阶段，风险监控与服务绩效管理是养老服务供应链可持续发展的助推器。在规划执行过程之中或执行之后，政府需要指导相关部门构建养老服务供应链整体及其各服务企业的风险与绩效指标体系，分析养老服务质量的监管情况，养老服务集成商也需要对涉及的上下游企业进行质量评估，看是否符合规划的预期结果。然后，将结果反馈到组织阶段，进行更高层次的循环。

在养老服务供应链中，服务提供商往往直接参与到服务需求者的全套服务体验过程中，其服务质量的优劣则会直接关系到养老服务供应链的整体水平。当养老服务提供商采取高质量的服务来满足需求者时，其会获得较高的满意度评价，这有利于增强养老服务提供商甚至整个供应链的市场影响力，提升市场份额；而当养老服务提供商采取较低质量的服务时，这会使养老服务需求者认为供应链上某一环节服务或全套服务是失败的，造成养老服务供应链不同程度的损失与负面影响，如因服务不满而要求的索赔、维护市场形象的成本、改进服务或设施资源的成本等。因此，科学地选择养老服务提供商有助于促进养老服务资源的有效配置。

影响养老服务提供商选择的两个重要因素是服务成本与服务质量，因此，需要构建养老服务提供商优化选择的双层规划模型。上层规划是考虑服务提供商的服务成本在主要受其自身服务质量影响下如何达到最小化，下层规划是通过实际调研与质量功能展开等科学方法结合进行服务质量的评估，实现服务提供商的整体质量水平最大化。然后设计混合的粒子群算法来解决上述双层规划模型，在通过反复地优化服务成本与服务质量的演算中获得最佳方案，确定最合适、满意的养老服务提供商。

（三）服务供应链的质量监督和质量控制

养老服务质量风险存在于养老服务供应链的各环节，涉及服务传递过程中的各参与方。从服务生命周期的角度对养老服务供应链中产生质量风险的因素进行定性识别，有助于系统、全面地认清风险的来源。在此基础上，利用支持向量机模型进一步对风险因素做出定量识别，确定了影响养老服务质量的关键风险因素，并针对性地提出了监管和规避风险的策略，可以帮助相关涉老机构在实际管理中因地制宜地采取措施对这些影响因素进行监督和控制。

首先，在养老服务提供商选择方面，要多角度地考察提供商的服务质量、资源设施、专业化程度、资金状况、运作绩效等因素。同时，需要全面考虑可以减少运作风险和促进服务水平提升的因素，如风险防范能力、服务流程协调性、客户关系管理能力和创新改进能力等。对于首先筛选出来的备选提供商，一方面要合理设置最终数目以及它们之间的通力合作匹配程度，另一方面结合实际且有效的理论方法来定量地对提供商做进一步分析评价，进而以评价分值的高低来确定符合条件的养老服务提供商。

其次，促进和完善养老服务供应链信息化的建设，规划基于“市—区—街—居”和集服务提供商、集成商和养老服务需求者于一体的立体式管理体系，设计手机软件客户端，系统功能模块由专业软件开发公司开发，完成养老服务供应商和养老服务需求者等基本信息的采集，例如养老服务供应商的服务团队信息、设施设备等资源信息以及养老服务需求者的病史信息、家庭信息等，及时准确地掌握养老服务提供商与需求者之间的供应与需求信息，制定合理需求计划来充分调动供应链上的资源，提高资源与服务能力匹配程度。在此基础上结合一键式和人工/自主语音服务功能，更体贴周到地帮助养老服务需求者对康疗护理、家政服务、应急救助等服务的及时获取与反馈。

同时，制定标准化、权威性的服务质量审查与监管条例，采取“量化绩效、社会参与、执法协助”的措施，由政府提倡和主导，激励专业服务监管部门、民政服务部门、计生家庭、社区居民等多方参与对养老服务集成商与供应商的监督。在规范它们运作行为的同时，不断改善养老服务供应链的整体水平，开展技能培训以提高服务队伍专业化程度，进而降低参与各方的管理成本。

最后，将奖惩机制作为服务供应链上一种有效的激励手段，构建养老服务提供商之间融洽的合作与竞争环境，激发各服务提供商的服务潜能，并合理制定收益分配比。借助系统的绩效评价体系，采取周期性的综合考量审查，明确各养老服务提供商的工作完成状况与成果实现情况，以队伍轮流监督与淘汰制为辅助措施，促进养老服务质量的持续优化与监管。

第四节　供求平衡的举措

从山西养老供应链可以看出，养老服务需求存在着供需失衡的问题，一是对养老需求的把握不够精准，哪些是共性的，哪些是个性的；二是养老供给服务大多停留在物质层面，精神方面的服务供给较为缺乏；三是养老供给服务的标准化水平不高。为达到养老供需动态平衡，提升老年人的获得感、幸福感，建议从以下方面做起：

一、提升养老服务标准化、规范化水平

推进养老服务的标准化、规范化建设。饮食、洗衣等物质层面的需求可以由餐饮公司、家政等各类市场主体来提供服务。精神层面的需求应由专业的护理机构、医养机构来提供服务。应当将各类需求标准化，再由手机、计算机、互联网等信息硬件设施作为沟通媒介，通过基础设施互联，从而能够将各类养老需求准确地传达给养老服务集成商，各类养老机构根据自身能力通过竞争获得满足需求的机会。完善不同养老服务机构的管理标准。针对不同的养老机构，分类施策，加强监管。要严格规范养老服务标准，规范养老设施设备等。认真研究制定居家养老服务标准，使得养老设备标准与社会对接，加大社会养老资源的整合力度，提升养老服务水平。

二、以信息化建设推进“智慧养老”

借鉴“滴滴打车”等平台建设的经验，以“12349”社区服务平台为基础，建设全省养老产业网络平台。平台促进养老资源共享，不但有养老服务的需求方，而且还有养老服务的各类机构、负责监督的第三方机构。养老服务平台为老年人提供家政服务、健康管理、康复理疗、紧急救护等

有偿服务项目，将形成每年数十亿元的产业集群。通过信息平台，整合各类养老服务资源，将分散的老年人和分散的服务机构有针对性地联系起来，可以将饮食、洗衣等方面的需求由其他市场主体来承担，极大地减轻养老机构的压力。与此同时，养老机构可以将更多的精力用于为老年人提供情感慰藉、关怀关爱等精神方面的服务。将现代化信息手段与标准化、规范化结合起来，推进智能化养老，让老年人足不出户就能享受良好的养老生活。加快推广智慧养老模式，通过互联网技术、智能终端等向老年人及家属提供居家照料、呼叫救助、健康服务等服务，促进线上服务需求与线下服务供给无缝对接，为老年人提供高质量的养老服务供给。

三、加大养老服务供给

鼓励更多企业提供养老服务，政府在建设用地、税费减免、购买服务等方面制定优惠政策，引导和支持社会组织和民间资本兴办各类养老服务设施，鼓励企业引进战略合作者开展高水平的养老服务。分类做好养老服务，公办养老机构重点为收入少、无劳动能力、失能半失能等重点老年人提供无偿或低收费服务，社会养老机构主要为收入较高、身体较好的老年人提供品质较高的养老服务。加强养老人才队伍建设，加大对养老机构的医护人才以及管理人才的培训，提升他们的素质，从而能够满足多样化养老需求。加大养老人才的培养，高校结合养老需求状况设置相应的专业，有针对性地培养人才。培育壮大养老助老志愿者队伍，动员广大志愿者为老人提供清洗、洗衣或陪医、陪护等服务。丰富服务供给新业态。推进养老服务产业与旅游、健康、健身休闲、金融等产业融合发展，开发适合养老需求的各类产品，丰富养老服务产业新业态。

四、打造开放式的养老服务体系

老年人是社会运转不可或缺的宝贵财富，应鼓励老年人积极参与社会交往。若老年人只在福利院、康养园区等生活，无疑与社会隔绝，而人是社会人，只有与社会持续发生联系，或服务社会，或享受来自社会的服务，才能有存在感、满足感。推动养老产业与相关产业的融合发展，以养老需求为牵引，探索养老机构与医疗机构合作新模式，通过市场化改革促进养老服务与医疗、家政、教育、旅游等领域互动发展，培育老年保健用品产业、中医中药养生产业、老年文化产业等，逐步将其打造为当地的经济增长点。

五、统筹规划科学配置养老资源

现阶段，政府依然支配着福利院、养老院等主要养老资源，与社会的协调力度不够。下一步，政府需要统筹协调各方资源，有计划、有步骤地向社会开放，通过财政、税收等扶持政策，鼓励民间资本进入养老领域。在社区养老方面，通过多方筹措资金、加快养老人才队伍建设等途径，整合各方资源，提高社区养老服务的覆盖面，实时调研社区范围内的养老需求，动态调整各类养老供给，从而达到养老需求平衡，提高养老资源的利用效率。在重视社区范围内养老资源利用的基础上，可以将各个社区养老网点通过信息网络联系起来，网点之间养老信息互通，调剂余缺，实现资金、人力等资源的优势互补。

撰写人：雷　豪（负责人）

杜　锐　侯锦超　王永耀

第三章　山西养老服务设施的建管并举

养老服务设施是加快发展养老服务业的重要基础和保障,对促进经济社会全面协调可持续发展,提前全面建成小康社会具有重要意义。当前,山西省人口老龄化已进入快速发展阶段,老年人对养老服务的需求呈现多元化趋势,养老服务新类型和新方式不断出现,养老服务设施无论从数量上还是从质量上以及布局上都必须要有较大幅度的优化提升,这是一个现实而且迫切需要解决的发展命题。

第一节　养老服务设施概念、属性和地位

一、内涵和外延

近年来,伴随着国家及地方有关老龄事业的不断发展,“养老设施”这一称呼逐渐被学者和公众认可。然而目前国家颁布实施的法律法规和标准规范并未对其提出明确的内涵界定。民政部发布的《社会养老服务体系建设“十二五”规划》《江苏省基本养老服务体系建设“十二五”规划》等,将养老服务分为居家养老、社区养老和机构养老,并规定了相对应的养老设施分类;而《上海市老龄事业发展“十二五”规划》则将养老服务分为家庭自我照顾、社区居家养老服务、机构养老服务,也规定了相对应的养老设施分类。

由于相关标准的缺失和不系统,我国养老设施不仅名称有分歧,而

且分类体系口径也不一致，分类具有较大的随意性。胡仁禄等认为我国养老设施可按服务功能分为托老所（站）、老年公寓、养老院、护理院、安怀（医）院等五种类型。贺文认为我国老龄设施体系分为社会养老模式和居家养老模式下两大类老龄设施体系。万邦伟等对国内除老年居住设施外的老年活动设施进行了分类，分为运动—健身型、娱乐—情趣型、文化—教育型和社团—交往型。可见，不同学者对于养老设施有不同的分类方法。

在实践中，还存在着"相同设施叫法不同，同名设施功能各异"等问题。以专为老年人服务的居住建筑为例，其名称有老年人居住区、老年社区、老龄社区、宜老社区、老年公寓、养老院、敬老院、福利院、养护院等，这些概念看似职能类似、服务内容相近，然而建筑规模和标准相差甚大，老年社区规模可达万人，而养老院则可少至几十人，甚至也可以指单体老年住宅。更有甚者，将居家养老、家庭养老、社区养老等内涵不完全相同的概念混为一谈，有可能对国家制定和实施相关政策造成严重影响，需从普遍性和前瞻性的角度予以规范完善。

二、分类及特征

在计划经济时代，养老机构都是作为救济性、慈善性的机构而存在的，收住鳏寡、疾病和贫穷的老年人。改革开放后，养老机构在所有制结构、服务对象、运行方式等方面发生了新的变化。伴随着现代化和人口老龄化，人们的老年社会服务需求日渐增强；而随着原有福利制度的改革，由政府和单位提供的老年服务日益缩减。为了增加社会服务，减少政府的财政负担，民政部于20世纪80年代中期提出了"社会福利社会化"的理念，各级政府相继出台了一系列扶持、鼓励民办养老机构发展的政策，并在实践中给予了一定的支持。在政策的引导和鼓励下，民办养老机构获得了快速发展，公办机构也实现了一定程度的社会化运行。在所有制结构上，增添了个人投资、集体投资、原单位机构转为私人所有等多种所有制形式；在服务对象上，从面向"三无""五保"老人转为面向社会大众进行收住；在运行方式上，体现出社会化的特征，政府对公办机构缩减了财政投入，民办机构则主要以服务收费的方式运营。快速发展的养老机构初步缓解了养老社会服务的供需矛盾，由于同时期居家服务和社区服务发展的相对滞后，养老机构在养老社会服务体系中承担着主要任务。

当前，国内共存在三种类型的养老机构：第一类是公办养老机构，其服务对象必须首先是“三无”、低保、特困等低收入的老人，向其提供无偿、低偿的供养服务，在此前提下，为社会上的其他老人提供服务。公办机构在政府编制内，享受政府财政拨款，其面向社会的收费所得用于弥补事业发展经费的不足和改善院内重点人员的生活条件。第二类是在民政部门注册的民办非企业性质的养老机构，其服务对象是社会上的广大老人，但要合理确定收费标准，不能超过绝大多数老人的经济承受能力和支付水平，收入所得要按照相关规定，用于章程规定的事业，不得用于分红。第三类是在工商部门注册的民办养老机构，这种机构属于营利性的企业组织，可以追求利益的最大化，但不享受国家对社会福利机构的相关优惠政策。承担福利性社会养老服务的机构主要是公办养老机构和民办非企业养老机构这两类。

1. 按功能分类

按功能分类是指，根据养老设施所收养的老人需要照料和帮助的程度不同对其进行的分类。根据《老年人居住建筑（D4J923－1）》《城镇老龄设施规划设计规范 GB》和《老年人居住建筑设计标准（GB/T50304－2003）》对养老设施进行定义与分类，相关规范和标准中养老设施的指标要求，如表 3－1 所示。

表 3－1　相关规范和标准中养老设施的指标要求

规范名称	涵盖内容	指标要求
《城市居住区规划设计规范》	养老院	1. 一般规模为 150—200 个床位 2. 每床位建筑面积大于或等于 40 平方米
	托老所	1. 一般规模为 30—50 个床位 2. 每床位建筑面积 20 平方米 3. 宜靠近绿地集中安排，可与老年活动中心合并设置

续表

《老年人居住建筑设计标准》	老年人住宅及老年人公寓	小型(50 人及以下)	人均用地指标 80—100 平方米
		中型(51—150 人)	人均用地指标 90—100 平方米
		大型(151—200 人)	人均用地指标 95—105 平方米
		特大型(201 人及以上)	人均用地指标 100—110 平方米
	养老院	建筑面积 25 平方米/人	
	护理院	建筑面积 25 平方米/人	
	托老所	建筑面积 20 平方米/人	
	注:以上所指建筑面积指居住部分建筑面积,不包括公共配套服务设施的建筑面积。 建筑密度:市区,不宜大于 30%;郊区,不宜大于 20%。		
《城市公共设施规划规范》	老年人设施	人均用地指标为 0.1— 0.3 平方米,("人均"指城市人口规模的平均值)	
《城镇老年人设施规划规范》	养老院	市(地区)级:≥35 平方米/床 居住区(镇)级:≥30 平方米/床	
	老年公寓	1. 不应小于 80 床位; 2. 每床位建筑面积大于或等于 40 平方米 3. 用地面积 50—70 平方米/床	
	市(地区)级养老院	1. 不应小于 150 床位; 2. 每床位建筑面积大于或等于 35 平方米 3. 用地面积 45—60 平方米/床	
	居住区(镇)级养老院	1. 不应小于 30 床位; 2. 每床位建筑面积大于或等于 30 平方米 3. 用地面积 40—50 平方米/床	
	老人护理院	1. 不应小于 100 床位; 2. 每床位建筑面积大于或等于 35 平方米 3. 用地面积 45—60 平方米/床	

续表

<table>
<tr><td rowspan="9">《城镇老年人设施规划规范》</td><td>市(地区)级老年学校(大学)</td><td>1. 应为 5 班以上
2. 市级应具有独立的场地、校舍
3. 每处建筑面积大于或等于 1500 平方米
4. 每处用地面积大于或等于 3000 平方米</td></tr>
<tr><td>市(地区)级老年活动中心</td><td>1. 应有独立的场地、建筑,并应设置适合老年人活动的室外活动设施;
2. 每处建筑面积 1000—4000 平方米
3. 每处用地面积 2000—8000 平方米</td></tr>
<tr><td>居住区(镇)级老年活动中心</td><td>1. 应设置大丁 300 平方米的室外活动场地
2. 每处建筑面积大于或等于 300 平方米
3. 每处用地面积大于或等于 600 平方米</td></tr>
<tr><td>居住区(镇)级老年服务中心</td><td>1. 每处建筑面积大于或等于 200 平方米
2. 每处用地面积大于或等于 400 平方米
3. 应附设不小于 50 床位的养老设施,增加的建筑面积应按每床建筑面积不小于 35 平方米,用地面积不小于 50 平方米另行计算</td></tr>
<tr><td>小区老年活动中心</td><td>1. 每处建筑面积大于或等于 150 平方米
2. 每处用地面积大于或等于 300 平方米
3. 应附设不小于 150 平方米的活动场地</td></tr>
<tr><td>小区级老年服务站</td><td>1. 每处建筑面积大于或等于 150 平方米
2. 服务半径应小于 500 米</td></tr>
<tr><td>托老所</td><td>1. 不应小于 10 床位,每床建筑面积不小于 20 平方米
2. 应与老年服务站合并设置
3. 每处建筑面积大于或等 300 平方米</td></tr>
<tr><td colspan="2">老年人设施场地范围内的绿地率:新建不应低于 40%,扩建和改建不应低于 35%。城市旧城区老年人设施新建、扩建或改建项目的配建规模、要求应满足老年人设施基本功能的需要,其指标不应低于上述相应指标的 70%,并应符合当地主管部门的有关规定。</td></tr>
<tr><td colspan="2">上述各级老年公寓、养老院、老人护理院的每床位的建筑面积和用地面积均为综合指标,已包括服务设施的建筑面积及用地面积。</td></tr>
</table>

续表

《老年养护院建设标准》	老年养护院	1)建设规模 按床位量分为500床、400床、300床、200床、100床五类,规模500张床以上的宜分点设置; 2)规划布局 建筑密度不应大于30%,容积率不宜大于0.8,绿地率和停车场的用地面积不应低于当地城市规划要求,室外活动、衣物晾晒等用地不宜小于400—600平方米。 3)建筑标准 500床、400床、300床、200床、100床五类老年养护院房屋综合建筑面积指标应分别为42.5平方米/床、43.5平方米/床、44.5平方米/床、46.5平方米/床、50.0平方米/床。
《社区老年人日间照料中心建设标准》	社区老年人日间照料中心	1)社区老年人日间照料中心建设规模应以社区居住人口数量为主要依据,兼顾服务半径确定。 2)社区老年人日间照料中心建设规模分为三类,人口老龄化水平较高的社区,可根据实际需要适当增加建筑面积,一、二、三类社区老年人日间照料中心房屋建筑面积可分别按老年人人均房屋建筑面积0.26平方米、0.32平方米、0.39平方米核定。
《成都市城市规划管理技术规定》	养老院	容积率≤3.0,建筑密度≤30%

2.按投资经营主体分类

养老设施按投资主体和经营主体的不同可分为公办公营、公办民营、民办公助和民办民营四种模式,根据投资和运营方的不同,主要存在以下几个方面的区别,如表3-2所示。

表 3-2　不同模式养老设施的优缺点

类别	优点	缺点
公办公营	有政府财政资助，资金有保障。	投入高产出低，效率不高。
公办民营	既符合政府转变职能的要求，又能盘活国有资产。节约了成本，服务供给更有效率。	受助者无偿或抵偿使用国有资产，可能会导致对国有资产爱惜不足，也容易导致国有资产流失的现象。
民办公助	实行资金资助，比直接由政府供应成本低，操作更简单易行，受养老机构欢迎。	需要政府持续投入，过程不够透明，并且容易出现挪用、滥用的现象，改变政府资助的初衷，使政府监督失控。
民办民营	采取政府扶持和优惠政策，鼓励并资助了社会力量办福利事业。覆盖面广、扶持力度大。可以灵活设置不同规模、不同档次，在管理及体制方面也更显灵活，资金的运营效率较高。	两极分化严重，资金不足的设施简陋，且后续资金投入不足，设施改造缺乏资金。管理经验和服务水平较低。受国家相关政策的影响较大，经营、管理状况不够稳定。协调争取政策扶持的难度很大，而已经出台公布的扶持政策可能由于种种原因难以落实到位。

三、基本属性

国内养老设施之所以尚未有统一的分类方法，根本原因在于其具有多重属性。第一，养老设施是准公共产品，具有有限的非排他性，通常采取政府和市场共同分担的原则，因此有公办与民营之分；第二，根据养老模式的不同，养老设施具有社区居家养老设施和机构养老设施之分；第三，根据服务对象身体状况（自理老人、半失能老人、失能老人）的不同，养老设施具有自理、介助、介护之分；第四，根据所隶属部门不同，养老设施具有民政部门和卫生部门之分；第五，根据服务半径的不同，养老设施具有空间层级属性。具体表现在以下几个方面：

（一）养老机构的福利性

养老服务具有明显的非排他性，但由于存在着供需矛盾，所以其同时具有竞争性和拥挤性，是一种准公共产品。准公共产品的属性决定了在专门的养老机构所提供的服务中，政府需要承担相应的责任。一方面，政府有责任直接提供养老服务，尤其是对弱势老年群体的护养方面；

另一方面，政府有责任为社会力量参与养老机构服务提供良好的政策环境和必要的物质支持。

在西方社会的“福利国家”时代，养老机构几乎以纯福利的方式运营，这种方式在当时认为可以在较大程度上体现社会公平，尤其能满足弱势人群的需要。但是这种方式在实践中遭遇了困境，并在理论上受到新自由主义的批评。其一，纯福利的运行机制效率较低，导致浪费，增加政府财政负担；其二，社会服务的实际收效也较低，服务需求会不合理地扩大；其三，损害人们的自由选择。

我国的养老机构也经历了类似的从纯福利模式到社会化方式运行的过程。计划经济时代的养老机构完全由政府兴办和运营，性质属于事业单位，运行成本较高，存量较少，只针对“三无”“五保”对象提供供养服务。随着人们社会服务需求的增大，单纯福利模式的养老机构难以实现对庞大社会需求的满足，其运行机制也存在一些不可避免的弊端。

（二）养老机构的“准市场”性质

伴随着福利国家的改革和福利混合经济的发展，西方国家养老机构的运行中引入了市场机制，通过服务对象的付费和灵活多样的政府补贴形式，增加了竞争和选择机制，并加强对养老机构的监督和评估，建立了“准市场”的福利运行机制。

在整个福利体制改革的背景下，我国的养老机构引入了社会化的运行机制，一方面对公办机构的纯福利运行方式进行改革，另一方面鼓励民间举办非企业性质的机构。在投资主体方面，大量的民办机构在机构初建时自筹绝大部分的资金；在运营方面，政府除了对入住公办机构的“三无”“五保”老人继续实行全额免费供养之外，所有入住机构的服务对象都需要支付费用。从这两个方面看，当前我国养老机构具有一定的市场性。

在养老机构的服务提供中建立“准市场”机制，可以促进服务效率的提高，减少政府的财政负担，增大服务对象的自由选择。但是，由于入住机构是一项耗费较大的养老方式，市场化的运行方式可能影响广大中、低收入群体的服务可及性与生活质量；其次，由于市场机制存在外部性，可能会影响服务的实际效果；再次，市场化的运行方式要求相应的政府规制和监管评估，否则难以保证服务质量，可能陷入不良竞争。

（三）养老机构的“托底”功能

当今社会的养老机构已经兼具福利性和“准市场”性，然而根据其地位和功能，养老机构在社会服务体系中主要发挥“托底”的作用。从不同历史时期和当代不同的国家、地区来看，机构养老都不是主要的养老方式，大部分老年人将选择居住在原社区或子女家中度过晚年，只有部分需要接受集中化、专业化照料的老人和“三无”“五保”老人最需要入住机构。

当前我国政府所倡导和建构的“以居家养老为基础，社区服务为依托”的养老社会服务体系，以及“9073”的战略布局，就是基于大部分老人将居家养老，亟须社区服务和上门服务的状况而做出的安排。特别是现阶段，由于居家服务和社区服务尚不发达，为数不多的养老机构在养老社会服务体系中发挥着支撑作用，养老机构还将以其专业、技术方面的优势，为居家和社区服务发挥示范作用和技术辐射作用。因此，应将机构建设放置在整个养老社会服务体系的规划当中，与社区服务和居家服务的建设相互配合，尤其是要注重提高机构的服务质量和专业化水平，不应过分倚重或小觑。

第二节　山西省养老服务设施资源存量和布局分析

经过十多年的发展，山西省目前已经形成了以公办养老机构为主体，私有养老机构为重要补充并快速发展的养老模式，其基本情况可以概括如下：

一、总体情况

（一）机构性质

近几年，随着社会经济的快速发展，山西省基本形成了以公办养老机构为主、民办养老机构为辅的养老格局。在全省 903 家养老机构中，农村“五保”供养服务机构(农村敬老院)616 家,社会福利院等公办养老机构 21 家,农村敬老院和公办养老机构占总数的 70.5%。老年公寓等民办养老机构 158 家,占总数的 17.5%。另外还有公办民营、民办公助、民办非企业等性质的养老机构 108 家。总体上看,山西省各类不同性质的养老机构发展并不均衡,城市养老机构呈逐年上升态势,但增长幅度并不明显,这也表明了在鼓励政策缺位的情况下社会资本对养老机构投入的观望情绪。农村养老机构数量出现逆市场需求的变化,近三年来每年均有上百家敬老院难以维持。

(二)数量及分布

经过各级的共同努力,山西省养老机构基础设施具备了一定的规模。据统计,2016 年全省拥有养老床位 5.1 万张,每千名老年人为 22.2 张,低于全国平均水平 31.6 张①的水平。近年来山西省千名老人养老床位增长缓慢,与中部兄弟省份差距逐步拉大,排在倒数第二位(见图 3-1)。从分布上看,公立养老仍然占据市场的主导地位,且以农村敬老院为主,养老机构城乡分布严重失衡。按照“十三五”规划,到 2020 年,我国的养老床位要达到每千名老人 35 张,但由于部分养老机构规模小、设施差、服务水平低,导致入住率严重不足,更降低了养老床位的实际供给,要完成这个任务难度很大。

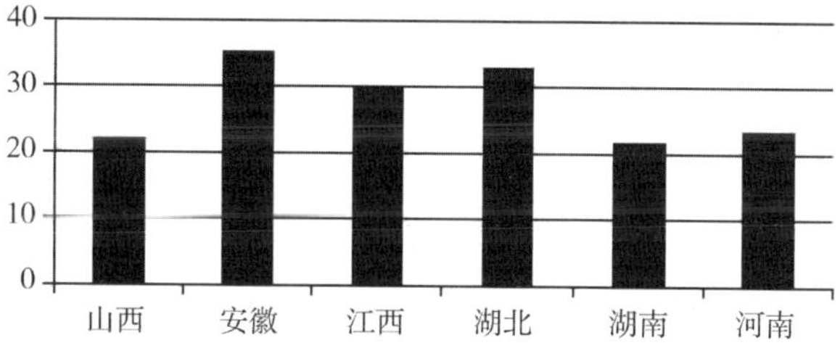

图 3-1 中部六省 2016 年千名老年人口床位数对比

数据来源:《2017 年国家民政统计年鉴》,不含日间照料中心。

山西省养老设施现已初步形成“市—区(县)—居住区(镇)—居住

① 数据来源为《2017 中国民政统计年鉴》。

小区(村)”四级空间体系。社会福利院设置在市、区(县)级,敬老院设置在居住区(镇)级,各居民点配置较齐全,老年公寓主要设置在市、区(县)级;居家养老服务中心和老年活动中心设置在居住区(镇)级,居家养老服务站、托老所、老年活动站设置在居住小区(村)级。

(三)工作人员

目前,山西省养老机构总体呈现出工作人员数量少、城乡养老机构工作人员素质差别较大等特点。从城乡之间看,农村敬老院工作人员数量高于城镇养老机构,这与农村养老机构的绝对数量有直接关系。从机构效益判断,一些规模较大、效益较好的社会福利院和老年公寓,工作人员的数量相对较多。二是表现在工作人员组成上。城镇养老机构有一部分为有正式编制的国家工作人员,主要是一些管理和医护人员,这一部分人员相对稳定,一部分为聘请的下岗、失业人员以及院校毕业学生,这部分人员流动性相对较大,部分工作人员接受过专业培训,具有上岗资格证。农村敬老院的工作人员主要是当地农民,受条件的限制,一般都没有经过专业培训,管理能力、医护水平相对较低。截至 2016 年底,山西省各类养老服务机构拥有教育程度在大学专科以上的工作人员 1263 名,持有职业资格证人数 118 人,其中城市养老机构(不含日间照料中心)拥有教育程度在大学专科以上的工作人员 378 人,持有执业资格证人数 19 人,农村养老机构拥有教育程度在大学专科以上的工作人员 577 名,持有职业资格证人数 30 人。

(四)设施利用情况

养老机构入住率是衡量设施利用情况的主要指标。尽管近年来山西省养老床位总量与发展水平指标都呈现递增趋势,但是收养老人数的增长速度较缓,机构入住率逐年下降。随着经济社会发展水平提高,城市“三无”、农村“五保”老人减少,普通老年人对机构养老的接受程度有限,机构医疗护理水平不能满足老年人的需要等都是机构入住率不高的原因。

(五)入住收费情况

公办养老机构主要发挥保基本作用,着力保障特殊困难老年人的养老服务需求。其中,“三无”老年人入住政府投资兴办的养老机构,根据《中华人民共和国老年人权益保障法》规定实行免费政策;对其他经济困难的孤寡、失独、高龄老年人及失能、半失能老年人等提供养老服务,其床位费、护理费实行政府指导价,伙食费等服务收费项目按照非营利原则据实收取;农村“五保”老人的供养费用,由各级财政按一定比例拨付,由于各县、市、区经济状况和采取的补充措施有差异,用于供养“五保”老人的经费标准不尽一致。但山西省“五保”供养资金总体来说比较短缺,补助水平偏低。以公建民营方式运行的养老机构,采取招投标、委托运营等竞争性方式确定运营方,具体服务收费标准由运营方依据委托协议等合理确定。

目前公办养老机构收住的社会老人,尚缺乏统一的收费标准和规范,大致根据机构提供的服务、地理位置、房间配套、老年人身体健康状况、自理程度等差异,价格也参差不齐。经过大量的走访发现:收费标准主要与老年人的自理能力挂钩,根据不同护理类型收取不同水平的护理费用,越低的自理能力需要的护理服务越多,相应的收费也就越高。另外,由于城乡经济发展水平差异,收费标准也有所不同。城市公办养老机构中,生活能自理的老年人平均每月需缴纳费用在1000—2500元之间;生活半自理和完全不能自理的老年人平均月费用在1500—5000元之间,费用差距较大。失能老年人由于护理等费用支出较高,平均收费水平最高。与全国一样,山西各地企业养老金水平大都在2000元左右,与养老机构的平均收费大致相当,但与老年人的实际收入以及生活、医疗费用等开支情况来比,对普通老年人特别是失能老年人来讲,入住养老机构是一笔不小的开支,普遍支付能力偏弱。乡镇敬老院中,大部分敬老院要求自费入住的老人交付一次性入住费。收费标准为:全自理老人为每月800—1500元;半护理老人为每月1000—3000元;全护理老人为每月1200—4000元。由于山西省敬老院存在着供养水平低、经费投入不足等问题,入住的自费老人偏少,收费有限,远未能实现“以院养院”。养老费用方面,有的老人利用自己的退休金支付,有的由老人的子女或亲属支付，或老人和子女共同承担，每家养老机构的支付情况不同。

二、运营状况

（一）农村敬老院入住不足

近年来山西省全省上下以“县市区中心敬老院为示范、乡镇敬老院为主体、村集中供养为补充”，不断支持做大做强农村敬老院，基础设施建设得到了很大的改善，硬件水平迈上了一个新台阶。但各县市区经济状况和采取的补充措施有差异，经费标准也不一致，缺乏常态化、制度性的保障。另一方面，现有的敬老院布局分散、地处偏远，入住老年人就医、参加文化娱乐活动等很不方便，改扩建的部分敬老院还有很多依然规模小、设施简陋，只能提供日常的生活供养和照料，医疗护理设备、医护人员配备不足，入住对象精神慰藉、保健康复、文化娱乐等方面普遍严重缺乏。因此，农村敬老院仍然存在入住率低、床位长期闲置的问题。

（二）城镇公办养老机构一床难求

山西省现有公办养老机构主要以社会福利院为主，还有少量的老年公寓、护理院等，其中社会福利院均为民政局下属的事业单位。经过各级政府多年的资金投入，社会福利院基础设施较齐全、环境优雅、院落宽敞，有一定数量的娱乐设施、健身器材及活动场所。工作人员整体素质较高，工作队伍相对稳定，由于管理规范、规模较大，老年人对公办养老机构信任度比较高，从而导致公办养老机构的入住率较高，甚至出现供不应求、预约及排号入住的现象。另一方面，长期以来，公办养老机构一直由民政局直接管理，没有真正走向市场，存在管理体制与市场化服务趋势的矛盾。缺乏竞争压力使得养老服务机构的积极性和主动性难以充分发挥。

（三）城镇民办养老机构运营困难

当前山西省民办养老机构正处于发展的初级阶段，地区间发展不平衡、分布不均的现象尤为严重。这种社会力量兴办、家庭作坊式的养老机构，随意性比较大，护理队伍也不稳定，严重缺乏专业护理知识，服务水平很低，普遍存在经费不足、投入欠缺、基础设施条件差等现象。因此只能通过较低的收费标准吸引老人,保本微利成为现阶段民办养老机构经营效益的真实写照。此外,在实际运营中,一部分民办老年公寓因为达不到注册标准,长期私自经营,处于职能部门的监管之外,存在很多隐患,一旦养老机构与入住对象之间出现纠纷,老年人权益无法得到有效的法律保护。

（四）城乡日间照料中心蓬勃发展

近年来,山西省坚持低标准、可持续、广覆盖方针,遵循先试点起步、后总结推广的原则,积极推进城乡日间照料中心试点建设。2013 年山西省 18 个区县被纳入试点范围以来,累计建成城乡日间照料中心 5000 余家。2017 年政府工作报告更是将每年新建 600 个农村老年人日间照料中心作为六件民生实事之一。预计到 2020 年,符合标准的农村日间照料中心、老年人活动中心等养老服务设施将覆盖 60% 以上的农村社区,进一步增进老年人福祉。农村日间照料中心优先保障 70 岁以上的孤寡老人和自理老人,同时逐步向其他老人扩展。坚持保障老年人吃饭、娱乐等基本需求,逐步向文化娱乐、精神慰藉等需求延伸。以老年人互助自助服务为主,配备必要的管理和服务人员,同时积极发动党团员、爱心人士、志愿者及其他社会力量参与日常服务。坚持有偿、低偿和无偿服务相结合,以老年人自费低偿为主,按标准交纳饭费,自行承担医疗费用,同时可以免费利用文体设施。这些服务减轻了农村老年人的家庭负担和生活压力,得到老人和亲属广泛好评。但另一方面,农村日间照料中心仍处于起步阶段,尚未形成长效运行机制,没有稳定的资金来源渠道和制度安排。多数是由闲置场所改建而成,规模相对较小,服务设施相对简单,服务能力有限。更不能满足农村老年人日益增长的养老服务需求,如生活照护、精神慰藉、康复服务、集体文化活动等。

三、入住老人的经济、身体状况

（一）经济状况

根据山西省民政厅提供的相关数据整理计算可得:入住公办养老机构的城市“三无”老人、农村“五保”老人、荣军老人等特殊老人占到总数的70.64%。这些特殊老人基本没有任何收入来源，享受城市最低保障金以及由政府、集体或其他机构提供的各种救助和补贴维持目前的生活水平。另一方面，近年来，受财政投入限制，许多公办养老院选择“适度自营”，除了收住城市“三无”老人、农村“五保”老人、低保老人等弱势群体外，还面向社会开放床位，接收自费入住的老人。但由于对收住老年人没有明确经济状况的界定，导致一些低龄、健康、经济条件好的社会老人入住公办养老院。原本承担“托底”作用的公办养老院，被“特权”老人、“富裕”老人争相占用。部分公办养老院还承担行业示范作用，建筑设施存在高端化倾向，也成为吸引“特权”和“富裕”老人的因素之一，有的甚至还需“托关系”。与此相对应的民办养老机构入住相对简单，条件好的家庭能承担起高档次、高服务标准的养老院，而对于普通家庭或者低收入家庭，只能选择规模相对较小、硬件设施不完善的养老机构。

（二）身体状况

老年人的健康状况和自理能力直接关系到他们所需要的照料资源。一般来讲，生活能力较强、年纪较轻的老人，选择家庭养老的较多；高龄、生活自理能力较低、孤老、身体状况较差，甚至身体有疾病和残疾的老人，选择社区、机构养老较多且养老服务需求较大。2016年山西太原养老状况调查结果显示，选择“自己身体多病或不能完全自理时入住养老机构”的人明显较多。政府托底的入住老人大多年龄在70岁以上，有的甚至过百岁，高龄化程度较高，且身体多有疾病，残疾老人占比很大，生活需要人照顾。但因个人无积蓄，也没有社会支持就医，只将疾病视为一种常态。这一现象在农村敬老院表现尤为突出。另一方面，在面向社会老人时，大多数公办养老机构出于风险控制和成本考虑，也只倾向于接收健康的社会老人，对身体状况较差的老人则敬而远之。有些失能老人因为公办养老院护理型床位比较少只得转向民办养老院。

四、存在的问题

（一）定位较为混乱

从登记管理的角度看，山西省养老机构性质主要有事业单位、民办非企业单位和企业三类。政府直办、直管的城镇社会福利院都在人事编制部门登记，属事业单位。绝大部分属全额拨款单位，也有一些差额拨款单位。社会力量介入养老机构后，以营利为目的的确定为企业，由工商部门登记，以非营利为目的的确定为民办非企业单位，由民政部门登记。与登记相对的，有一部分是不登记的。这里面，一部分为农村敬老院，属乡镇政府内设机构，不需要登记；一部分为村集体所办敬老院，无法登记；还有一部分为个人或社会力量所办，无从确定性质，干脆不去登记。而民办养老机构作为老年福利事业的一种补充形式，在本质上应该属于非营利组织的范畴，应坚持社会福利本质属性原则。但依山西省目前的情况来看，政府没有足够的资金和政策对民办养老机构进行扶持与补贴，使得大多数民办养老机构一般是以特殊第三产业的身份进入市场，由此其不可避免地具有逐利性和福利性双重属性。此外，由于民办养老机构的创办者对于福利事业、福利市场的认识层次，素质和水平参差不齐，这就更加难以保证民办养老机构的福利性。民办养老机构在开办之初各有其不同的目标，在实际运营中又往往追求自身利益最大化，这使得养老机构在服务水平与质量、维护老年人合法权益和满足老年人福利需求等方面有所欠缺。

（二）缺乏准入机制

在现行制度和政策条件下，对哪些人可以进入养老领域，创办养老机构，创办养老机构应该具备什么条件，缺乏相应的法律规定，政府没有制定相应的政策予以明确。对进入机构的服务对象，政府也没有制定相应的评估机制。目前，较为一致的划分是：政府办的城镇福利院和农村敬老院主要针对城镇“三无”和农村“五保”对象；尚有多余床位的，由机构自己确定，主要是解决家庭照顾确有困难的老人所需。民办机构则由机构自己确定收养对象，一般来说，只要支付相应服务费用的老人，都可以入住。为此，在收住服务对象时，无论公办还是民办养老机构，都比较多地运用市场机制，较多地考虑经济效益，从而导致机构养老服务出现了与社会福利和社会公益法相悖的现象。许多高收入但身体健康的自理老人占据了大量床位,大量需要服务的半自理或无法自理的老人因支付能力不足、信息不对称住不进养老机构,造成了机构服务分配的不公平。

（三）管理简单粗放

长期以来,山西省城镇社会福利院由政府“直属、直管、直办”,福利院的管理者由其上级政府部门任命,职工属事业编制,主要靠行政手段进行管理。这种衍生于传统计划经济体制的福利事业单位管理模式存在诸多弊端,直接影响着工作效率、管理水平和服务质量。农村敬老院管理更为粗放,管理者多为乡镇政府(街道办事处)从农村的党支部书记、村委会中选择确定,根本谈不上使用现代管理方法。从服务对象来看,主要采取身份或区域方式,不以老年人身体状况进行精细化分类。政府办的机构收养对象一般以行政区域为单位,所有的福利院、敬老院都采取一个管理模式,院内不同身体状况的老人杂居,民办的养老机构也不进行人群分类,支付相关费用即可以进入,这对于提高养老者照护质量十分不利。

（四）专业程度较低

进入机构养老者往往属于需要长期照料护理服务的失能老人。这些老人身体机能不断退化,生活能力较差,各种常见病、多发病以及老年性疾病多,基本的生活质量有赖于专业化的机构照护。但山西省养老机构专业服务人员严重短缺,现有数量远远不能满足需要。以 2017 年为例,全省老年人与残疾人服务机构中具有专业技术职称的共计 164 人,其中社会工作师 121 人,助理社会工作师 43 人,两者相加仅占工作人员总数的 1.7%[①],这与大量失能老人的潜在需求相比形成巨大反差,在民办养老机构中表现更为严重。民办养老机构属于微利行业,具有投资大、回报周期长等特点,实际操作中多倾向于使用薪资待遇要求较低的下岗或者退休人员,从而导致从业人员流动性大、专业性不强、素质不高等问题常态化,专业化的医疗护理规范严重缺位。

① 数据来源《为 2017 中国民政统计年鉴》。

(五)资金管理欠缺

山西省的公办养老机构习惯于坐吃皇粮,严重缺乏自主筹资意识,对社会捐助长期以来持消极态度,没有很好地调动爱心资源。民办养老机构被社会各方认定是营利机构,难以获得捐助。另一方面,民办养老机构要钱需通过民政部门向财政部门申请拨付,这一时间差导致资金使用上的随意性,因而发生“拆东墙补西墙”的情况。加之民办养老机构自身预算水平低,对于某些用款项目预计不准确,超预算情况时有发生。而除非有一定规模,小型的民办养老机构都没有实行严格的预算管理。此外,养老机构财务公开制度不到位,城镇福利机构一般只向上级主管机关、财政部门提供完整的财务报表,农村敬老院主同乡镇会计负责填报,民办养老机构只有到年检年审时才上报民政部门。

(六)政府支持失衡

近年来,山西省政府提出并实施了一些诸如“民办公助”、“公办(建)民营”、税费减免等政策优惠原则和方法。但是,这些优惠政策不落实、不兑现情况较为严重,很多政策在大部分地区形同虚设。同时,同为解决社会养老问题的主体,公办养老机构完全靠政府资源,民办养老机构主要靠自身力量,承担着巨大生存压力。山西省的民办养老机构无论在数量、档次上,还是规模、管理和服务上,都不能满足市场需求。一些民办养老机构迫于难以通过无偿或低偿方式拿到城市中心地带土地,只能建在远郊,交通不便,陈旧的养老设施因为没有资金而得不到修复和补给,在管理和服务上又缺乏专业人才的参与,服务质量难以提高,老年人不愿入住,床位空置率很高。

五、深层次原因分析

(一)供求落差抑制养老产业发展

山西省养老产业从 20 世纪 80 年代开始起步,但关注点长期集中在公立养老设施建设,市场化程度较低,机构数量、在院老人数和服务增加值在中部六省排末位。根据“十三五”规划要求,到 2020 年山西省机构供养床位的保守需求为 19.5 万张。而山西省现有各类养老福利机构

578所,床位5.1万张,每千名老年人拥有养老床位仅为22.2张,低于全国平均水平31.6张。机构服务内容基本上以生活照料为主,普遍缺乏专业的医生、医疗配套设施及医疗服务,更缺乏老人心理咨询、精神慰藉、权益保护、临终关怀等方面的服务,属于较低水平的养老照护。无论从数量还是质量,都与实际市场需求相距甚远。

(二)强调事业属性限制民资进入

各级政府和社会在主观上更愿意强调养老的事业属性,对其产业的成长和效益关注不够,特别是对民办养老机构的政策扶持严重缺位。由于无法界定和证明是否盈利,部分民办非营利养老机构本应享受的建设用地划拨政策并未很好执行,从批到建再到服务许可平均审批周期长达数年,一些明文规定的补贴、优惠等基础政策,如水电煤气价格、建设一次性补贴和床位补贴等在个别地区仍未得到落实。民办非企业的非营利限制,使投资者只有投资运营的义务,没有分红牟利的权利,在一定程度上限制了全社会投身养老产业的积极性。

(三)传统投入模式造成服务缺失

多年来,政府既是养老政策制定者,也是养老服务业举办者,又是行业管理者,政事不分、管办不分现象普遍存在。过去数十年中一直延续的政府主导模式,具有典型的“重投入、轻管理”特征。特别是随着近年来物价上涨等因素,养老机构场地租金、冬季取暖、服务人员工资、水电气、伙食等运营成本越来越高,后续经营发展压力普遍较大。此外,山西省目前的社区居家养老服务主要以独居、高龄及孤寡等困难老人为主,养老服务社会化程度较低,没有形成完善的、可及的服务模式。

(四)经济发展不均衡导致区域差异

发展不均衡是当前山西省养老产业发展面临的一个最突出问题,特别是不同地区之间机构设施的分布、建设、管理、运营都存在较大差异。如集中供养率,太原高达70%—80%,晋中、忻州等地均不足20%,个别县区甚至只有个位数;在供养标准上,太原最高,但根据不同县市区也分6000元、8000元、10000三档,其他地市一般为山西全省统一的4000

元;在机构建设上,有的地区多点开花、创新发展,如太原的老年餐桌、忻州的康复医院办养老等,也有的地区还延续着荣军院、敬老院、福利中心等既有模式;在运营补贴上,大部分地区养老机构的一次性建设补贴和运营床位补贴都可以到位,但也有地区迟迟未能兑现。造成地区差异的原因是多方面的,有历史的原因,有施政理念的问题,最主要还是由地方财力、收入水平所决定的。

(五)政出多门降低养老政策成效

从总体看,现行养老事业既归民政部门管理,也由老龄委管理,存在着分工不明、职责重叠或缺位的问题。从理论上讲,养老事业属于社会福利事业的范畴,应由民政部门负责管理。由于老龄委的级别要高于同级民政部门的职能管理部门,双方很难平等协商、沟通,造成养老事业在管理上的重复或真空状态。在民政部门内部,农村乡镇敬老院归民政厅低保处管,基础设施的出资建设则由福利处管理,而政府出资建设的养老机构和社会办养老机构又统归福利处管理。这种管理体制的不顺畅在一定程度上制约着养老机构的发展。由于部门分割、政出多门,缺乏必要的统筹和联动机制,从而难以有效地满足救助对象的各种需求。

(六)社会认同不足阻碍机构建设

中华民族家庭养老历史悠久。大部分人一直片面地认为,入住养老服务机构是"五保户"、优抚对象和贫困孤寡老人的事情。虽然近年来随着经济发展水平的提高和家庭模式的转变,越来越多的人不再排斥机构养老。但源于"养儿防老"等观念根深蒂固,民办养老机构收费较高以及不习惯养老机构生活环境等原因,绝大多数的老年人无法接受机构养老,对养老服务机构存在一定的偏见,将入住养老机构视作家人确实无力照料时迫于无奈的选择。太原市老年中心此前的一项调查显示,太原市目前有30%左右的老年人有入住养老院的需要,而实际有入住条件的仅13%,真正入住的只有7%左右。

(七)法律政策缺失引发纠纷频现

经过多年立法工作,我国关于老年人权益保护初步形成了以《中华人民共和国老年人权益保障法》为主，各地方法规、规章为辅，《关于加快发展养老服务业的若干意见》（国务院〔2013〕35 号文）为指引的老年人权益保护法律框架。但国内暂无针对养老机构的统一服务规范，技术操作无规范，适老性设计和服务理念滞后导致老年人权益保障的相关法律政策落实不到位。另一方面，我国的养老机构、服务质量监管相对滞后，更没有关于养老服务纠纷的处理办法或者相应的责任风险分担规定，容易产生入住机构和老人、家属之间对服务内容、费用、责任范围等方面的认同差异，在保障机构和老人双方的权益方面仍然面临许多问题。

第三节　对未来养老服务设施需求的预测

快速增长的老龄人口及未富先老的社会现实与山西省对人口老龄化的承受力较弱之间的矛盾，养老服务观念的转变、家庭养老功能的弱化，以及老年人的经济赡养、医疗保健、生活照料等需求集中爆发，对山西省社会化机构养老体系的创新和完善提出了更高要求。

一、人口老龄化对养老设施需求的影响预测

根据 2017 年山西省人口抽样调查，全省现有 60 岁及以上老人约 582 万人，占总人口的 15.73%，其中，65 周岁以上老年人口 368 万人，占总人口的 9.95%。与 2016 年相比，60 岁及以上人口增加了 28 万人，比重上升了 0.67 个百分点，其中 65 岁及以上人口增加了 18.87 万人，比重上升了 0.46 个百分点。全省老年抚养比为 13.36%。山西省老龄化呈现四大特点：一是老年人口快速增长。2010 年至 2016 年间，山西 65 岁及以上老年人口增加了 98 万人，年均增长率为 1.05%，高于全省常住人口年均增长速度。据测算，山西省 60 岁及以上人口将于 2046 年突破 1000 万人，老年人口比例将在 2047 年超过 30% 的重度老龄化警戒线。二是“未富先老”特征显著。据测算，2025 年前后，山西省人口数量将由惯性增长向人口负增长转变，较全国早 5 年进入人口负增长阶段。到 2050 年更将面临 1.7 个劳动力抚养 1 名老人的严峻形势。而山西省

属于内陆资源型省份、老工业基地、欠发达地区，经济实力比较薄弱，应对人口老龄化的压力巨大。三是高龄和失能老人规模较大。以我国60岁及以上老年人失能率约为6.91%测算，山西省约有28万老人需要长期专业化的照料。此外，山西省80岁及以上老年人口预计到2022年将超过50万人，2050年将达到186万人，占老年人口的比重达17.7%。四是空巢家庭比例持续上升。随着经济社会的不断进步，独生子女家庭和代际分而居住家庭不断增长，老年空巢家庭（包括独居）的比例呈持续上升趋势。以太原市杏花岭区锦绣园社区为例，空巢老人高达71%，有些村庄甚至已成为“老人村”。

综上所述，在未来近半个世纪中，山西省老年人口将呈迅速增长的趋势，庞大的老年消费群体将对养老机构及设施形成巨大压力，加快建设养老机构，尤其是多层次、多渠道发展民办养老机构迫在眉睫。一方面，庞大的老年群体形成了巨大的护理服务需求。据相关调查显示，老年人自理能力在80岁以后明显下降，对护理型养老机构和日常照顾护理型居家养老设施的需求大。另一方面，随着经济的发展和社会的进步及生活质量的提高，越来越多的老年人希望到养老服务机构养老。社会养老观念转变催生机构养老市场。与此同时，机构养老能够提供多元化的养老服务。专门的机构养老既可以改善老年人的生活状况，使其生活得更有意义、更有尊严，还可以解除人们的后顾之忧，缓解子女长期照料的压力，减小家庭矛盾和生活负担，有利于代际和谐、家庭和谐、社会和谐。

二、收入水平提升对养老服务内容的影响预测

经济因素是影响老年人选择养老方式及服务内容的重要因素。根据相关调查显示，年龄、性别、婚姻状况、教育程度、职业、户籍等均是老年人群收入差异的影响因素。一是年龄越小，收入状况越好，高龄尤其是75岁的老人收入状况最差。二是男性老年人的收入要远远高于女性老年人。城市老年人收入的性别差异尤为显著，甚至可达3倍。农村老年人的性别差异相对较小。三是教育程度越高，收入越高。无论城乡，教育程度在中专/高中以上的老年人，绝大多数人的收入都属于中高收

入及以上水平。四是不同户口类型老年人的收入也有差异。在城市老年人中，农业户口的城市老年人的收入状况显著低于非农业户口的城市老年人。而在农村，少数有非农业户口的老年人的收入状况则明显好于农业户口的老年人，这是因为这部分人将原来在城镇就业时获得的养老保障带回了农村。五是不同离退休单位性质的老年人收入差异显著。收入状况最好的是党政机关事业单位和三资企业的退休职工，其次是国有企业退休职工，较差的是股份制企业、集体企业和民营企业的退休职工。

收入水平和收入结构的差异，直接导致了老年人不同的养老模式选择。城市老人倾向于依靠退休金养老，农村老人依靠子女养老，但总体而言都偏好居家养老。在居住方式上，超过半数的城市老年人愿意与子女分开居住，而超过半数的农村老年人希望和子女住在一起。在对自己未来养老方式的选择中，尽管城市老年人较之农村老年人收入高，收入稳定性好，对子女的依赖程度较低，经济独立性较强，但是城市老年人愿意住养老机构的比例不高且随着年龄上升比例逐步下降，农村老年人在这个问题上的情况也一样，这说明居家养老仍是绝大多数中国老年人偏爱的养老模式。另一方面，在对入住机构养老需求分析中，医疗服务需求位居第一位，其次是生活照料需求，而精神慰藉需求也占到了20%左右。说明随着生活水平的提高，精神需求也成为老年人养老服务的一项重要内容。

总的来看，老年人的收入渠道较为狭窄，在一定程度上限制了其对养老机构的需求。但从长期来看，由于社会保障体系的完善和老年人在年轻时期的财富积累，老年人的经济状况会有很大程度的改观，对老年人选择养老机构的经济支撑能力会有很大程度的提升。

三、不同养老模式对设施选择的影响预测

当前，我国政府积极推行“9073”养老模式，即用90%家庭养老、7%社区居家养老、3%机构养老。家庭养老即老年人选择居住在家庭中的传统养老方式。从当前来看，传统的家庭养老仍是山西省未来社会的主流养老模式。老年人在家庭中养老，不仅可以得到儿女的生活照料和经

济帮助，更重要的是得到儿女的精神慰藉，享受天伦之乐。社区养老是指老年人在家庭居住，并享受社会化上门服务的养老模式，也称社区居家养老。社区养老作为家庭养老不足的重要补充，是对社会福利机构养老模式的加强与升级。机构养老则是老年人集中居住在专门的养老机构中，并由养老机构提供专业化护理照料服务的养老模式。从长期来看，机构养老将承担更多专业化、市场化的服务功能。

养老方式的选择直接影响到养老设施的类型结构和需求数量，因此养老设施必须根据养老模式的特点来建设。当前要以社区日间照料中心和专业化养老机构为重点，通过新建、改扩建和购置，提升社会养老服务设施水平。在居家养老层面，建立县级、乡镇（街道）、社区（村）居家养老服务网络。培育和扶持居家养老服务企业和社会组织，加快居家养老服务信息平台、老年人居家呼叫服务系统和应急救援服务网络建设，为居家老年人提供多种上门服务，同时支持家庭无障碍设施改造。在社区养老层面，加强老年人日间照料中心、托老所、老年活动中心（站）等社区（村）养老服务设施建设，鼓励社会组织和家政、物业等企业兴办或运营社区日间照料中心、老年活动中心等养老服务设施。健全农村“五保”供养机构功能，培育农村为老服务社会组织，开展邻里互助、志愿服务，帮助留守、失独、经济困难老年人解决生活困难。在机构养老层面，重点推进供养型、养护型、医护型养老设施建设。县级以上城市，至少建有一处以收养失能、半失能老年人为主的老年养护设施。在国家和省级层面，建设若干具有实训功能的养老服务设施。

四、城镇化对养老设施布局的影响预测

改革开放以来，山西城镇化取得了长足进展，特别是 2000 年之后，城镇人口以每年 58.4 万人、4.17% 的速度增长，预计到 2020 年，全省城镇化水平达到 63% 左右。同时随着劳动力人口流动加速，农村青壮年劳动力大量迁入城镇，到 2020 年，山西城镇老年人口将增长到 239.4 万人，到 2046 年增长到 399 万人。农村老年人口将由 2011 年的 280.24 万人，增长到 360.6 万人，到 2046 年增长到 601 万人。这种社会结构的变化以及城乡居民分布的变化趋势将对全省养老格局产生巨大影响。

从全省来看，依托“地级市中心城市—县（市）—建制镇—行政村（乡、集镇）”四级进行空间布局。一是将太原、大同、运城等地级市中心城市作为养老设施建设重点区域，集中力量兴建一批体现山西省养老设施水平的全国示范型养老设施。发展上规模、上档次的老年公寓、养老院、老年护理院等养老设施，发展持续照顾型退休社区。二是针对人口密集、经济发达的重点县（市）如孝义、榆次、南郊等，考虑到未来地级市中心城市一体化发展的需要，适度超前建设养老设施，与中心城市共享养老资源。同时完善县（市）域内部相对自成体系的养老设施。三是对于经济实力、交通区位条件较好，资源与生态环境较好的重点镇，鼓励增设老年公寓、老年疗养院，同时推动城市老年人的异地养老。在一般镇增加养老设施的数量，扩大覆盖面。四是将行政村（乡、集镇）作为农村养老设施布局的基层节点。在中心村及有条件的基层村形成具备生活照料、医疗护理、文化娱乐等综合功能的“养老设施综合体”，为周边基层村老年人提供设施场所与上门服务。同时在基层村设置居家养老设施服务网点。

从城市内部来看，受土地、环境因素制约，实现城市养老设施布局与老年人口分布相一致难度大。可参考香港的做法，实行差异性的配置策略，即在人口最密集与较密集片区侧重配置社区居家养老设施，在环境优良、土地价格低、交通方便的人口较密集或一般的片区侧重配置市区级的机构养老设施，提倡与医院、社区卫生服务中心等结合设置。在设施总量上确保与老年人口分布一致，尽可能满足老年人就近养老。

五、养老设施建设的趋势方向

一是弱化政府包揽，实行多元协作式养老模式。构建以居家养老为基础、社区养老服务为依托、机构养老为骨干、各类服务机构协调发展，无偿、低偿和有偿多种服务形式相互补充的“五位一体，城乡统筹”的养老格局，整合政府、市场、社会三大部门协作的力量，构建政府主导、部门协同、社会参与、公众互助的社会养老服务体系，推动养老服务业由补缺型向适度普惠型发展，真正实现“老有所养”。二是优先发展社会养老服务，着重推行社区居家养老。结合传统和现代养老方式，按照“社区养老服务中心站＋居家养老”的模式，构建以社区为基础，辐射街道的“10分钟养老服务圈”。同时在社会医疗、卫生、保健、文化、体育、娱乐等方面，建立社会化机构和机制，培养专业化的养老服务员、家政服务员、病患护理员，配置必要的设备和器具，制定统一的服务标准，明确补贴对象，进行定期评估。此外，积极向有条件的农村社区拓展，实现城乡统筹协调发展，使农村失能半失能老人能够得到社区有效照料服务。三是进一步发挥机构养老示范和辐射作用，推进社会养老服务专业化、职业化。积极推进公办养老服务机构改革，实行经营者聘任、员工聘用、公建民营、服务功能承包经营等新的体制机制。依托社会组织，开展第三方的养老服务评估工作和养老机构等级评定工作，健全评估体系。建立公开、平等、规范的养老服务业准入制度，加强机构和服务监管。四是倡导自主自立理念，彰显人文关怀。将老年护理工作的重点放在促进和维护老年人尊严，帮助老年人自主、自立，提高老年人生活和生命质量方面。提倡人性化管理、个性化服务，把个案护理工作做细做实，倡导服务细节的人文关怀，真正实现以人为本。

第四节　加快养老服务设施建设的对策建议

山西养老机构建设滞后于人口老龄化的发展，难以满足社会需求，这不仅仅是一个经济问题，还是一个关乎社会稳定的制度性难题。当务之急必须抓好综改试验区建设的历史机遇，以制度创新推动全省机构养老再上新台阶。

一、做好顶层设计和战略布局

（一）制定养老发展规划

要按照“居家养老为基础、社区养老为依托、机构养老为支撑”的要求，结合老年人口规模、养老服务需求，明确养老服务设施建设规划，并将有关内容纳入城市、镇总体规划，加强区域养老服务设施统筹协调，推进城乡养老服务一体化。养老设施规划应与城市人口布局规划、建设用地规划、居住区或社区规划、医疗卫生规划等相关配套规划进行协调和衔接，积极推进相关设施的集中布局、功能互补和集约建设，充分发挥土地综合利用效益，并合理安排建设时序和规模。要按照一定规划期城镇老年人口构成、规模等因素，合理确定养老服务设施类型、布局和规模，实现养老服务设施的均衡配置。在编制城市控制性详细规划时，要按照城市、镇总体规划要求落实养老服务设施布局、配套建设要求，因地制宜地确定养老服务设施的服务半径和规模。

（二）合理布局养老设施

在养老机构的建设过程中要合理规划布局，保证设施完备、选址恰当。各地要根据老龄化的程度配备床位数，配备的床位针对老年人口自理程度进行分类，重点配备适合失能或者有精神障碍老人的床位，并加大对该类床位的公共财力投入力度。新建养老机构应选择在交通便利和就医便利的地方，增加养老机构的吸引力。新建社区应按老年人口比例配备一定数量的机构养老设施，至少保障3%的老人能入住。对土地资源已基本饱和的老城区，可以对原有的建筑设施进行改造，增加机构床位的供给。在机构养老资源供给上，结合保障型、普惠型、提升型资源的提供，不断创新、稳步推进；大力发展适合普通老年人的中档养老机构，控制大型豪华养老机构的建设。

（三）推行设施建设标准

尽管养老需求因人而异，人群负担能力也不尽相同，但按照国际经验，养老机构建设必须走标准化的路子。由民政部编制完成并颁布实施的《社区老年人日间照料中心建设标准》和《老年养护院建设标准》，为其他养老服务设施建设提供了基本依据，也为社会力量参与养老服务体系建设明确了最基本的设施建设条件。其中，《老年养护院建设标准》明确规定了老年养护院选址、面积指标、采光要求等之外，还在生活护理设备、医疗设备、康复设备、安防设备和交通工具的配置方面做出了详细规定。在具体实践中，新建和改扩建老年护理院、老年公寓、农村敬老院、社会福利院、光荣院、荣誉军人康复医院等机构的相关设施要参照本建设标准中的规定执行，从而为广大老年人群提供一流的机构养老环境。

（四）严格高档设施建设

所谓高档养老设施主要指能够提供个性化的养老服务，满足老年人中较高需求层次的养老方式。但从当前看，高档养老设施的投资建设必须得到控制。一是本地对于高档养老设施的需求并不大。调查显示，当前老年人中间虽有一定比例的高档养老需求，但能够和愿意为此支付较高费用的人数比例却相当低。高档养老设施产品的价格敏感性很强，进入市场风险很高，甚至在一定程度上影响社会公平和稳定。二是面向外地市场对本地人群并无益处。抓住外地养老客源这一市场商机，推动高档养老设施的产业化无可厚非，但以外地富裕老人为目标市场的高档养老设施，其性质与面向本地老年人的养老院所具有的社会保障性质截然不同。前者应该完全市场化操作，后者是政府应该提供的准公共产品。三是别墅型的高档养老设施人均占用土地多，产业关联度小，经济辐射作用有限。因此，在土地资源稀缺、房地产价格居高不下而高科技产业和旅游业等适宜本地资源条件的许多行业发展又急需大量土地和资金投入的情况下，应该坚决限制类似别墅型的高档养老机构的发展。

二、落实主体建管责任

（一）政府要做好公益

养老服务设施建设本质上具有较强的公益性，这对政府在公共服务提供内容和方式上提出新要求。首先，政府的托底作用主要体现在机构养老公共资源的供给上，要保障社会上弱势群体的入住需求，确保底线公平，又要确保社会大众老人的入住权利。其次，政府应加大对机构养老的投入力度，增加对社会办养老机构的财政支持，特别是要增加对护理员群体的补贴。第三，按照“政府引导、社会参与”的原则，在有关机构养老资源配置的政策制定上发挥应有的作用，制定鼓励社会力量投入机构养老的优惠政策，并监控政策的执行。第四，政府要制定机构养老质量监管体系，督促养老机构完善硬件设施、提高服务质量。最后,政府集中精力,加大宣传,让全社会接受养老服务社会化的趋势,增加其对养老服务的工作认同度。

(二)企业要做大做强

企业在投资养老机构前应做好市场调查和论证,确定服务对象、档次,了解现有养老机构在服务老人上的弊端和空白,开办有特色的养老机构,提供多元人性化的服务,如心理辅导、知识学习等。要依托雄厚的财力基础,建立中高档型养老机构,满足有经济实力的老人的需求;凭借财力,雇用高水平的护理员,企业也可以专业打造护理型养老机构。充分发挥区域资源优势,鼓励建设一批功能突出、特色鲜明、辐射面广、带动力强的休闲养生、特色医疗、文化教育、科技服务养老基地,统筹建设集老年产品研发、生产、物流配送、展览展销等一体化的养老产业园区。吸引国内外养老服务领域知名企业入驻,吸引上下游企业聚集,打造养老服务完整产业链。鼓励竞争力强、有实力的养老服务企业走集团化发展道路,扶持中小型养老服务企业连锁经营。积极搭建供需对接平台,培育养老服务市场,推动其快速发展。

(三)社会要多元帮扶

当前的机构养老方式可能会导致子女与老人交流减少,老人缺少必要的精神慰藉。这就要求子女不能将老人送到养老机构后就不管不问,还应承担起责任,多去看望老人,弥补养老机构精神慰藉资源紧缺的弊端。有资源的子女还可以将一些社会文化节目带入养老机构,慰藉更多的老人。鼓励社会人士在时间富裕的情况下积极参加志愿者队伍,到机构中为老人提供服务。有能力的个人还可投资养老机构,形成非营利性组织,有组织地开展面向普通社会大众老人的中低档养老服务。

三、全面开放设施建设领域

(一)改革公办养老机构

从定位上来说,政府办养老机构要发挥托底保障作用,重点为城市“三无”人员和农村“五保”对象中的老年人、低收入老年人、经济困难的失能、半失能老年人等提供基本的供养、护理服务。一是对低收入失能老人进行养老服务补贴。即便失能老人住不进公办养老机构,也能减轻入住的经济负担而选择社会办的养老机构,最终保障其基本生活,体现政府保障的“底线公平”。二要逐步减少供方补贴,按市场定价。逐步减少对公办养老机构的补贴,让公办养老机构逐渐做到自主定价,提高收费标准,实现收支的良性平衡。逐步提高收费标准到足以弥补公办养老机构的完全成本,包括定期维修和改建设施的费用,最终达到市场定价,确保公办养老机构在没有政府庇护的情况下独立运作。三要实现部分公办养老机构民营化。政府应该致力于为养老服务市场制定较公平的规则,尽量从直接提供服务的繁重负担中解脱出来。有条件的地方可以积极稳妥地把专门面向社会提供经营性服务的公办养老机构转制成为企业,完善法人治理结构。

(二)壮大社会养老机构

在调研中发现,民办养老机构发展现状如同“围城”:“城外的人想进来,城里的人想出去。”许多民间资本有意投资养老机构,个别甚至已投巨资在外省建设;而部分投资者则因兴办养老机构难以盈利甚至亏本,急于甩掉“包袱”。针对以上情况,一要落实优惠政策。将所需的养老机构和床位数纳入地区国民经济和社会发展规划中,在社会发展的整体规划中安排机构养老所需的设施和优惠政策,明确政府各部门落实优惠政策的职责,全面落实建设和运营补贴,以及在用地、用电、用水、建设等方面对社会办养老机构的优惠政策。制定严格的行业准入和管理制度,让优质的资源进入机构养老领域,并监督养老机构提供优质的服务。二要拓宽融资渠道。按照《中华人民共和国担保法》的规定,允许社会办养老机构抵押自身设施作为担保向银行融资。鼓励银行为养老机构提供“绿色通道”,设立支持养老机构建设的投资引导基金,专项支持社会力量兴办养老机构,甚至可以采取投入本金、小额贷款、风险补偿金、股份制等方式,激励社会力量投资机构养老事业。三要加大宣传力度。充分利用电视、广播、报纸、杂志、网络等主流媒体对社会办养老机构的宣传,特别是对一些有特色的养老机构进行正面肯定和宣传,形成示范效应,提高社会办养老机构的公信力。

（三）健全社会服务组织

加大政府购买服务力度,制定政府向养老服务社会组织购买生活照料、康复护理、辅具配置、精神慰藉、紧急救援、法律服务等养老服务的政策。支持社会组织参与管理、运营养老机构和社区养老服务设施,开展养老服务教育培训、研究交流、咨询评估和第三方认证等服务。依托老龄产业方面的社会组织,培养老年产品研发联盟、养老服务行业协会、养老服务企业商会、专业人员协会、老年学专业研究会等一批山西特色品牌养老服务社会组织,开展养老服务行业标准制定、服务质量评估、服务行为监督及专业职称评定等事务,发挥其在行业自律、监督评估、沟通协调、服务中介、风险分担等方面的作用。积极培育发展为老服务公益慈善组织,支持公益慈善组织重点参与养老机构建设、养老产品开发、养老服务提供等,使公益慈善组织成为发展养老服务业的重要力量。支持基层群众性自治组织开展居家养老互助服务。加强基层老年协会建设,支持老年群众组织开展自我管理、自我服务和服务社会活动。

（四）抓好设施试点建设

要用足用好综改试验区建设的历史机遇,加快对养老服务机构的试点推进步伐。一是构建“10 分钟养老服务圈”,让老年人出门 10 分钟之内就能找到服务地点,接受养老服务。毗邻社区间结成日间照顾服务网络,在本社区供需出现断层的时候,能够以最快的速度联系到其他社区,互为补充。二是与各级医院建立合作关系,请专业医生或社区内已退休的医生到社区日间照料中心定期坐诊、巡诊,提供免费或收费低廉的健康咨询与教育、身体检查、疾病诊断、健康跟踪检查、康复训练等,让老人在日间照料中心也能享受到正规医院诊疗的水平。三是建立社区虚拟养老院,完善居家呼叫服务系统,安装费服务费由政府承担,提供助餐、助浴、助洁、助急、助医、助困、助学、助乐、助游、助聊等综合上门巡助服务。四是设立“老年讲坛”等专项助学项目,依托老龄大学和社区学校,为老人送上以娱乐休闲、时事教育为内容的精神大餐。

四、重组整合设施资源

(一)科学布局养老资源

养老资源布局的不均衡是造成“养老难”的客观原因。当前,要尽快结合不同地区的功能区划和财政状况,出台不同的资金配套方案和政策,提高对贫困县、农业县、生态涵养地区的专项转移支付力度;整合现有的“零散型”养老力量,以民政部门为主,联合老龄委、卫生、残联、人社等单位,探索尝试养老机构“规划、布局、建设、管理、运营”五统一的模式;要因地制宜,引入卫生、医疗、康复、送餐、保洁、购物等社会力量,充分利用闲置办公场所、学校,集成文化室、活动室、图书室等各种资源,探索综合福利中心、敬老院、养老公寓、护理院、日间照料中心等多种形式的运行体系,将全省老龄事业和养老产业推向一个发展的新高潮。

(二)整合闲置养老资源

养老机构的功能定位主要指向哪些群体提供什么样的服务。明确养老机构的功能定位,有利于建立入住导向机制,让不同情况的老人找到合适的资源,缓解部分拥挤的资源,利用部分闲置的资源。一方面,不同养老机构的入住率差异极大,原因除了设施地址、硬件条件、前期投入成本等以外,专业化管理能力和经营信誉是重要的因素。当务之急要通过资产重组、委托管理、加盟连锁等整合方式,让优质的养老服务管理资源得以重新配置,则可以激活存量,在成本基本不增加的前提下增加实际可用的床位数。另一方面,鼓励社会资源整合来迅速地增加养老服务床位数,例如社区活动中心的预留或活动床位,医疗机构产业链延伸(特别是低级别医院改造成老年护理院),家庭旅馆改建而成的托老服务中心,闲置幼儿园和小学的改造,等等。

(三)提高机构运营效率

当前,山西省若干公办养老机构“一床难求”跟没有严格的入住评估制度有很大的关系。建立并完善入住评估制度,特别是完善公办养老机构的入住评估制度是维护社会公平的必然选择。入住评估可设多种条件限制,要求经济条件和身体条件同时达到要求的老人才能入住公办养老机构。公办养老机构应优先解决经济困难、低收入、有残疾老人的入住需求，因此入住评估制度在经济条件评价上应遵守当地规定的最低生活保障线，并按收入分等级，做到“做基本，补不足”，从而确保公共财政用在最需要的人群身上；对养老人群的身体条件进行评估，根据自理程度的不同确定享受服务的等级，优先考虑身体条件较差的老人；适时尝试建立需方补贴制度，让政府的钱补贴到老人身上，在坚持优先补贴特殊困难老人的基础上，考虑给予从市区到郊区养老机构入住的老人补贴，在一定程度上鼓励老人跨区域选择养老机构。

五、创新机构运营模式

（一）“医养结合”模式

通过多年的探索，目前各地基本形成了整合照料、联合运行、支撑辐射三种医养结合模式。进一步强化与卫生部门的深层次合作，推进“养”“医”资源的有效整合是当前较为可行的办法。一是在规模较大的养老机构中设立医疗服务站，配备专业医疗设施和专业医疗人员，纳入医疗保险定点范围；规模较小养老机构或者说坐落在社区内的养老机构直接与社区卫生服务中心签订合约，让老人可以选择就近看病。二是要求卫生部门对有条件的医院做一些功能调整，专门设置一定数量的针对老人的护理型床位，或鼓励老年护理院与养老机构的合作运营。三是养老机构与医疗机构进行通力合作，有条件的养老机构和医疗机构达成合作协议，一旦养老机构中的老人突发疾病可以到合作的医院得到专业又便捷的医疗。

（二）连锁式经营模式

从现有数据来看，城市特别是中心城区养老机构紧缺是有目共睹的，同时在中心城区养老机构增加的空间很有限，且老人的养老意愿也较强，因此养老机构可以尝试连锁经营的模式，郊区养老机构与市区养老机构合作，将市区等候的老人引荐到郊区县，达到缓解市区入院紧张和利用郊区闲置床位的双效目的。要坚持发展养老机构的连锁经营，发挥规模效应，积累社会公信力，最终吸引更多老人入住。此外，连锁经营模式可以让规模较小的养老机构或者说经营不善的养老机构加盟大型养老机构，让大型养老机构对加盟的小机构进行规范管理,将好的经营与服务模式传授给小机构,对运营不好的机构进行整改以达到良性运行的状态。

（三）“共建民营”模式

机构养老的非营利性以及公办养老机构的竞争压力使得民办养老机构运营面临很大的困境,也打击了社会力量投入机构养老事业的积极性,在一定程度上增加了机构养老资源供给的紧缺程度。为此应加大公共支出支持民办养老机构的发展,以增加机构养老资源供给,最终满足日益严重的老龄化的现实需要。加大公共支出的有效途径就是推行“共建民营”的运营模式,即政府出资兴建养老机构,统一招标,选择合适条件的社会组织和团体去运作养老机构,政府对养老机构起到宏观监管的作用,做到“办管分离”,从而减少政府办养老机构高消耗低效率的现象。推行“共建民营”的运营模式,增加政府的公共责任承担能力,减少民间力量在养老机构上的前期投入,有效地平抑养老机构的收费标准,避免养老机构为了生存而收费过高,为社会力量进入机构养老领域打造一个公平有序的竞争环境。

撰写人:吉迎东(负责人)

任　杰

第四章　山西养老金融的模式创新

当前,我国正处在防范金融系统性风险的关键时期,金融转向投资实体经济是必然选择,养老金融的发展是实现金融稳定、普惠金融、金融服务实体经济的重要手段,有着巨大的经济社会效益。养老金融的发展也是在老龄化时代传统养老方式面临着较大挑战的情况下,多元化养老模式拓展的重要一环。与发达国家和地区相比,山西省养老金融的发展尚处在起步阶段,辩证地借鉴国外养老金融理论和经验将对山西省养老金融的实践起到重要作用。

第一节　养老金融概况

养老金融产生于20世纪70年代英美等国养老金改革的实践,通过改革养老体系从单支柱变为三支柱并入市提高收益,推动养老产业融资和发展,并创新养老金融产品和服务,促进养老服务金融的提升,进而发展成为比较成熟的养老金融体系。从养老金融的内涵和外延出发,认真梳理和分析国外养老金融的发展演进历程,对于我们深入认知养老金融奠定了坚实的基础。

一、养老金融的内涵和外延、发展演进历程

养老金融概念的内涵指的是养老金融的狭义概念,即养老金金融;而养老金融概念的外延指的是除养老金金融之外的养老金融的广义概

念，包括养老服务金融和养老产业金融。

（一）养老金融的内涵和外延

狭义上的养老金融指的是养老金金融，广义上的养老金融是一个与养老有关的金融服务体系，从供需两方面以老年人的保障、投资、消费为目的实现养老财产的优化配置，由养老金金融、养老服务金融以及养老产业金融三部分组成的集合①，在形态上包括银行储蓄类、保险类、证券类、基金类、信托类和房地产类等。广义养老金融，由社会基本养老保险、企业年金、商业养老保险、养老储蓄、养老基金、养老信托、养老住房抵押贷款等构成。养老服务金融是指面向老龄人口的金融服务，以满足其金融需求，包括养老储蓄、住房反向抵押、养老理财、养老消费信托等服务于老年人的金融产品和服务方式。养老产业金融是指如养老基础设施建设、养老照护等一系列养老产业的投融资需求。养老金金融的服务对象是养老资金，养老服务金融的服务对象是老龄群体，而养老产业金融的服务对象是养老产业。养老金融是各种养老需求的金融服务总和，核心需求是养老金收入的稳定增长，从单支柱变为三支柱并入市提高收益，保障了养老金体系的稳定和发展；基础需求是养老产业水平的提高，这离不开多样化持续融资的保障；发展性需求是老年投资消费需求，这取决于特定的养老服务金融产品设计和服务提供水平。

中国社科院郑秉文认为："养老金融是指以银发族为主要服务目标群体，以老年服务为产品开发特征，以老龄化为引领的、潜力巨大的金融服务产业，养老引致金融，金融改变养老。"这个概念中阐明了老龄化引致的养老金融的巨大潜力。西方流行教材将养老金融等同于养老金金融，指的是"养老基金投资于金融资产（主要包括货币市场证券、债券、贷款、股票、集合投资工具）、不动产、衍生工具和另类投资"。一些学者将老龄金融等同于养老金融，认为养老金融是与养老有关联的储蓄投资机制，本质上是资源跨时间配置的一种机制，由金融监管机构统一监管，

① 孙博：《老龄化时代需要大养老金融思维》，《中国社会保障》2016 年第 5 期。

以解决养老问题为目标，以养老产业为依托，包括养老金投资管理服务和退休后收入保障相关的金融服务，以及支持老龄事业和产业发展的相关金融服务等。具体涉及以银行为主体的养老金储蓄、发放、年金的运营管理及住房反向抵押贷款，以保险公司为主体的健康、护理、人寿、商业养老等保险服务，以基金公司为主体的养老金受托管理投资服务。学者们认为养老金融是老龄产业的重要组成部分，是养老金理论、人口理论和金融理论结合的产物，养老金融供给涵盖增加收益和助力养老产业发展。而养老金金融概念则研究养老金在金融市场投资的理论和实践问题，包含养老方案产品设计、咨询、账户管理、资金托管、审计等方面。①

（二）养老金融的产生、发展与演进

随着第二次世界大战后和平的大环境、科学技术的进步以及医疗卫生粮食等条件的改善，世界范围内人口规模增长迅速，人口结构发生了变动，老龄化成为主要趋势。主要发达工业化国家在 19 世纪末和 20 世纪初建立的社会养老保障制度面临着较大支付压力，于是纷纷从 20 世纪 70 年代中期开始掀起一场声势浩大的养老金改革，产生了养老金融。此后，全球养老金融的规模开始迅速扩大，2011 年 OECD（经济合作与发展组织）国家的养老金资产达到 29.5 亿美元，其中美国养老金资产接近 21 万亿美元，占比最大；而在持有类型上，“养老基金管理公司持有 20.1 万亿美元，占比最高，银行和投资公司持有 5.4 万亿美元，养老保险合同和寿险公司持有 3.7 万亿美元。”②OECD 国家的经验表明，大规模长期稳定的养老金资产是金融稳定的主心骨和产业发展的重要推动力，例如美国资本市场尽管受到 2008 年金融危机的负面影响，但其养老金融对于资本市场的快速反弹复苏发挥了重要作用。

① 郑秉文、张笑丽：《中国引入“养老金融”的政策基础及其概念界定与内容分析》，《北京劳动保障职业学院学报》2016 年第 4 期。

② 胡继晔：《养老金融：理论界定及若干实践问题探讨》，《财贸经济》2013 年第 6 期。

养老金融理论是在英美等国家的实践中产生的，最初源于 1875 年美国运通公司私营养老金计划，一个世纪之后才发展壮大。主要理论依据有生命周期消费理论、短见理论、父爱理论、行为金融学中的储蓄理论①以及养老金投资、风险及监管理论，阐明了平衡安排收入、政府强制储蓄以及养老金投资规模化多元化的重要性。美国于 1935 年颁布《社会保障法》确立起社会保障的三大支柱，形成了多元养老体系。于 1974 年颁布《雇员退休收入保障法》，实行 IRAs 计划，以法律的形式对第二支柱私营养老金计划进行制度规范，4 年后《1978 年国内税收法》实行 401(K)计划，为雇主和雇员的企业养老金缴费作税前扣除，并规定雇员退休后才能支取，企业可将其投资于资本市场且不征投资利得税。这些制度推动和规范了多元化的养老保障，鼓励了企业长期将私营养老金投资于资本市场，私营养老金作为最重要的机构投资者促进了金融业的繁荣，也是微软、苹果等核心 IT 企业的“种子资金”。

迫于老龄化的压力，英国早在 1959 年就立法允许雇主通过协议退出国家收入关联养老金计划，建立私营养老金计划（待遇确定型），推动养老金计划“国退民进”，但覆盖面并不广。之后，英国在 20 世纪 70 年代开始进行养老金市场化改革，通过“引入第二支柱职业养老金计划、第三支柱个人养老金计划和建立国家职业储蓄信托 NEST”②，逐渐由福利型向市场化、多元化养老金制度转变；并于 80 年代放宽限制，鼓励缴费确定型私营养老金计划发展；1986 年的社会保障法案中还加强养老金计划灵活性，即第三支柱可以对第一、二支柱养老金计划的选择替代；于 2008 年颁布养老金法案规定职业养老金“自动加入”并引入低成本计划，将第二支柱由自愿性变为强制性，进一步拓展覆盖面。这些政策措施有效地增大了养老金尤其是私营养老金纳入金融市场的规模。

---

① 魏丽莹：《中国老龄化背景下养老金融服务研究综述》，《现代管理科学》2018 年第 9 期。

② 杨秀玲、邸达：《国外养老金融业发展的经验及借鉴》，《经济研究参考》2014 年第 52 期。

日本养老金采取现收现付的给付结构，为应对人口老龄化和经济疲软的形势下较大的养老金缺口，日本于20世纪70年代至90年代先后出台《民营养老院设置运营指导方针》《看护保险法》《关于社会福利服务基础结构改革》等，通过"开源节流"、公共养老金市场化运作和透明监管来提升国民信心，并将老年看护家庭问题转为社会问题，从财税制度上推动老年用品、老年设施等多种行业的发展，形成了种类多样的养老金融产品，与年金相关的咨询服务和业务蓬勃发展，遗嘱信托、反向住房抵押贷款等创新型的金融服务逐步深入。日本养老保障同样是由公共养老金制度、企业补充养老金制度和个人储蓄养老金制度三大支柱构成。这些措施确保了养老金的稳定发放，也提高了养老金的规模和投资收益，不过，也加重了企业的负担。

德国养老保险制度制定较早且较完善，建立了专门的机构负责养老保险金的市场化运作，覆盖了90%的劳动者，在2001年和2004年进行了两次重要改革，建立了三支柱，并通过分层税收优惠推动法定养老金从最重要支柱向体系的一部分转变。[①] 确定收益型仍是德国养老金体系的主要模式，缴费确定型逐渐受到重视。虽然德国养老金体系提供包括保险、基金、银行、住房互助储金信贷社等金融机构，供国民自主选择和投资，但是德国人相当保守，养老金投资主要以养老保险为主。由于德国老龄化压力逐渐增大，养老计划增长率、覆盖面、收益率过低，德国养老体系改革还在持续中。

基于美英等国家养老金计划方面的经验，世界银行相继提出了"三支柱""五支柱"理论并得到了热烈响应，OECD国家纷纷据此进行了养老保险制度改革。许多国家通过免税或延税等措施鼓励企业和个人参与二三支柱的养老保险计划；一些国家建立了长期护理保险制度，美国采取商业保险模式，而德国、日本则强制进行保障；各国都在加强养老金市场运作，美国转向共同基金运作将收益率提高到了5%，英国设立了

---

① 洪崎：《发达国家发展养老金融的经验做法及启示》，《经济研究参考》2016年第36期。

专门的审查和监管机构保障养老金市场运行的规范；大部分国家都提高了法定退休年龄以应对养老金支出压力，德国、荷兰等国将法定退休年龄提高到了67岁，法国甚至提高到了70岁，一些国家调整男女退休年龄趋于一致，对于主动提前、延迟退休人员还设置专门的奖惩机制。一些OECD国家开展老年金融产品创新：一是已经比较成熟的“以房养老”住房反向抵押贷款，但实际上选择这种方式养老的人很少，以美国为例，符合住房抵押贷款条件的人群中仅有2%—3%申请贷款，且申请者并不选择按月支付来提高养老金水平；二是生命周期基金，随着基金持有人的年龄变化而调整投资组合的一种长期证券投资基金；三是养老信托产品，包括财产管理、遗嘱信托和医养服务信托，能够保护财产和隔离破产。①

二、养老金融发展的主要模式

养老金融在发展过程中形成了几种主要的模式，从养老金融内涵的各个方面积累了成熟经验：一是英国的综合化个性化服务模式，从养老群体的综合性需求出发建立多层次多主体的养老服务产业供给和融资体系；二是美国的住房反向抵押贷款模式，通过创新的养老金融产品及其配套措施以满足养老群体的消费投资需求；三是日本的企业年金模式，通过改革养老金体系、提高收益和一系列政策推动多主体积极参与到养老产业发展中来，从社会层面解决养老的各种问题。

（一）养老金融的英国模式——综合化个性化服务

由于老龄化加剧、财政压力增大、对老年心理健康方面的关注，英国的养老金融发展经历了从20世纪50年代主要以政府出资的传统服务机构养老到90年代开始的以社区养老为主的模式。在这个过程中，政府老年服务机构由60年代分散式的缺乏协调的几个部门管理，转向70年代统一的、规范化的社会服务制度养老，具体由福利服务机构、社会工作专业服务机构、培训研究机构和行政机构组成。20世纪90年代，英国建立了市场化机制，引入私营部门和志愿者从事直接服务，政府逐渐

① 侯明、熊庆丽：《我国养老金融发展问题研究》，《新金融》2017年第2期。

减少直接服务者角色，转向政策标准制定、监管评估、购买服务等职能。2010年的数据显示：居家养老提供者中，政府仅占11%，私人机构占74%；地方护理院提供者中，政府占16%，私人机构占63%，慈善机构占21%。在养老费用支出方面，根据老年人的财产、需求状况，以14250英镑和23250英镑收入作为区分标准，分别获得完全政府费用支持、一部分政府费用支持和完全自费养老服务。

英国目前的养老金融服务基于住房保障计划和住房改善计划，提供生活照料、物质支援、心理支持、整体关怀、医疗保健五项服务。住房保障计划始于1969年英国住房建设部制定的老年人分类居住标准：一是为有自理能力、能够独立生活的老人提供内部无障碍的社区老年公寓；二是在无障碍老年公寓基础上，增设常住特别管理人员住宅，有紧急联络通信系统与老年公寓相连，承担突发状况处理、老年问题协调解决等职能；三是在前两者基础上，面向行动不便的老人增加的餐饮服务。这个计划是商品化的且兼具福利性质的，收费低或者不收费，由专门的雇用者和志愿者共同服务，设置健康访问员，对居家养老会发放鼓励津贴。而住房改善计划由非营利性机构对老年人状况和需求进行评估，在财产方面、合法权利等方面给出相应的建议、支持和帮助。

在20世纪90年代颁布的照顾白皮书及法令中，英国明确了社区服务的功能及运营。提供的社区模式主要有为有自理能力无人看护的老人提供社区内老年公寓，为短期内无法被照顾的老人提供几小时或者数天的餐饮、娱乐、康复护理服务，为鳏寡孤独不能自理的老人提供带医疗或不带医疗的老人院服务，以及临终关怀机构和痴呆病人看护机构等。服务方面不仅提供保洁、餐饮、穿衣、购物、注射吃药、聊天等多种上门服务，还提供娱乐、交通、老年工作室等外出服务和资源，家庭照顾的老人还能得到护理津贴。社区照顾集家庭养老和院舍养老之长，更加注重老年人的心理情感关怀和个性化服务，受到了普遍欢迎。

（二）养老金融的美国模式——住房反向抵押贷款

美国住房反向抵押贷款规模大、发展成熟，目前已形成三种模式：政府主导的房屋价值转换模式、半政府机构的房屋持有者计划以及私营公司的财务自由计划。美国最早的住房反向抵押产品诞生于1961年迈阿密的一家储蓄贷款公司，但在1984年才出现真正的住房反向抵押养老产品，起初住房反向抵押贷款市场发展非常缓慢，1988年由联邦住房管理局向贷款机构和借款人提供“双保险”，有效地降低了贷款风险，市场获得了长足发展，截至2011年底贷款额为1660亿美元，成为发达国家中最成熟的住房反向抵押贷款市场。

在房屋价值转换模式中，申请者既不出售也不搬离，仅根据协议换取养老金。政府对可能产生的风险采取多种措施防控：在提前还贷的违约风险中，不考虑选择性期权，仅与余命相关；在利率风险方面规定了“月不超10%、年不超2%，贷款期间不超5%”以及同财政部利率调整同方向的限制，保障了借贷双方共同利益；在房产价值风险方面规定了最高房价限制；在支付风险方面为产品购买了保险，建立了由保险公司和财政双重兜底的支付保障，若产生多余则由继承者继承；在流动性风险方面由房地产协会购买全部符合条件的贷款产品；为避免长寿风险而扩大规模，以大数定律来保持平衡。此外，还建立了财产税和营业税减免制度，提高了参与者的积极性，促进了市场的快速发展。这一模式受到了市场青睐，90%的住房反向抵押申请者选择此种模式。

在半政府机构的房屋持有者计划中，由政府支持的美国房产协会通过向借款人提供“增值分享”，使得借款人也承担住房价值波动风险，同时，随着房产升值，允许增加贷款，这一计划于1995年开始实施。

在私营企业以盈利为目的的财务自由计划中，没有政府提供的保险，因而收取一定的风险溢价来规避交叉风险，然后由人寿保险公司承保并为借款人按月发放年金。这一计划设置了“权益分享”条款以规避房屋价值波动风险，且不同于前两种模式，借款人仍可保留不超过80%的房产比例。同时，该计划的资产证券化实现了支付风险的规避。

尽管美国住房反向抵押贷款市场规模较大，但总体来说渗透率仍不高。美国62岁以上拥有住房产权的老年人为3600万人，而其中申请住房抵押贷款的人才62万人，占比仅为1.7%。

（三）养老金融的日本模式——企业年金业务

随着第二次世界大战后经济的腾飞，日本建立起了比较完善的养老年金制度。日本年金制度分为“公的年金”“私的年金”两部分，“公的年金”包括国民年金、厚生年金、共济年金（后两者统称为雇员年金），“私的年金”包括企业年金和个人年金。日本的国民年金是基础年金，20—60岁以下的所有国民都必须加入，这种年金从一开始面向自营者到覆盖所有国民，并由国家补贴1/3费用，反映出日本国家养老保障的增强。面向雇员的年金有两种，费用由雇用主体（企业或政府）和个人各出资一半，一种是企业雇员（有5人以上正式雇员的企业）必须加入的厚生年金，费用跟工资挂钩；一种是面向各类公务员（含私立学校教职工）的共济年金；而家庭主妇由于承担了家庭责任，不缴纳雇员保险费用，满65岁即可领取雇员年金。“公的年金”是日本养老的主要基础部分，而“私的年金”更多是提高生活水平的部分，有固定收益和固定缴费两种形式。

20世纪60年代的日本经济腾飞充实了养老年金，但随着90年代日本泡沫经济崩溃，老龄化和少子化趋势同时产生，财政负担逐渐加剧，养老年金制度产生了很多问题。国民养老金在老年家庭收入中比例高达63.6%，对养老体系起到重要作用，但老龄化趋势带来的财政压力让国民养老年金面临着较大挑战；日本现收现付制度的实质是跨代抚养，老龄化明显加重了现代职工负担；由于贫病费用缴纳困难以及年轻一代对于养老体系的不信赖，1/3的人拒交、滞交费用导致养老基金出现“空洞化”；老龄化、少子化带来的家庭结构的变化降低了家庭照顾水平。这一系列各种关于养老社会问题的产生推动着日本养老制度的改革：在开源方面，日本采取了降低养老费用征收年龄、将工资奖金共同纳入基数、在职老年缴纳养老金、加大基础养老金财政承担比例等方式，有效扩充了年金来源；在节流方面推迟养老金领取至65岁，减轻了年金负担；在管理及运营方面，以前采取信贷形式运作资金投资效率低，后运营年金基金会雇用精英人士运营并扩充了各种年金相关的金融服务，提高了年金投资收益；在兜底保障方面，推行强制性的老年看护保险，将养老看护由家庭问题转向社会问题，涵盖老年人医疗保障、心理健康、看护保健等方面，采取税收减免、低息贷款等政策措施带动广大上市公司、金融业、制造业共同参与到养老设施、医疗保健等养老产业中来，福利性设施和营利性设施相结合的多主体养老服务及融资取得了较为明显的效果。

三、养老金融效应分析

养老金融作为以养老需求为内涵的金融服务种类，在资金集中和重新配置的过程中能够降低投资管理成本，增加投资收益，提高老年群体金融服务水平，推动各产业尤其是养老产业的发展，从供给和需求两方面推动规模经济效应的产生。同时，养老金融特有的养老服务内涵，与养老产业相互作用、互相推动，共同成为社会综合养老问题有效解决的必然途径。

（一）养老金融的规模经济效应

养老金融的规模经济表现在以下几个方面：一是随着入市养老金规模增加，投资产品种类增加，投资管理成本减低，投资收益逐渐提升，长期、大规模的养老金对于宏观经济稳定、金融市场效率和资本市场结构有着重要影响；随着三支柱的建立和发展，第二第三支柱比例逐渐增加，养老金不再投资于收益较低的产品，投资方式灵活，投资收益增加。二是随着老龄化的发展，养老服务金融的专业化迅速发展，在老龄适用设备创新、专业服务人才培养等方面显著提升，有利于老年人投资者教育和投资种类增加，有利于社会公平和效率的提高。三是随着规模扩大，养老金融和养老产业融合逐渐增强，政府提供补贴及税收政策供给，金融主体参与养老产业的积极性增强，针对养老产业发展的"捆绑式""一揽子"综合金融支持以及互联网金融产品开发水平显著提高，养老产业在融资易、前景广阔的机遇期发展迅速，又进一步增强了规模经济效益。

随着养老产业的深入发展，越来越多企业加入，养老服务金融的供给规模逐渐增大，养老产业金融的热度逐渐提高，市场从供不应求到供需平衡再到供过于求，竞争逐渐加剧，市场平均利润率开始下滑，价格逐渐从偏高到理性再到偏低，收益逐渐降低，服务水平逐渐降低，直至出现产能过剩，大量企业的退出，市场回归规模不变阶段。

现阶段我国养老金融规模较小。但是随着我国养老金制度改革的不断深化，养老金中央调剂制度的实施、养老金的入市投资，养老金融的规模经济效应将显著提升。

（二）养老金融与养老产业作用机制分析

在各类文献中养老产业有着不同叫法，如老龄产业、银发产业、夕阳产业等，学者们给出了相关概念界定。养老产业包括所有满足老年人特殊需求的生产、经营、服务的经济活动及设施，以老年服务和护理为重点，包括老年休闲旅游、老年医疗保健、老年生活用品等，是集一二三产业为一体的综合性产业。养老金融体系是以解决养老问题为目标、以养老产业为依托的由各种金融服务方式统一构成的金融体系，与养老产业发展有着密不可分的关系。

养老产业是养老金融投资对象，拓展了养老金融的增值渠道，首先，养老金融增加了养老基金收益，提高了老年人收入水平和需求水平，推动了老年人康养保健、医疗护理、旅游休闲等养老产业的发展，增进了老年群体的身心健康，提供了养老产业发展的持续动力，形成了养老产业与养老金融的持续良性互动；

其次，养老金融通过金融机构多种形式的直接融资和间接融资，增加了养老产业的金融供给水平和服务质量，促进了养老产业服务水平的提高、设施的改善，适老产品的开发，专业化团队的打造，大数据、物联网等智能化技术的应用，养老企业品牌价值的提升，并持续开发更多养老需求。养老金融有效供给的“滚雪球”效应刺激新的企业进入，实现了养老产业的全方位、立体化、多行业发展，养老金融的投资杠杆作用促进投资收益和管理服务水平的提升。

再次，养老产业是养老金融投资对象，不仅拓展了养老金融的增值渠道，其快速发展机遇增加了养老金融投资收益，而且养老产业需求量决定了养老金融渠道投资的供给量、规模经济水平，供给量过小，资本闲置，达不到规模经济，供给量过大，资金收益下降，出现规模不经济，从而引致了特定的资本退出机制，保障了整个产业优胜劣汰、健康发展。

最后，在老龄化时代养老产业的持续健康发展有效解决了社会问题，解决了老年人的后顾之忧，增强了年轻人对于缴纳养老保险、年金等的信心，不仅保障了养老金来源的稳定，也保障了养老金融投资的长期持续性的投资规模和收益，将对金融稳定和健康发展发挥巨大作用。

分散的非经常性资金不足以支持养老产业的发展，大规模、长期性的养老金融产业发展才能成为养老产业发展的前提。繁荣的养老产业引导着养老金融的投资方向，增加养老金融创新和收益，养老产业发展推动养老金融的进一步发展。养老金融和养老产业相互促进、相互依托、相互作用，推动养老金融和养老产业的创新发展、融合发展具有提升经济效应和社会效应的双重重要意义。

第二节　山西养老金融发展评价

近年来，国家出台了一系列措施来支持养老金融健康发展，如《关于加快发展现代保险服务业的若干意见》（国发〔2014〕29 号）、《基本养老保险基金投资管理办法》（国发〔2015〕48 号）和《关于金融支持养老服务业加快发展的指导意见》（银发〔2016〕65 号）。在国家宏观政策的引导下，随着国内金融机构整体资金实力和管理运营水平的不断提升，金融对养老的贡献越来越突出，日益成为推动我国养老水平提升过程中不可或缺的“一员”。与此同时，山西已经开始从事关全省转型发展大局的视角，来重视养老金融业的发展，并取得了一定的成效，多层次养老金体系不断健全，养老金保值增值的渠道不断拓展，养老金融产品不断创新，但受经济发展阶段限制等多方面因素的制约，山西养老金融发展尚不完善，仍存在一些突出的问题。

一、体制机制制约养老金融供给

体制机制障碍说到底是制度安排和设计,主要涉及政府、企业、个人等三个环节,三者共同分担、相辅相成,一同构成养老金融体系模式。政府主要负责公共养老金,承担主导和兜底的作用,起到保障基本生活的作用。企业主要是提供职业养老金,由企业主和个人共同承担,国家在征税时给予一定的优惠政策。个人环节主要是广大个体自愿参加的个人养老金计划,国家在征收个人所得税等时也给予一定的优惠和激励。在成熟的制度设计下,企业和个人作用发挥应当占到绝对的主体,并且往往是自觉自愿的。但从山西实际情况看,受民营经济整体发展水平低、经营规范度不高、监督惩戒机制尚有待健全等因素制约,企业年金制度发展相对缓慢。同时,本应处于发挥兜底性作用的政府,却在承担着老年人养老金待遇中占据主导地位,给省级财政带来很大压力。此外,从养老金资产的保值增值角度看,也存在明显的短板,缺乏系统有力的投资和保值增值办法,导致保值增值能力迟迟未能有根本性的提高。

二、养老金融新产品开发不足

长期以来,受资源红利的利好因素影响,特别是在煤炭黄金十年间,山西民间积累了非常高的财富,且绝大多数财富集中在50岁左右的人群中,该人群正是处于养老金融产品的规划年龄段,金融机构应该敏锐察觉到这一现象,加大相关金融产品的开发力度,提升相关产品的层次,推进“私人订制”式产品的开发。但从实际看,山西养老金融服务业目前还处于起步阶段,养老金融新产品开发不足的短板仍然突出。主要体现在几个方面:一是未能从根本上改变老年人的“存钱养老”模式。与金融服务相对发达、银行网点遍布、百姓金融观念相对成熟的省份相比,山西金融机构专属老年人的理财产品发展不足,满足晚年养老需要的长期银行理财产品发展也不充分,导致多数老年人宁可将金融资产存入银行接受每个月取到1000多元的利息,当成保障养老的唯一途径,当成保障养老需求的“养老经”,也不愿去想,更不敢承受养老金融市场可能带来的风险。这在一定程度上导致了储蓄率高和养老金融产品、服务发展不足并存的局面。二是把养老金融等同于老年金融的现象比较普遍。养老金融不等于老年金融，不应认为养老谋划是老年人的专属行为，中年人、年轻人包括其他各年龄段的人也应考虑一些养老积累型的金融产品。但从实际情况看，针对不同年龄、不同职业、不同地域的人做差异化方案设计的银行养老金融产品创新能力和水平明显不足，养老金融产品与普通理财产品相差无几。具体而言，银行、保险、基金等金融机构对日益壮大的老年人养老服务市场虽然非常明了于心，并且开发了老年人专有的产品和服务，但这些产品和服务就像是“打擦边球”一样，往往喊着养老的口号，推出的却是一般性、大众化的金融产品。

三、民间资本参与养老金融的意愿不足

山西与全国步入人口老龄化社会的步伐和步调基本一致，但相关应对举措在一定程度上滞后于发达地区，对养老问题的重视也相对不足。特别是一些传统家庭，对养老产业的需求明显不足，在一定程度上限制了山西养老金融的发展壮大。主要体现在几个方面：一是受观念的限制，山西老年人消费能力有限，因此养老产业的定价也相应较低，且周期也较长，对金融机构的吸引力明显不足。二是山西养老产业发展不足，基本处于初级阶段，很多该领域的工作仍然属于摸着石头过河的简易操作，因此养老金融的营利性难以确定，也在一定程度上限制了金融机构的参与积极性。同时，近年来，山西对养老产业金融虽然也出台了一些政策支持，如设立专项扶持基金、引入政府和社会资本合本模式，但从实践结果和落实效果看，成效并不显著。

第三节　促进山西养老金融发展的对策建议

山西省近年来在经济和社会加快发展的推动下，养老事业取得了长足进展，但快速的老龄化现象，又对山西省养老金体系和老年人经济保障带来诸多挑战。应对老龄化离不开金融的媒介融通作用，通过金融工具和技术更好地增加养老金供给，是在传统养老方式面临挑战的背景下，拓展新的养老模式，满足老年人多元化养老方式的必由之路。应从政府、企业、个人三个层面，推进山西养老金融业的加快发展，应对老年群体多元化的养老需求。

一、从政府角度的建议

养老金融作为一个带有民生性质的新兴领域，鼓励和扶持该领域的加快发展，政府具有义不容辞的责任。从政府的角度来讲，应通过财政支出满足基本养老服务需要，在中高端市场通过政府引导对市场机构予以补充。因此，推动养老服务金融发展，需要政府制定相应的顶层制度与配套细则。

（一）重构养老金体系，确立政府基本养老

在山西省人口老龄化的挑战下，现有的老年收入渠道如劳动收入、代际转移支付等都难以持续得到保障，现代意义上完善的养老金制度就成为老年群体收入的关键渠道。然而目前山西省现有的养老体系中政府、市场和个人责任分担不明确，导致养老金体系长期来看面临不可持续的风险。此外，由于养老金基金没有实现与资本市场的良好对接，导致养老金资产保值增值存在困难。因此，应重构山西省养老金体系，通过养老金有效投资，实现养老金资产保值增值，通过发展养老金金融提高老年群体的养老金收入保障。

完善政府主导的第一支柱基本养老金，并保证其可持续性。其核心在于促进社会再分配，目标是防范老年贫困。将社会统筹与个人账户相分离，改变原有的混账管理的弊端，厘清两个不同账户之间的功能，明确不同账户的责任主体，将分离后的社会统筹账户作为养老金体系的第一支柱，完全通过现收现付进行社会收入再分配，从而提供基本生活保障。同时，第一支柱基本养老金需结合一系列配套措施以保障保基本和可持续功能的实现。既要加强基本养老金的征缴管理，实现缴费基数真实化、足额化，又要以保基本为目标调整基本养老金替代率，为第二三支柱养老金发展预留空间。

大力发展第二支柱职业养老金，提高与职业相关的补充养老金收

入。第二支柱职业养老金通常采用完全积累的方式，待遇水平依赖于缴费规模及其投资收益，旨在提高退休者的收入水平。企业年金和职业年金覆盖面有限，为扩大第二支柱职业养老金的规模，并根据第二支柱的性质，应将统账分离后的个人账户通过划拨国有资产等渠道做实，可选择并入第二支柱职业养老金账户，扩大职业养老金覆盖面。

鼓励第三支柱个人税延型养老金发展，进一步拓宽养老金收入渠道。第三支柱个人税延型养老金在我国目前还处于空白阶段，但发展第三支柱养老金已经成为多方共识。山西省养老金可以借鉴美国的 IRA（个人退休账户）计划，鼓励个人更多地为其退休进行储蓄减轻国家未来的养老负担，政府可以提供税收优惠或财政补贴，进一步提高个人养老金收入。

（二）建立养老服务业基金，引导民间投资进入养老业

从发达国家及我国以往发展的经验来看，社会养老问题单靠政府“大包大揽”难以解决。国务院《关于加快发展养老服务业的若干意见》（国发〔2013〕35 号）提出，充分发挥社会力量的主体作用，健全养老服务体系。按照国务院指示精神，为引导社会资本进入养老服务产业，2014—2015 年，中央财政安排专项资金，支持 8 个省份开展以市场化方式发展养老服务产业试点。通过中央、地方、银行、企业共同出资设立基金，探索以商业化、市场化方式支持养老服务产业发展的体制机制和有效模式。重点支持居家养老、社区养老等面向大众的养老服务业，推动养老服务与家政、医疗等生活性服务业融合发展，满足多样化养老需求。山西省应积极争取开展市场化养老服务产业试点，借鉴、推广发达地区的先进经验和模式，探索建立省级养老服务业基金，完善基金运作，支持养老产业发展。

同时，2015 年 8 月，国务院《关于促进融资担保行业加快发展的意见》（国发〔2015〕43 号），明确要推进融资担保体系的建设，研究设立国家融资担保基金，推进政府主导的省级再担保机构基本全覆盖，构建国家融资担保基金、省级再担保机构、辖内融资担保机构的三层组织体系。

为此，山西省应尽快设立政策担保基金，为公益性养老机构贷款提供政策性担保，为符合条件的养老服务项目提供金融支持。

（三）明晰监管框架，促进行业健康稳定发展

当前，我国的金融监管采用的是分业监管的框架，以提供金融产品和服务的不同机构作为划分监管权限的依据。比如传统的银行、证券、保险等行业分属银监会、证监会、保监会监管。然而，养老服务金融则具有典型的混业经营特征，所以针对养老金融的监管职能，分散于银监会、保监会和证监会等多个市场机构监管主体，还要涉及人社部、民政部等部委。目前，山西省养老金融整体处于起步阶段，相应的监管也处于实践摸索阶段，明确养老金融的监管框架将成为行业健康有序发展的关键。在省内探索适应养老金融发展的监管体系，加强市场监管和行业监管，有针对性地制定养老服务金融的行业标准、服务流程、风险监控等。如针对老年人金融欺诈事件多发的情况，应加强对养老服务业金融理财、非法集资的整治，为老年人提供安全、可靠的投资环境。此外，对于参与养老服务金融的金融机构，监管上应要求其健全内部风险控制体系和流程，完善外部设计和信息披露制度，防范内部机构和从业人员的道德风险，保障客户的合法权益。

（四）完善法律和税收制度，促进养老金融市场发展

山西省养老金融领域的法律法规存在层级较低、数量有限、力量分散等问题，急需制定一系列权威性、针对性较强的行政法律法规。首先，应完善相关法律制度，为养老金资产管理、“以房养老”、养老产业投融资等养老金融相关业务提供法律支持和保障，促进养老金资产的安全和保值增值，确保养老金融市场的长期和平稳运行。譬如“以房养老”涉及产品政策、税收等法规，应明确规定土地使用权的续期和处置政策，完善物业税、遗产税、房产税的规定，防范金融机构处置房产时的法律风险；完善农村宅基地的流转政策，推动“以房养老”在农村的实施，扩大农村老年人口收入来源。其次，完善养老相关行业的税收政策，促进养老金融的市场发展。完善养老金制度方面的税收优惠制度，对于企业年金，

应考虑提高税收优惠比例，提高企业和职工参与率。针对个人养老金，应尽快出台税收优惠政策，落实个税递延型养老金账户制度的试点，允许各类金融产品公平竞争，共同参与养老金第三支柱建设。针对提供养老金融服务的参与主体，对于其参与养老基础设施的投资和建设、提供养老金融产品等取得的业务收入给予一定的税收减免，从而提高金融机构参与养老金融业务的积极性。

（五）引导养老退休规划，加强养老金融教育

目前，山西省国民养老退休规划意识较为淡薄，在金融知识方面比较匮乏，不利于养老服务金融发展，需要发挥政府作用，加强养老规划的引导，提高居民的养老准备意识。比如对居民加强养老规划的宣传力度。各地政府部门应当紧密结合所在地区的老年人口情况，制定本地较为合理的居民投资理财培训机制，培养居民的养老规划意识，增加金融知识储备。应通过行业协会等组织整合并发挥行业力量，加强养老服务金融知识的普及，扩大养老服务金融的影响力，增强公众对金融养老的认知。

国民个人也应该主动了解我国老龄化趋势，学习金融知识，结合自身经济情况与家庭人口结构情况，提高养老意识，及早进行养老规划，扩大相关养老储备。特别要注意的是，要拒绝非法理财、非法集资等行为，提高警惕、防止受骗。

二、从企业角度的建议

养老金融是中国步入老龄化社会应运而生的社会责任与商业机遇，金融企业有必要在已有养老金融业务的基础上，明确战略定位，有效整合资源优势，有重点、分层次地推动此类业务持续健康发展。应改进传统的养老金融业务理念，建立创新思想，充分发挥商业银行的优势，对业务资源进行优化整合，创新资源的合理布局工作，不断提高养老金融服务水平，建立系统化、层次化的养老金融服务体系。

（一）完善养老金融组织架构，建立完善综合服务体系

养老金融供给企业应整合内外部资源，及时解决当前养老金融业务

中存在的问题，包括产品碎片化、养老金融业务模式零散化等，建立完善的养老金融综合服务体系。首先，企业应重新规划与养老金融内容相关的业务，通过建立规范的、科学的、完善的养老金融产品研发平台，创立以企业信誉为基础的养老服务业务。从产品研发的角度出发，对企业为主体的客户，应提供一系列相关服务，包括托管、账户管理、投资管理、受托等；对于个体客户，应对其进行细化分类，例如地域、职业、年龄等，通过个体客户的具体情况，提供相应的养老理财产品、个人养老保险产品，同时加大创新力度，尤其是对于个人养老退休账户、养老按揭等新型产品。其次，规模较大的商业银行等企业可以形成以子公司为基础的养老资产管理体系，内容涵盖券商、保险、基金、信托等，从而提供给养老金融客户系统的、全面的服务。企业还应充分考虑养老金融业务项目，通过将其作为重点发展项目，不断完善养老金融管理机制。同时，尽快规划养老金融业务，通过对养老保险体系与养老产业发展进行改革，对多个领域进行更好地布局，包括养老基金投资管理、养老产业投融资、社保资金结算等。在组织内容方面，可以采用养老金融专业公司模式、事业部模式等。其中，在事业部模式里，应将客户作为主体，不断提高服务质量，重视对风险的管理，从而提供给客户更专业的服务。进一步加快对养老金融管理机制的创新工作，从而提高市场竞争力。

（二）实现金融合作创新，提高金融企业竞争力

养老金融业务与传统银行业务相比，具有服务周期长、经营周期长、业务发展持续稳定、规模效应显著等特点，能够为企业带来长期收入。养老金融业务与银行传统业务也可形成互补，规模巨大的养老基金投资可为银行存款、理财产品提供长期稳定的资金来源。因此，商业银行等金融企业可以参与养老金融资产管理服务，带动银行资产管理业务的发展，拓展新的收入来源和盈利模式。企业应重视与养老金管理部门的交流机会，追求补全管理资格，包括养老金投资管理资格。目前，很多商业银行的养老金融业务项目，由于缺少其项目资格，导致商业银行难以扩展其业务范围。某些商业银行虽然获得了年金业务管理的资格，但主要

业务属于未推行的养老保险基金业务，投资管理人的范围主要限制于特定的机构中，例如，企业年金基金投资、全国社保基金等，很多商业银行缺乏参与资格。在金融企业的运行过程中，当前最急迫的问题是尽快参与养老金融投资管理，同时把握养老基金投资业务的管理机遇。

（三）拓宽企业养老融资渠道，加强产业联动综合服务

金融企业应依托证券、保险、信托、金融租赁等平台优势，为养老产业企业提供上市融资等多元化融资服务。在国家政策允许下，通过设立养老专项债务融资工具、养老产业基金、养老设施租赁、养老信托计划等，引导社会资金、民间资本进入养老产业，拓展养老产业资金来源。金融企业应集中优势力量拓展各类养老福利类管理业务，借助国家基本养老保险基金、职业年金、企业年金等运作机遇，提供包括资产管理、账户管理、受托管理、托管等全功能的养老基金管理服务，在集团金融框架下建立独立的养老金融发展平台。根据养老服务业发展导向和经营特点，专门制定养老服务业信贷项目，开发针对养老服务业的特色信贷产品，建立适合养老服务业特点的授信审批、信用评级、客户准入、利率定价制度，拓宽养老服务业贷款抵押担保范围，探索开展应收账款、动产、知识产权、股权等抵质押贷款创新，满足养老服务企业多样化融资需求，为养老服务业提供差异化信贷支持，形成多元化、多渠道、高效率的养老产业信贷体系。

同时，以零售养老金产品为突破口，探索发行收益稳定、安全性高、符合养老跨生命周期需求的差异化养老理财产品、养老基金；充分利用商业银行及子公司的广泛客户资源，联合保险、信托、证券等公司研发个人养老保险、医疗保险、养老信托，真正满足客户养老金融需求，进一步深化银客关系，增强客户黏性。进一步加大资源投入，配套扶持政策，加大基础建设、系统建设、营销、人力资源等投入力度；健全养老金融业务风险管理和内控合规体系，制定业务准入标准和发展规划，抓好业务授权管理；提高养老金融业务考核激励层次，变部门业务为全行业务，激发商业银行开展养老金融业务的活力。

（四）丰富养老金融产品，满足多元化养老需求

从养老金融服务对象来看，我国中老年服务群体众多，其养老金融市场体量巨大，这些实有或潜在的客户群毫无疑问会对金融机构产生巨大的吸引力。金融机构应积极借鉴国际经验，充分挖掘不同群体的养老金融潜在需求，不断加强养老金融理论研究和产品创新，将产品目标导向明确指向通过增加老年收入进而提高其老年生活品质上来。

代销养老保险。随着人们生活质量的提高以及通货膨胀的影响，基本的国家养老保险已经不能满足未来居民保持相应老年生活水平的要求，各个保险公司均推出了形式各样的保险产品以满足我国老龄化过程中居民多样化储蓄和消费的需求，银行可以通过和保险公司建立合作，在柜台代销养老保险业务。

养老理财产品。养老理财产品实则是在保险这一传统养老渠道外的另一种选择，其主要针对的是老年客户，或是将养老金的长期投资理念融入产品设计之中面向社会大众发售，其主要以安全性为主导，投资标的多以固定收益类资产为主，为投资者提供养老规划的新选择。随着“银发客户”群对金融需求的增加，各家银行纷纷推出养老理财产品。目前，养老型银行理财产品的种类并不贫乏，而且银行对这类产品的设计也在不断创新，试图寻找到能够更好地迎合各种养老需求的投资者。随着市场的进一步细分，企业利用自身资源优势，在客户养老理财规划方面大有可为，同时也是未来银行战略性业务重点。

住房反向抵押贷款。由于住房反向抵押业务在实施前期的资金收入额要远低于贷款发放额，且贷款期限较长，所以开展这一业务的金融机构必须要拥有数量巨大的资金才能保证该业务的顺利启动。从这一点来看，商业银行无疑是理想的业务实施主体。从目前开展以房养老的国家来看，绝大多数国家更青睐以住房反向抵押贷款模式运作以房养老业务。尽管由于以房养老业务实施周期比较长，商业银行可能面临资产负债表期限错配的“短存长贷”、利率风险及流动性风险等，但从应对风险的角度审视，银行显然较之其他金融机构有更为成熟的经验和更加有

效的办法，比如，可以对信贷资产进行证券化处理，从而化解前述风险。权衡利弊，住房反向抵押贷款作为以房养老的运作模式，也不失为一种可供选择的模式。

养老私人资产管理。针对“银发一族”金融企业可推出私人养老资产管理业务，确定管理者评选标准、资产管理原则、资产转移至管理机构的方法等。发展私人养老资产体制有助于提升国内资本市场竞争环境，促进金融市场多层次发展，同时，金融企业也可以推动资产管理业务的发展，达到一举两得的效果。

综合性养老服务。金融企业推出综合性养老服务可以满足老年人稳健的投资心态和理财需求。综合性养老服务可包括理财、信贷、便利结算、增值服务等内容，还可包括银行产品定制、法律顾问、健康管理、财产保障等综合金融服务。养老综合服务应以“稳健保值”为前提，根据老年人的资金需求和理财习惯提供定制化的金融产品，重视核心的资产配置风险。通过金融产品、销售渠道、客户服务等方面的创新，为客户提供一揽子养老金融综合解决方案。

三、从个人角度的建议

养老金融既是金融体系的重要组成部分，也是老龄产业的核心。在老龄化加速发展的背景下，大力发展养老金融业，不仅关系到老年群体的生活质量，也有利于金融业乃至整个宏观经济的健康运行。

（一）制定个性化服务，体现人性化有温度的养老

客户特征决定客户需求，客户需求引导客户服务。为老年人提供金融服务，银行既要在硬件配备上贴近其需要，又要在人员投入上周到细致，还要在产品线设置上迎合老年人的风险偏好，真正做到为老年群体提供个性化服务。老年人对于网点服务人员的容忍度和满意度都明显高于青年人和中年人。但是我们仍然不时能看到有网点人员嫌老年人啰唆、麻烦，对老人爱答不理，甚至埋怨和责怪他们。一般而言，老年人比较体谅银行网点服务人员工作的不易，对他们的要求并不苛刻，只要态度温和，解答耐心就非常满意了。“老吾老以及人之老”，网点人员应

怀着爱心和耐心，多关注来网点的老年人，多一句问候，多一个指导，多一份叮嘱，将银行服务做到更加人性化、有温度。

（二）加强业态融合，注重老年群体适用性

一般情况下，大家都会认为老人对新鲜事物的接受程度低，有一两款产品就够了。其实不然。开发老龄金融产品要注重群体适用性，体现地域差异性，开发出真正符合老年人实际需求的产品。同时要加强业态融合，推进老龄金融业与老年人健康医疗服务等传统养老服务业务的结合发展。

在实际操作中，可加速培育老龄产业组织，鼓励扶持现有金融机构进行业务转型，向老龄金融领域延伸，鼓励兴办新的老龄金融专业机构，引入部分外资金融机构开展老龄金融服务。作为老龄产业的虚拟经济部分，养老金融业无论是涉及人口规模还是相应的资金总量，都将远远超过老龄用品业、老龄服务业和老龄房地产业。根据预测，未来随着金融体制改革步伐加快和全社会养老金融意识的增强，保险类、信托类和房地产类老龄金融市场将会优先得到发展。到 2020 年前后，保险类老龄金融市场将取得快速发展，到 2025 年前后开始进入买方市场向卖方市场的历史性大逆转；房地产类老龄金融市场在 2020 年前后进入第一个快速增长期，在 2030 年前后进入峰值期；银行类老龄金融产品将在 2025 年前保持良好态势，之后随着其他老龄金融产品的丰富完善并逐步转型。

撰写人：黄　桦（负责人）
全　尤

第五章　山西医养结合的路径选择

健康是老年人关心的话题，医疗是老年人群体最需要的产业，也是养老绕不开的一环。医养结合的出现，充分照顾到了老年人的需求，也整合了原本相对独立的医疗资源和养老资源，实现资源配置的最优化。本书提出了医养结合的概念，论述了山西医养结合的现状，并结合当下养老的发展方向和山西自身特点，提出了具体的、可操作的政策建议。

第一节　医养结合的内涵、背景、意义

要了解医养结合的现状，要先厘清医养结合的概念和范围。本章主要从医养结合的提出进行梳理，厘清了医养结合的概念、背景和意义，廓清了研究的范围和边界。

一、医养结合的概念和内涵

（一）医养结合的概念

随着老龄化的发展，老人的养老与就医成为双重综合性难题。因此，国家给予高度重视，自 2013 年以来，制定了一系列关于医养结合的政策，以推进医疗卫生与养老服务相结合。特别是十九大以来，我国号召积极应对人口老龄化，构建养老、孝老、敬老政策体系和社会环境，推进医养结合，加快老龄事业和产业发展。

“医养结合”是养老的一种创新模式，通过精准合理的服务定位，将

医疗与养老服务模式有机整合，按照社会资源利用的最优化原则，合理配置资源，为老人提供持续性、针对性的医疗照顾服务，以满足不同健康状态下老年人不同层次的养老需求。其中，“医”包括医疗康复保健服务，具体有医疗诊治服务、健康管理服务、长期护理服务、大病康复服务以及临终关怀服务等；“养”包括生活照护服务、精神心理服务和文化活动服务等。

（二）医养结合的内涵

随着“健康中国”战略的推进实施，探索“医养结合”养老模式，整合医疗、养老资源成为养老方式改革的必由之路。因此首先要了解“医养结合”的内涵。

“医养结合”内涵丰富，包括医疗保障体系与养老保障体系整合运行，不是简单的“医”+“养”，即“1+1=2”的形式；而是根据现实需求和条件构建医疗服务与养老服务“一体化”供给运行机制，实现医疗和养老资源利用的最大化，即“1+1>2”的形式。

养老和医疗分属民政、卫生两大体系，有各自不同的管理体制机制，要实现养老和医疗有机结合和最优化，就必须厘清“医”和“养”的关系。在“医养结合”中，“医”是基础，“养”是核心，医疗是为了更好的服务养老。但值得注意的是，医养结合中的“医”有独特内涵，主要是突发疾病的应急处置、慢性病管理、康复护理、健康管理等；医养结合中的“养”也有独特内涵，重点是慢性病老人和失能失智老人的长期照护服务。

具体来说，“医养结合”涉及服务主体、服务客体、服务内容、服务方式和管理机制等五个方面。根据养老模式的不同，现阶段医养结合主要有“家庭、社区、机构”三类服务主体，为健康、基本健康、不健康和生活不能自理的四类老年人（尤其适宜处于大病康复期、慢性病、易复发病患者等无法在传统养老模式中得到良好照料的失能、半失能老人）提供健康教育、健康管理、长期照护服务和医疗。医养结合模式主要有：一是医养定点合作型。由医疗机构与养老机构协议合作，如实行社区医疗服务中心和日间照料中心合作提供医疗服务。二是社区家庭医生型。主要依靠社区卫生服务网络，通过推行家庭医生模式，为社区老人提供上门服务。三是医养整体融合型。可在养老机构增设医疗服务资质或在原有医疗机构开展养老服务。管理机制上，首先依靠顶层制度的设计明晰各部门的责任与义务；其次做好养老、医疗保险两大经费的有效利用；最后做好养老人才与医疗人才队伍的培养与建设，资格认定、标准化等的融合。

总体来说，医养结合是以评估为导向，围绕老年人多样化、多层次的养老医疗需求，聚焦重点对象和服务项目，遵循资源合理化利用原则，统筹配置医疗养老服务资源，打通医疗和服务行业壁垒，为有需要的老年人提供生活照料、健康管理、医疗护理及突发疾病的应急处置等服务，以提升养老服务质量的养老模式。

二、医养结合产生的背景

随着“银发浪潮”席卷中国，我国现阶段未富先老、未备先老和孤独终老的老龄化特点突出，迫切需要为老年人提供医疗卫生与养老相结合的服务。

（一）从宏观看，人口老龄化和生活水平提高使医养结合出现成为必然

目前，我国已进入人口老龄化高速发展期，全国老龄工作委员会办公室数据显示，截至2017年底，中国60岁及以上老年人口有2.41亿人，占总人口的17.3%，2017年新增老年人口首次超过1000万人。预计到2050年前后，中国老年人口数将达到峰值4.87亿人，占总人口的34.9%。也就是说目前全国每6人中就有一名老年人，预计到2050年将是3:1。伴随深度老龄化而来的是老年人健康和照护问题的增多，老年人患病率高、患病种类多、患病时间长、并发症多、治疗难度高，对医疗护理和健康服务的需求会不断增加。

同时，随着人民群众生活水平的持续改善，人均消费水平从1978年的184元增加到2016年的21228元，老年人养老消费观念发生改变，不断追求高质量老年生活，使得健康方面的支出意愿进一步增强。因此，在老年人有养老消费需求和消费能力的情况下，医养结合出现成为

必然。

(二)从中观看,医疗资源和养老资源供需不匹配促进了医养结合的产生

无论是居家、社区养老,还是机构养老,共同面临的问题是医疗需求难于满足。一是医疗机构无法满足老年人康复照护服务。随着城镇化的快速发展,人口不断向城市集聚,使得医疗公共资源异常紧张。从供给上,我国医疗资源总量不足,每千人医疗床位仅为4.55张,每千人职业医师仅为2.66人,因此,大型医院仅提供门诊和病重时的短期住院,对于那些大病恢复期、后期康复治疗、患慢性病等的老年人无法提供长期细致的生活护理。而社区卫生服务机构又受限于服务水平,也不能充分满足老年人对长期照护和康复服务的需求。二是养老机构难以满足入住老年人的医护需求。现今中国的机构养老模式的制度和设施还不是很完善,大多数养老机构护理康复及医疗资源不足,据民政部有关负责人表示,我国各类养老机构达4万多家,但真正具备医疗服务能力的不到20%。因此,能承担医疗服务功能的养老机构人满为患、供不应求,而只能提供一般生活照料的则供大于求,空床率高,难以满足老年人对健康的渴求、对日常保健和护理等的需要。三是医疗机构和养老机构两者之间相互独立,老年人一旦患病,就容易出现“压床”现象,加剧了医疗资源的紧张。因此,急需实行医养结合的养老模式,让更多的老年人能够更好地享受医疗和养老两者结合带来的有利影响。

(三)从微观看,家庭养老功能弱化、失能老人增多、慢性病普遍等催生了医养结合

受计划生育、人口迁移流动和老少分居等因素的影响,我国家庭规模呈现小型化,家庭户平均人数从20世纪50年代的5.3人逐步下降到2012年的3.02人。家庭成员为老人提供长期护理照料的情况越来越少,传统家庭养老功能弱化。除此之外,城市空巢老人,尤其失独老人以及农村留守老人的日常生活照料和医疗护理问题明显突出,如何承接家庭溢出的养老功能,实现“老有所养”“老有所乐”“老有所医”,是亟须解决的难题。

老年人患病率高于普通人群，对医疗服务依赖性更强。据 2016 年 10 月全国老龄办发布的《第四次中国城乡老年人生活状况抽样调查成果》显示，在老年人健康状况不断改善的同时，仍有 18.3% 的老年人为失能、半失能状态，总数达 4063 万人，到 2020 年我国失能老年人将达 4200 万人。现代社会的疾病风险增加，老年人患慢性病、重大疾病的概率大。据国家卫计委调查显示，目前我国 2.22 亿老年人中近 1.5 亿患有慢性病，多病共存现象普遍，且医疗成本较高，支出具有长期性、持续性的特点。因此，群众对医养结合养老服务模式的呼声渐高。

三、推行医养结合的必要性

医养结合是创新养老模式、应对老龄化危机的重点和方向，尤其在“健康中国”战略推动下，更成为一种有益的服务供给探索和理性的制度选择。

（一）有利于应对老龄化危机

应对中国老龄化，“医养结合”是关键。在当前“9073”的养老格局下，医养结合养老服务已经上升为我国应对快速老龄化的国家战略的重要组成部分。老年人是社会医疗服务需求和使用的主体，医养结合模式打破了养老机构与医院间的资源割裂状态，在提供传统养老服务的基础上，为老年人提供专业化医疗和康复服务，既缓解人口老龄化带来的养老压力，也为养老服务业和医疗行业注入新的发展机遇，促进我国经济社会发展。

（二）有利于提升国民健康素质

医养结合是提升国民健康素质、改进老年群体健康福利、实现健康养老的重要举措。医养结合把健康理念融入对老年人的日常生活照料服务中，通过健全健康管理信息库，从老年人的整个生命周期着眼，有效控制影响健康的各个风险因素，适时进行医学照顾、治疗和心理疏导，改善老年人身体功能，缩短老年人的患病周期，提高其日常生活能力，降低老年人残疾、失能与半失能的发生率，减少其对家庭与社会的依赖，最终提高老年人的养老服务质量及生命健康质量。

(三)有利于节约医疗资源,减轻居民家庭负担

长期以来的医养分离增加了时间成本、费用负担、家属负担,加剧了"看病难"的问题。实施"医养结合",有效地整合现有的养老机构资源和医疗服务资源,将养老院的场地、床位资源和医院的专业医疗队伍、完善的医疗设施和技术相结合,既可以确保服务的便利性与连续性,又避免对医疗资源的过度占用,有效节省了服务费用。对家庭而言,"医养结合"使老年人的常见病在社区内就能得到及时治疗,控制了由家庭或社区转入医院过程中增加的医治时间成本以及救治风险,降低了由于行动不便而造成的路途颠簸和家属负担。对医疗机构而言,"医养结合"使平均住院日缩短,利于病床周转率以及使用率的提高。对整个社会而言,"医养结合"使有限的医疗资源得到了充分的利用,并且节省了一大笔由于长期住院引起的医疗保险资金。

(四)有利于发展壮大健康产业

随着消费结构升级、人口老龄化和人口城镇化进程的加快,健康产业将成为我国增速最快、发展潜力最大的产业之一,为经济发展创造"二次人口红利"。推进医养融合,不仅仅拉动消费,更是一种投资,是落实供给侧结构性改革的具体举措,可以形成和发展医养结合的知识密集型和劳动密集型的产业,扩大内需和就业,同时将家庭年轻的劳动力从家庭照护中解放出来,投入社会按其价值创造更多的社会财富。

第二节　山西医养结合发展现状

2015 年,国务院办公厅转发卫生计生委等部门《关于推进医疗卫生与养老服务相结合指导意见的通知》(国办发〔2015〕84 号),正式提出"医养结合"的概念。文件指出,医疗卫生与养老服务相结合,是社会各界普遍关注的重大民生问题,是积极应对人口老龄化的长久之计,是我国经济发展新常态下重要的经济增长点。加快推进医疗卫生与养老服务相结合,有利于满足人民群众日益增长的多层次、多样化健康养老服

务需求，有利于扩大内需、拉动消费、增加就业，有利于推动经济持续健康发展和社会和谐稳定，对稳增长、促改革、调结构、惠民生和全面建成小康社会具有重要意义。为贯彻国务院文件精神，山西迅速出台《关于推进医疗卫生与养老服务相结合的实施意见》（晋政办发〔2016〕105号），提出八大任务和五大保障措施，全力推进医养结合，近三年来医养结合取得了阶段性进展。

一、发展现状

近年来，国务院及各部门先后出台了一系列政策措施，太原和大同市被国家确定为医养结合试点城市，医养结合的发展环境初步形成。近两年，山西省委、省政府把健康养老产业作为全省经济转型发展新动力的支撑点，并纳入了全省国民经济和社会发展“十三五”规划，出台了支持健康养老业发展的推进意见。2016年7月，省卫计委、省民政厅等九部门联合出台了《关于推进医疗卫生与养老服务相结合实施意见》，并由省政府转发，就全省医养结合的目标任务、保障措施和组织实施等具体内容予以明确，确定了太原市、大同市、吕梁市、晋中市为省级首批试点市。这些文件的出台，为全省加强医养结合、推进健康养老服务业发展提供了有力的政策支持。截至目前，全省有5个市以政府或部门名义制定出台了推进医养结合工作的实施方案。特别是太原市，作为省会、全省经济社会事业发展的领头羊，大胆探索，出台了一系列政策措施，对医养结合工作进行了全方位的探索实践。晋中、阳泉、临汾、长治等市也从本地实际出发，积极主动地开展试点工作，并取得了一定成绩。

截至目前，围绕医养结合建立的政策体系、标准规范和管理制度已经初步建立。

2018年1月，山西省政府出台《关于全面放开养老服务市场提升养老服务质量的实施意见》，意见提出，鼓励有条件的养老机构开办老年病院、康复院、医务室等医疗卫生机构，将符合条件的养老机构内设医疗卫生机构按规定纳入城乡基本医疗保险定点范围；鼓励大型和综合医院通过依托现有医疗资源兴办养老机构、开设老年病科或到养老机构设点等方式,积极开展医养融合服务;鼓励养老服务机构、社区老年照料机构与医疗机构建立协议合作机制,开通预约就诊绿色通道,同时鼓励符合条件的执业医师到养老机构、社区老年照料机构内设的医疗卫生机构多点执业;提升医保经办服务能力,实现老年人异地就医直接结算。探索建立长期护理保险制度,形成多元化的保险筹资模式,推动解决失能人员基本生活照料和相关医疗护理等所需费用问题。2017 年 4 月,山西率先在全国出台《医疗养老结合基本服务规范》,对养老机构基本条件和服务以及医疗机构基本条件进行了规范。其中,分别规定了养老机构增加医疗服务功能、医疗机构增加养老服务功能、社区居家养老与医疗机构合作三种医养结合服务模式的一般要求、服务内容及服务要求。通过机构自评、服务对象及家属评价以及社会第三方机构评价,及时发现问题并予以改进。

在医养结合的政策体系不断出台的同时,符合需求的专业化医养结合人才培养制度基本形成,也建成了一批兼具医疗卫生和养老服务资质和能力的医疗卫生机构或养老机构。当前,80% 以上的医疗机构开设有为老年人提供挂号、就医等便利服务的绿色通道,50% 以上的养老机构能够以不同形式为入住老年人提供医疗卫生服务,老年人健康养老服务可及性明显提升。目前,基层医疗卫生机构基本上可以为居家老年人提供上门服务。

二、主要模式

经过这几年的探索和实践,山西的医养结合已经形成了各有特色的几大模式。

(一)“医中有养”模式

这种模式最明显的特点是,依托医疗机构强大的医护资源,在老年病科的基础上针对失能、失智、半失能老年人开展养老医护服务。在这方面,山西省精神卫生中心老年科是典型的案例。

山西省精神卫生中心老年科是山西省首家针对失能、失智老年人建立的医养结合机构,该机构自 2000 年成立以来,定位于服务广大老年精神障碍患者，针对高龄失能失智老人提供“诊疗—护理—康复”连续综合性服务和相关临终关怀服务。目前院内设有40余间病房，拥有80张医疗床位和100张养老床位，已累计接收了4000多位老人，填补了省内养老机构不接收老年精神障碍患者的空白。

这种模式的优势在于，能够通过专业化的医疗资源为老年人及时提供医疗服务，而且在老年人出现紧急状况时能迅速开展抢救工作，为老年人的健康保驾护航，最大限度地避免了因平时照顾不周或者抢救不周而造成的健康隐患和生命危险。

这种模式的劣势在于，由于仅仅是依托医疗资源进行养老，因此老年人的精神活动以及生活起居照料相对于传统养老院难免会显得不够专业，特别是医院式的管护模式，一定程度上限制了老年人的自由，使得他们难以得到全方位的发展和精神层面的照顾。

（二）“养中有医”模式

这种模式最明显的特征就是，依托老年福利院和养老院开展医疗服务，入驻专门的医疗小组，让老年人安享晚年的同时也能得到基本的医疗陪护。在这方面，大同市魏都颐养康复中心是典型的案例。

大同市魏都颐养康复中心是大同市首家集医疗、教学、养老为一体的综合服务机构。该康复中心与大同魏都医院强强联合，经过前期的探索，将传统的养老与医疗进行功能整合，优势互补，重点推出入住老年人生活照料与医疗康复护理相结合，从而形成了新型的养老服务模式。在老人日常生活照料中，大同市魏都颐养康复中心为老人们提供量血压、测血糖、康复训练、医疗护理等康养服务，让自理老人健康生活其乐融融，不能自理老人达到全面护理医养，同时对老人24小时实行医疗监控，为老人建立健康档案，还定期举办健康讲座，做到多元化的休闲娱乐服务，有效地丰富了老年人的文化娱乐生活，提升了入住老人的医疗服务水平和生活健康质量。大同市魏都颐养康复中心自开业以来，运营不足两年内，共收治康养老人1162人，其中康复好转739人，安宁护理62人，成功抢救老人38次，现有常住老人151人，康养老人66人，其中常住老人中失能者占50%以上。

这种模式的优势在于,能够尽可能地为老人提供基本的医疗服务,让老人能够更加健康地养老,更加舒适。

这种模式的不足在于,一是成本偏高。需要大量医疗设施,也需要大量养老设施,造成养老成本高,养老费用也高。二是专业化水平较高。既需要养老方面的人才和劳动力,也需要医生、护士等懂护理的专业人士,需要大量的医疗技术支撑,因此在人才方面确实也存在较大的短缺。

(三)“居家医养”模式

这种模式最明显的特征就是,公办或民办社会机构通过承担政府购买服务的形式,运用创新的手段,将服务触角延伸至千家万户。因为山西90%以上老年人都是居家养老或者社区养老,因此这种模式是非常值得推广和普及的。其中,最直接的就是“家庭医生签约服务”。

老龄群体的特殊性在于生命的后期经常会伴随着各种慢性疾病,需要有专业的医护人员照顾,家庭医生签约服务解决了养老院专业医护能力不足的问题。2016年,卫计委印发《卫生计生委关于印发推进家庭医生签约服务指导意见的通知》,要求加快推进家庭医生签约服务。山西省家庭医生签约服务工作采取卫生+计生“两融合”、预防+医疗“双提升”模式,组成村、乡、县三级“1+1+1+X”服务团队(1名村医+1名计生服务员+1名全科医生+X名县级医疗机构专科医生),走进老百姓田间炕头提供服务。截至目前,山西的家庭医生签约服务已覆盖1700万余人。全省家庭医生签约服务工作,从建立签约服务政策体系入手,依托医联体建设和县乡医疗卫生机构一体化改革,将大医院的专科医生引入家庭医生团队,12085个签约团队中,超过50%的签约团队采取了三级医院带二级医院、二级医院指导基层的“1+1+1”服务模式。其中,太原市引入社会资本设立专项资金激励个性化签约服务,每签约1位居民,给予每年50元补助,在社区卫生服务机构开设81个高血压、糖尿病专家工作室,开展签约服务进机关活动;长治市新增财政预算1343万元,提升基本药物补贴标准,落实签约服务岗位补助,长治市潞城市为辖区居民提供家庭巡诊、家庭病床、中医康复等个性化服务，并为签约居民减免了20%的服务费用；针对建档立卡的贫困人口，家庭医生和乡村干部提供医疗救治和医疗政策的双重服务，组建了2.1万个村医村干“双签约”服务团队，签约因病致贫返贫困难群众36.07万人。此外，基于信息化技术的支撑，48家三级医院、58家二级医院、1222个基层医疗机构接入“健康山西”信息平台，在线签约30857人，远程会诊服务1170人次。

这种模式的优势在于，能够尽可能地降低运行成本，给老年人提供点对点的服务，针对老年人的各种慢性病进行诊治，从而以最小的成本实现最大的效益。

这种模式的不足在于，由于医生自身素质、专业知识所限，难以解决老年人所有的问题，有的时候还会出现一些误诊，因此仅仅能够治疗慢性病，疑难杂症还是需要去医院进行诊疗，不能做到全方位的覆盖。

（四）“医养结合综合体”模式

这种模式最明显的特征就是，把养老院与医院结合起来，这种模式相对高端，民间资本参与较多，适用于有一定经济基础的人群。较为典型的是侯马市的山西怡之福中心项目。

山西怡之福老年医养中心项目，由山西瑞景养老产业有限公司投资建设，是集养老、康复、医疗、护理、科研、创业、培训、体检等多功能于一体的融合式、综合性民生工程。被山西省、临汾市和侯马市列入“十三五”发展规划重点工程、山西省医养结合试点单位，是我省规模最大的医养融合项目，占地200亩（1公顷 = 15亩），总建筑面积27万平方米，预算总投资16.6亿元，共分医疗、养老两大功能板块，全部容纳设置3000床，将于2019年5月竣工并开诊运营。

医疗板块即山西怡之福老年医养中心医院部分，共设置医疗床位400床，牙椅5张。其中，临床科室设心血管内科、神经外科、骨科、中医康复科等重点科室，还有内（儿）科、普外科、眼科、耳鼻喉科、神经内科、妇科、产科、康复科、中医科、医学美容整容科等一般科室；同时，设影像科、检验科、功能检查科、药剂科、麻醉科、中心供应室、重症监护室、血透室、高压氧等辅诊科室。所配备的3.0T核磁共振、螺旋CT320、DSA型、直线加速器、奥林巴斯电子胃肠镜、高压氧舱、血液透析等先进的检验、检查和治疗设施设备，将适应专业发展需求，为高水平医疗活动提供强大的技术支撑。

养护板块即山西怡之福老年医养中心，设置床位2600床，根据入住人员情况分为自理区、介助区、介护区三个区。内部管理上，设养护部、康复部、生活部三个职能部门。养护区在设计和管理理念上，以“养为基础、医为保障、医养结合”为宗旨，通过“住、养、医、护、康”五位一体化的创新经营服务模式，全力营建“十分钟快速转接服务圈”，实现医疗、康复、颐养的全程、即时无缝转接；将为不同经济条件、不同文化层次、不同年龄段的老年人提供点对点、全方位、精细化服务，最大限度地满足老年人日益多样化的情感、文化和精神需求，打造具有区域影响力和吸引力的专业品牌和服务效应。山西怡之福老年医养中心项目的建成运营，对于完善侯马市的公共服务体系，提升临汾的城市功能和民生幸福指数，乃至推动我省社会化、标准化、品牌化养老服务事业发展，都具有重要意义。

这种模式的优势在于，最大限度地把医疗资源和养老资源有机结合起来，能够最大限度地满足老年人的健康需求和养老需求，从而让老年人能够具有最高的生活质量。

这种模式的不足在于，投入非常大、投入周期长、见效比较慢。因此，并不是每个地方都能够有足够的资金去推动，也并不是每个老年人都能够承担起这样的服务。

三、存在问题

2015年国家出台文件以来，山西医养结合迅速发展，形成了多种模式，也覆盖了各种人群。但是也存在不少问题，需要认真总结反思，在今后的工作当中加以解决。

（一）医养产业“小、散、乱”，缺乏规范引导

虽然山西在2016年就出台了相关政策和规范，但是由于医养产业

仍然处于发展初期，伴随着较为混乱无序的发展状态，医养产业仍然存在“小、散、乱”等现象：一是规模小。大部分医养机构都是依托于附属医院所成立的老年病科，能够容纳的床位有限，无法满足当地日益增长的老年人口和老年人日益增长的养老治病需求。二是结构散。省、市、县、乡四级联动的医养结合机制尚未形成，医养结合机构在很多地区仍然存在缺失，尚未形成体系化、规模化发展。三是管理乱。相关规范还不是很成熟，需要亟待完善；规范落地难，监管失之于松失之于软，标准细则尚未统一确立，亟待引导。

（二）政府保障负担重，财政缺口大

由于几十年之前的生育高峰，近年来老年人口急剧上升，同时与之相匹配的养老金、医保等费用也不断上升，养老金入不敷出，存在大量资金缺口，甚至不得不划拨国有资产来充实养老金库。同时，由于医养结合产业市场准入还比较高，单一的政府投入机制给政府造成了很大的负担，财政缺口非常大。迫切需要尽可能地放开民营资金进入该领域进行投资，以缓解政府负担，促进医养结合产业健康有序发展。

（三）公共资源供需失衡，闲置浪费频发

公共资源供给的品质和价格难以针对性地满足用户需求。例如，山西当前“空心村”较多，但是仍然按照普适标准建设了很多日间照料中心、农村老年人活动设施等，造成了严重的浪费。由于城镇化推进缓慢，“就地城镇化”还难以实现，公共资源总体利用率不足的现象普遍发生。对于老年人，由于小型医疗机构服务能力有限，大医院人满为患，而中小型医院门可罗雀的现象时有发生，亟待重新进行优化布局。

（四）形式单一针对性差，难以覆盖全部人群

多层次、全方位的老年人医养结合体系尚未建立。例如，90%以上老年人选择社区养老或者居家养老，但是家庭医生签约率还不足以满足这些老年人的需求。同时，对于老年人的需求分析不足，仅仅停留在老年人需要的物质保障上，对于健康需求缺乏深入了解，更缺乏合理的引导宣传机制，甚至导致一些老年人受到“保健品”等骗术误导，造成时间

和金钱大量浪费。覆盖低中高端人群的医养结合机构和服务还存在缺失,医养结合市场化不足。

第三节　推进山西医养结合的基本思路

医养结合有不同类别,有公益性的,也有营利性的。同时在城乡之间、不同地区之间的资源赋存、产业基础、用户需求也不一样,因此需要不断做好"绣花针"的精细活,充分发挥好政府和市场的作用,循序渐进稳步推进,把医养结合真正做精做实做细。

一、充分发挥政府和市场"两只手"作用

养老服务是一种准公共产品,政府必须在其中承担一定的责任,保障养老服务供给的公平性和效率性。这就要求政府要树立正确的医养结合养老服务保障理念,要在对未来养老市场的发展具有合理预见的基础上,创新体制机制,加强对医养结合养老服务的政策扶持,发挥政府在统筹规划、政策扶持、市场培育、典型示范、监督管理等方面的主导作用,制定明确可行的政策支持导向,统筹各部门职能,形成各负其责、紧密配合、运行高效的工作机制,规范养老市场,营造能够让各类主体平等参与、公平竞争的市场环境,进而形成医养结合互利共生、合作共赢的发展格局。同时,要实现医养结合养老模式的产业化发展,必须引入市场竞争机制,充分发挥市场在资源配置中的决定性作用,积极引导包括外资在内的社会资本进入医养结合产业,调动政府、企业、非营利组织等多方社会力量推动医养结合养老模式的发展,深度整合养老资源和医疗资源,建立全面覆盖、优质高效、综合连续的医养结合养老服务体系。鼓励社会资本通过独资、合资、联营、参股和租赁等多种方式参与到医养结合市场中,保持医养结合养老模式的市场发展活力,实现良好的经济效益。

二、分类施策,培育多元化健康养老市场

经过近年来各地在医养结合养老模式上所进行的丰富探索和实践,已经形成了医疗机构增加养老病房、医疗机构与养老机构合作经营以及

养老机构配置医疗资源加强医疗服务等多种方式的医养结合模式。对山西而言,要发展起适合我省实际的医养模式,需要结合我省老年人口结构及未来趋势、市场需求特点,以及养老体系、医疗体系以及财政能力等特点,因地制宜,分类施策。政府在鼓励养老与医疗卫生服务资源整合,支持多种医养结合模式发展的基础上,要加强对医养结合养老产业的统筹布局,对老年人多元的医养需求进行分层处理。优先覆盖老年人生活照料、医疗康复等最基本的医养服务需求,通过财政转移支付等方式确保中低收入家庭的患病、失能、半失能老人能够享有普惠性质的基本医养结合服务。在保障基本需求的基础上,有规划地发展健康咨询、老年旅游、老年教育等中高端服务,满足老年人多元化、多层次的养老需求。对于中高端养老服务,财政将不再补助,主要依靠市场配置资源,做到"低端有保障,高端有市场"。

三、积极整合资源,实现要素最优配置

"医养结合"养老服务模式发展的关键就是要打破养老服务系统和医疗服务系统各自孤立的现状,加强养老机构与医疗机构的衔接,实现养老和医疗卫生服务资源共享,提高资源使用效益。这就需要改革养老服务模式的管理方式,加强卫生部门和民政部门的协调合作,从而实现制度、资金、资源的跨部门统筹分配和整合。通过引导各部门发挥各自特色,支持有足够资金实力的大型养老机构兴办医、养、护一体的高端养老机构;鼓励符合条件的综合医院开设老年病科、老年病房,解决长期患病老年人的医疗护理和生活照料问题;中小型养老机构可通过与乡镇卫生院或社区卫生服务中心合作,为入住老年人提供医疗服务;住家养老的家庭可与乡镇卫生院或社区卫生服务中心建立合作关系,通过建立健康档案、上门巡视等为老年人提供医疗服务。通过以上这些方式,促进不同层次的"医养结合"养老机构共同发展,构建起以社区和家庭为平台、以养老机构和医疗机构为支撑的"医养结合"养老服务模式。

四、坚持试点带动,把握推进的时序度

从国务院出台《关于加快发展养老服务业的若干意见》以来,全国各地先后展开了医养结合试点工作。但由于面临着政策、机构、资金、机制以及人才等方面的困境，到目前为止，仍未形成一个合理有效的运行体系和机制，想要实现医养结合的各种养老服务模式仍需要进一步探索实践。开展医养结合试点工作，通过促进试点地区对医养结合养老模式进行积极探索，结合当地实际，率先构建起科学有效的医养结合网络，探索符合当地实际的医养结合服务模式，可以为医养结合工作提供有效的示范经验。与此同时，发展医养结合也要把握工作推进的时序度，坚持试点先行，在大力支持太原、大同、吕梁等市开展国家级医养结合试点的基础上，支持其他地级市或县级市积极开展省级医养结合试点工作，合理规划建设一批示范性强、特色鲜明的医养结合试点项目，科学借鉴国内外有关医养结合的先进经验做法，推进重点任务和关键环节的改革，探索形成有效的医院结合养老服务模式，力求取得试点的示范效应、规模效应，带动我省医养结合养老服务模式的全面发展。

第四节　山西推进医养结合的基本路径

围绕医疗和养老这个主体，围绕结合这个方向，围绕改革创新这个动力，大力推进医养结合，把提升服务质量、降低服务成本、扩大服务人群作为医养结合的根本目标，多措并举推进医养结合产业的发展。

一、提高医疗卫生机构的老年服务能力和水平

对于医院来说，由于老龄化的不断加剧，老年人将成为享受医院消费服务的主要群体。因此，推进山西医养结合的最为直接的路径，就是让医院能够积极适应老龄化发展的趋势，调整科室规模和服务比例，构建适应于老龄化发展、倾向于老年人群体的医疗服务体系。具体来说，就是要加快建设为老年人服务的专业医疗机构，有条件的二级以上综合医院要开设老年病科，做好老年慢性病防治和康复护理等工作；全省各级各类医疗机构要全面落实老年医疗服务优待政策，要为老年人特别是高龄、重病、失能及部分失能老年人提供挂号、就诊、转诊、取药、收费、综

合诊疗等就医便利服务。充分发挥基层医疗卫生机构的作用，鼓励为老年人提供定期体检、上门巡诊、家庭病床、社区护理、健康管理等基本服务；提高基层医疗卫生机构康复、护理床位占比，鼓励其根据需求增设老年养护、临终关怀病床。

二、推进医疗养老联合体建设

从当前看，对于老年人来说医疗资源远远多于养老资源，而且医疗体系和养老体系近乎分割独立，大大不方便于老年人。推进医疗养老联合体，就是要从根本上解决这个问题，把医疗与养老有机结合起来，从空间布局上紧密安排，从业务服务上紧密接洽，从而真正达到联合体的功能。具体而言，就是要按照就近方便、互利互惠的原则，鼓励养老机构与周边的医疗卫生机构开展多种形式的协议合作，明确双方责任，推进医疗养老联合体建设。鼓励二级以上综合医院与养老机构开展对口支援、合作共建。医疗卫生机构定期到养老机构提供医疗巡诊、健康管理、保健咨询、预约就诊、中医养生保健等服务，建立康复病床、双向转诊、急诊急救等医疗救治绿色通道，承担养老机构医务人员培训任务。

三、建立健全家庭医生签约服务制度

家庭医生签约服务是最直接的为老年人提供服务的方式，这种服务也能够通过点对点的方式紧密地进行，从而不需要基础设施的建设，避免了大量的重复建设和投资。同时，家庭医生签约还能够根据医生的专业化水平，为老年人提供各种急性、慢性病的服务，最大限度地促进老年人健康。在现有基础上，进一步健全家庭医生签约服务制度，依托基层医疗卫生计生机构和网络，开展家庭医生签约服务，鼓励入住社区托养机构、城乡老年日间照料中心和居家的老人（优先满足 65 岁以上老年居民和高龄、重病、失能、部分失能以及计划生育特殊家庭的老年人）与家庭医生建立签约服务关系，为老年人提供健康档案管理、健康教育、家庭病床、基层护理等基本医疗卫生服务，力争尽早实现家庭医生签约服务全覆盖。

四、大力发展中医药健康养老服务

老年人注重养生，中医药治疗是老年人群体中比较流行的疗法，发展中医药治疗不仅能够满足老年人对医疗的期待，而且能够推动山西中医药的发展，从而从一个侧面推动我们传统文化的传播和弘扬。具体而言，就是要积极鼓励新建以中医药健康养老为特色的护理院、疗养院，鼓励有条件的养老机构设置以老年病、慢性病防治为主的中医诊室，支持基层医疗卫生服务机构开展中医药健康养老服务。支持养老机构开展融合中医健康体检、健康评估、健康干预以及中医治未病、药膳食疗、中医药传统运动为一体的老年人养生保健、康复、护理服务；充分发挥中医药预防保健特色优势，大力开发中医药与养老服务相结合的系列服务产品。

五、推动医疗卫生机构开展养老服务

当前医疗资源错配，大医院门庭若市、中小型医院门可罗雀，而中小型医院则需要进行转型。老龄化的发展是大势所趋，也是发展的方向，为此中小型医院可以针对当地的老年人需求开设一些特色化的服务。具体而言，就是要充分利用现有闲置或利用率较低的各类医院以及闲置床位较多的一级、二级医院等资源，转型创办康复中心、老年病医院、护理院等主要针对高龄、重病、失能、部分失能老年人的康复护理专业医疗养老机构；公立医院资源丰富的地区可积极稳妥地将部分公立医院转为康复、护理等医疗机构。基层医疗机构和二级医院内设养老机构符合条件的，享受养老机构相关建设补贴、运营补贴和其他政策扶持。

六、优先发展养老机构内设医疗机构

除了在医疗结构内设置老年科室、康复中心外，有实力的养老机构也可以内设医疗机构，从而能够更好地提升养老产业专业化的服务。具体而言，就是要对养老机构内设医疗机构实施准入管理，依法依规开展医疗卫生服务。对养老机构内设医疗机构的申请，各级卫生计生行政部门要优先予以审核审批；养老机构可申请开办老年病医院、康复医院、护理院、中医医院、临终关怀机构等，也可内设医务室、护理站等医疗机构。有条件的养老机构要加强失能、慢性病的康复服务，设立康复区或康复中心，开展专业化的康复服务。鼓励执业医师到养老机构设置的医疗机构多点执业，支持有相关专业特长的医师及专业人员在养老机构规范开展疾病预防、营养、中医调理养生等非诊疗行为的健康服务。养老机构内设医疗机构属于社会办医范畴的，按照《山西省卫生和计划生育委员会关于加快发展社会办医的通知》（晋卫医发〔2015〕22号）等相关规定，享受政策扶持。

七、支持社会力量兴办医养结合机构

从当前看，民间投资活力不足是医养结合无法市场化的重要原因。医养结合机构主要由政府投资保底，公益性和营利性没有办法从本质上进行明晰，在一些应该充分由市场配置资源的环节和领域政府干预过多。因此，要积极破除这些体制机制障碍，大胆放权，为社会力量兴办医养结合机构营造更加宽松的氛围。支持社会力量开办具有医疗卫生和养老服务资质和能力的医养结合机构。医养结合机构同等享受医疗卫生和养老服务的优惠政策。鼓励有条件的地方开展一站式办理，为符合规划条件和准入资质的医养结合机构提供便捷服务。支持社会力量通过特许经营、公建民营、民办公助等模式，举办非营利性医养结合机构。支持企业积极开发安全有效的食品药品、康复辅具、日常照护、文化娱乐等老年人用品用具和服务产品。

八、逐步提高基本医疗保险保障水平

当下老年人最明显的一个顾虑，就是虽然医疗水平已经非常高，但是医保水平跟不上，医疗成本过高。因此，在积极发展医养结合的同时，也要想方设法、多措并举不断提升对于老年人的基本医疗保险保障水平，使老年人能够放下顾虑去享受当下为老年人所提供的服务。对养老机构内设的医疗机构，按照规定纳入城乡医保定点范围；医疗保险经办机构要按照基本医疗保险服务范围、项目、服务质量、结算办法等内容的协议，明确双方的责任、权利和义务，落实好国家规定的医疗康复项目纳入城镇基本医疗保险或新型农村合作医疗报销范围的政策；规范为居家老年人提供的医疗和护理服务项目，将符合规定的医疗费用纳入医保支付范围。

第五节　山西推进医养结合的政策保障

科学统筹养老和卫生两方面资源，考虑医养结合机构发展需求，从财税金融、规划、用地、人才、信息等方面全面推进医疗卫生资源进机构、进社区、进家庭，为医养结合产业的健康发展提供有力支持。

一、落实投融资和财税政策

落实好国家和我省对医养结合机构的支持政策，进一步拓宽市场融资渠道，积极探索政府和社会资本合作（PPP）的新型投融资模式。鼓励和引导各类金融机构加大对医养结合领域的支持力度，不断推出新的专业金融产品和服务方式。鼓励和引导金融和产业资本组建健康产业投资基金，对养老服务补贴、养老机构建设、医养服务设施配备、养老服务信息技术提升等给予支持。完善信用担保，创新信贷模式，利用财政创业投资引导资金的杠杆作用，有效结合引导基金和政府专项资金，建立健全有效的激励与约束机制。开展知识产权质押融资，建立政府引导、金融市场融资为主、银行融资体系相互配合的多元化资本市场，实施优惠贷款利率政策。组建医养产业交易服务机构，开展老年产业企业股改上市、股权质押融资、中小企业不良资产重组等业务，有效整合现有医养产业服务资源，实现产权有序合理流动。积极扩大购买服务范围，推进政府购买基本健康养老服务。加快制定专门针对医养产业发展的立体式税收优惠政策。鼓励各类经营主体平等参与购买服务。

二、加强规划布局和用地保障

在制定城市总体规划、控制性详细规划、土地利用总体规划和城乡规划中，统筹考虑医养结合机构发展需要，做好用地规划布局，新规划建设的二级以上综合医院应在周边相应预留养老机构建设用地。在建设用地政策中，明确用于医养机构的土地指标、用地性质、供给方式。以无偿划拨方式优先保障非营利性医养结合机构用地。以租赁、定性招拍挂等有偿方式保障营利性医养结合机构用地，并对分割转让、医养设施等后续建设条款作出硬性要求。鼓励对现有的闲置厂房、社区用房等进行改造，用于兴办医养结合机构。使用社区相关房屋和设施设备开办医养结合服务项目的，相关部门要积极协调产权单位，给予无偿或低偿使用。

三、探索建立多层次长期照护保障体系

优先发展老年人照护服务，探索建立长期护理保险制度，积极探索多元化的保险筹资模式。鼓励保险机构开发长期商业护理保险等老年护理保险产品，支持养老保险资金向养老保障的中下游延伸，促进商业养老保险向养老产业、医疗产业等领域发展，把个人寿险、养老险、企业年金、健康医疗保险、养老地产等相关产业整合起来。建立健全长期照护项目内涵、服务标准以及质量评价等行业规范和体制机制，探索建立从居家、社区到专业机构等比较健全的专业照护服务提供体系。开展医养产业标准体系研究，建立科学合理的医养产业标准体系，推动医养产业向规范化、标准化发展。扩大基本医疗保障范围，将偏瘫肢体综合训练、认知知觉功能康复训练等失能及部分失能老年人治疗性康复纳入保障范围。

四、加强医养结合人才队伍建设

做好职称评定、专业技术培训和继续医学教育等方面的制度衔接，加快落实对非公立养老机构和养老产业在市场准入、社会保险定点、重点学科建设、学术地位、等级评审、技术准入等方面同等对待的政策，对养老机构和医疗卫生机构中的医务人员同等对待。鼓励非公立医养结合机构发展专业性管理集团，建设职业化、专业化服务队伍。完善薪酬、职称评定等激励机制，鼓励医护人员到医养结合机构执业，加大专业养老人才特别是老年病医生、心理咨询师、社工师和有资质、专业性强的年轻护理员的培养和引进力度。加强专业技能培训，大力推进养老护理员等职业技能鉴定工作。支持省内高等院校和职业学校增设医养相关专业课程，加快培养老年医学、康复、护理、营养、心理和社会工作等方面紧缺专业人才。建立进修轮训机制，促进人才在医疗卫生机构与医养结合机构之间有序流动。建立针对老年人医养服务需求的综合评估和动态

管理机制，发展医养服务需求专业化评估中介机构，通过第三方客观、公正、有效地评估。

五、强化信息保障支撑

充分利用信息手段和互联网技术，整合人口管理系统和其他信息资源，建立连接省、市、县（市、区）和街道（乡镇）的养老服务信息管理系统。依托"智能社区"的建设，积极开展养老服务和社区服务信息试点，利用基本信息档案、电子健康档案、电子病历，建设养老信息平台，促进与区域养老信息管理系统连通。整合信息资源，推动信息共享，为医养服务的发展提供信息和技术支持。鼓励为老年家庭开发医疗检测和传感系统，组织医疗机构为老年人提供远程医疗服务。鼓励企业医疗机构通过信息网络建立智能化老年服务综合监控平台，为老年人提供"求救器"等智能终端产品，全天候为老年人提供应急支持、信息查询和远程医疗服务，有效提高医养服务效率和水平。鼓励探索基于互联网的医养服务新模式，提高服务的便利性和针对性。

撰写人：王　喆（负责人）

彭彦芝　王　君　李　蕾　双丽莎

第六章 山西智慧养老的实践与探索

2015年12月16日，中共中央总书记、国家主席习近平在浙江乌镇"第二届世界互联网大会·互联网之光博览会"参观期间，通过智慧养老综合服务平台给乌镇智慧养老服务中心的老人们送去了祝福："祝你们健康长寿。"由此，智慧养老开始走进大众视野，成为人们热议的话题。在我国人口老龄化、高龄化、失能化和空巢化"四化叠加"日趋加速的背景下，在国家信息化、数字化、智能化飞速发展的支持下，我国养老服务业与"互联网+"深度融合的趋势越来越明显。面对新的发展趋势，山西社会化养老该如何抓住历史机遇，有效应对人口老龄化带来的严峻挑战，成为摆在山西省委、省政府面前的一项重大课题。为此，本章聚焦智慧养老，努力为山西推进智慧养老工作建言献策。

第一节 智慧养老的背景、内涵与意义

一、智慧养老产生的背景

2008年，美国IBM公司首席执行官彭明盛首次提出了"智慧地球"的新概念。他认为，智能技术正应用到生活的各个方面，如智慧的医疗、智慧的交通、智慧的电力、智慧的零售业、智慧的基础设施甚至智慧的城市，这使地球变得越来越智能化。随着这一理念的发展，2010年，美国IBM公司又提出了"智慧城市"愿景。"智慧城市"是指利用各种信息技

术，集成城市的组成系统和服务，以提升资源运用的效率。“智慧城市”实现了信息化、工业化与城镇化深度融合，有助于缓解“大城市病”，提高城镇化质量，实现精细化和动态管理，并提升城市管理成效和改善市民生活质量。由此，“智慧城市”建设热潮在全球兴起。与此同时，在“智慧城市”建设过程中，许多城市也积极探索利用信息技术和智能技术进一步推动公共服务开展，养老服务就此搭上了智慧科技的快车。

在养老领域，“智能居家养老”这一概念开始出现。“智能居家养老”最早由英国生命信托基金会提出，当时称为“全智能化老年系统”，即老人在日常生活中可以不受时间和地理环境的限制，由智能家居为老年人提供居家养老服务。具体而言，就是指利用先进的信息技术手段，面向居家老人开展物联化、互联化、智能化的养老服务，将老人与政府、社区、医疗机构、医护人员等紧密联系起来。随着相关技术的发展，“智能养老”进一步升级演化成“智慧养老”。就此，“智慧养老”逐渐成为老龄化背景下社会化养老服务的新模式。

二、智慧养老的内涵

智慧养老的概念是由中国人民大学左美云教授于2011年提出的。由于本章的研究重点在于为山西省推进智慧养老建言献策，所以在此不就智慧养老的内涵做深入的研究。而是直接引用左美云教授在其专著《智慧养老内涵与模式》一书中对智慧养老所做的定义。智慧养老是指利用信息技术等现代科技技术（如互联网、社交网、物联网、移动计算、大数据、云计算、人工智能、区块链等），围绕老人的生活起居、安全保障、医疗卫生、保健康复、娱乐休闲、学习分享等各方面，支持老年人的生活服务和管理，对涉老信息自动监测、预警甚至主动处置，实现这些技术与老年人的友好、自主式、个性化智能交互，一方面提升老年人的生活质量，另一方面利用好老年人的经验和智慧，使智慧科技和智慧老人相得益彰，目的是使老年人过得更幸福，更有尊严，更有价值。

就其本质而言，智慧养老是依托平台和终端设备，实现政府、企业、老人、子女、义工等多类主体的互联互通，实现所有养老信息资源的归集，最终实现高效率、高质量、低成本地满足老年人物质、精神、医疗等多种需求。

三、发展智慧养老的意义

（一）智慧养老可实现养老服务产品的多元供给

一般而言，老年人不仅仅有衣、食、住、行和护理等需求，还有亲友信息及团体活动等情感需求，更进一步而言，老年人在满足上述需求的基础上，还有自我评价、社会评价等受尊重的需求。而智慧养老模式，正是通过新技术的应用，将所有可用于支持老年人养老的资源集合起来，用于满足老年人养老过程中的所有需求。同时，智慧养老对于解决老年人不愿放弃自我的独立生活、不愿意离开自己熟悉的环境而迁移到养老院生活这一问题，有独特的意义和价值。

（二）智慧养老可实现养老服务的高效、优质、价廉

智慧养老模式通过应用现代科学技术与智能化设备，实现了当老年人有任何需求时可以“一呼百应”。即老年人可以通过所持有的智能终端设备发起服务请求，服务平台能够做到全天候 24 小时响应。同时，各类健康监测设备可以提供预警式的优质服务。随着智慧养老平台链接的各类资源规模越来越大，其人均的人力、物力、财力以及时间成本将越来越低。智慧养老可以实现最高效的资源配置，最大限度地满足老年人的养老需求，为求解“未富先老”和“无人养老”两个困局提供思路和实现方式。

（三）智慧养老产业可成为拉动经济发展的新引擎

智慧养老产业是信息利用的新领域，巨量的智慧养老服务需求，为信息技术的发展应用提供了新机遇。在大数据时代，数据就是最有价值的财富。智慧养老发展过程中产生的海量数据，使得企业可通过对数据的分析、挖掘、利用，更好地指导养老产业的发展。同时，智慧养老产业的发展可促进互联网、物联网、移动计算、大数据、云计算、人工智能、区块链等多种技术的融合发展，可带动智能监测设备、智能机器人以及健康大数据服务等众多新兴市场发展壮大。智慧养老产业将成为我国增长最为迅速的热点领域之一，将成为拉动我国经济发展的新引擎。

第二节　国内智慧养老的实践与经验

由于养老习惯及模式受传统文化的影响较大，国外智慧养老的发展模式相较国内智慧养老的发展模式而言，可借鉴、可复制的意义相对较小。故本章主要从国家发展改革委社会发展司、民政部社会福利和慈善事业促进司、全国老龄办政策研究部编著的养老服务业发展典型案例汇编《走进养老服务业发展新时代》以及左美云教授编著的《智慧养老内涵与模式》等著作中，选取了一些国内智慧养老的典型经验和做法，以供大家进一步直观地了解智慧养老模式。

一、北京积极探索无介入照护模式

该模式以智能传感器为基础，通过传感器和云平台全天候监测并分析老人体征，以无人工介入的形式为老人提供照护和预警服务，发生异常后及时通知公司接警中心的监护人员和老人监护人，线下为老人提供帮助和照护。该模式的目标用户是能自主生活并且比较重视自己身体健康情况或者存在一定健康风险的老年人，通过无介入照护模式，老人能够在不改变生活习惯的条件下，了解自己的身体健康情况，对疾病等风险提前预警。该模式的特色在于这种无介入照护模式借助独特的非穿戴式、分布式居家行为传感网络进行体征监测，不需要老人改变生活习惯，使用门槛低，对老人几乎没有打扰；同时，又能覆盖主要的高风险、富信息量的居家活动，且具有多动作传感器关联的特点。另外，该模式不需要视频监控，能够有效保护老人隐私，减少老人心理负担。

二、杭州探索创新“智慧养老”服务模式

2017 年初，杭州市启动了“智慧养老”综合服务项目，启用了市级监管平台，开通了“96345100”热线，以搭建智能监管评价体系为突破口，以“市场化 +”引导支持民间资本和社会力量进入养老服务领域，以“互联网 +”积极运用大数据、物联网、人工智能等技术对传统养老服务业态进行改造升级。主要做法是“五个统一”，即统一服务商资格库、统一服

务对象、统一服务内容、统一服务标准、统一服务监管。杭州市“智慧养老”的突出特点是，有一套政府主导的制度框架和监管架构，政府可以在低成本的情况下，通过服务积分制考核办法，督促平台服务商规范自身行为，引导服务商优化基本养老服务，切实提高社会化养老服务水平。

三、宁夏积极打造“互联网+”养老服务新模式

2010年5月起，宁夏开始在全区范围内建设智能化社区居家养老服务平台。截止到2016年底，宁夏已建成1个省级社区居家养老服务指挥中心和20个市、县级社区居家养老服务信息平台，签约、协议加盟服务提供商达1260家，共提供15个生活服务大类、52个平价收费服务项目。宁夏智慧养老的主要做法：一是建立一体化智能平台。二是以政府购买服务为抓手，提供精准为老服务。三是以居家养老服务为基础，提供个性化生活服务。四是以社区养老服务为依托，开展托老服务站建设。五是集中整合养老服务资源，满足多层次居民需求。经过多年的实践和积累，宁夏养老服务平台创新出“N+3X”的养老服务新模式。N就是一个服务项目的N个服务团队。3X就是现场监督、回访监督、抽查监督的三层服务评估监管。宁夏智慧养老的可借鉴意义在于宁夏宁居通养老服务平台是全国首个以“省级为顶层设计和建设”的养老服务智能化信息平台，在省级平台建设方面积累了很多经验。因为，养老服务平台的层级越高和规模越大，其为老年人提供服务的效率就越高，成本就越低。所以，未来省级平台建设应该是发展趋势。

四、桐乡乌镇创新“互联网+”养老服务新模式

桐乡市乌镇以“原居安老、长期照护”为理念，积极推进智慧养老，主要采取了如下做法：一是统筹推进居家养老服务照料中心与市、镇、村三级“互联网+”养老服务站点建设，完善设施“保障网”。二是线上搭建乌镇“互联网+”养老服务综合信息平台，形成会员管理、服务需求评估、照护服务管理、社区服务交互、服务数据分析五大“数据库”。三是定制线下居家服务套餐，满足“社会化”需求。四是建立应急呼叫服务中心，提供“全天候”保障。五是通过线上云平台（“互联网+”养老服务综

合信息平台、远程医疗服务平台）和线下服务资源（居家养老服务照料中心、社区卫生服务站）整合各类医疗卫生资源，开展医养结合服务。目前，经过三年多的实践和探索，桐乡“互联网+”养老服务在服务空间布局方面，形成了20分钟居家养老服务半径；在服务手段和措施方面，依托乌镇“互联网+”养老服务综合信息平台，将应急救助、健康监测等智能服务延伸到老人家里；在服务模式和管理方面，针对不同评估等级的老人，制定5个有针对性的居家上门服务包，由专业服务团队上门开展长期照护服务；在服务质量和监管方面，以国家级、省级“互联网+”养老服务标准化项目建设为指导，进行标准化服务管理。

五、洛阳创新打造居家社区智慧养老新模式

洛阳市推进智慧养老的主要做法为：一是政府搭台、企业唱戏。为更好地促进企业和居家社区养老服务快速发展，洛阳市政府先后调配多种公共资源保障居家社区养老服务中心发展。建立了全市老年人养老需求信息数据库，直接供企业使用。建立了财政扶持企业发展制度，奖补资金主要用于企业硬件设施提升改造等。建立了公益性岗位保障机制，为企业的发展壮大提供了人才支撑。政府通过配置公共服务资源，为居家养老服务中心发展壮大搭建了良好平台。二是创新模式、拓展服务。洛阳市按照“信息平台+服务队伍”的方式，逐步构建了“一个网站、五个子平台”的架构（即12349居家养老服务网站、24小时呼叫平台、养老服务调度平台、远程物联医疗平台、服务支付平台、服务监管平台），逐步实现了养老服务需求与服务商家的有效对接，较好地满足了上百万老年人的养老服务需求，为老年人相继开通了名医问诊、家政服务、生活帮助、紧急救助等服务。三是强化监管、提高质量。为确保企业合法化运营，政府在提供给企业资源时，均对企业进行了签约式管理，要求企业在服务方式、服务质量、服务拓展方面均要先得到政府许可才能进行，特别是对老年人数据库的管理，要求企业提供专门的技术服务进行监管，确保老年人的信息数据不得出现泄露。

第三节 山西智慧养老的实践与探索

近年来，随着国家智慧养老政策的大力推进，山西智慧养老工作也在省委、省政府的高度重视下，在各地市市委、市政府的积极推动下，在社会各界的广泛参与下，开始进入了快速发展的阶段。目前，山西智慧养老工作已在政策引导、平台建设、产业推进等方面率先进行了实践与探索。

一、加强政策支持，引导多方力量参与智慧养老建设

随着信息化、数字化、智能化的快速发展，养老服务领域发生了一系列新变化，传统的养老模式正在悄然间向智慧养老的新模式转变。面对养老服务模式的新变化，国家层面先后出台了一系列相关政策来支持智慧养老发展，如《全国智慧化养老实验基地建设规范》《关于开展养老服务和社区服务信息惠民工程试点工作的通知》《国务院办公厅关于全面放开养老服务市场提升养老服务质量的若干意见》《智慧健康养老产业发展行动计划(2017—2020年)》等重要文件。特别是，2017年出台的《智慧健康养老产业发展行动计划(2017—2020年)》，为推进智慧养老工作指明了时间表、路线图和任务书。

近年来，山西省为积极应对人口老龄化带来的挑战，主动顺应新趋势，积极出台了一系列相关政策，健全了覆盖城乡的养老服务体系，加快了养老服务业发展的步伐，日渐满足了全省老年人日益增长的养老服务需求。具体出台的主要政策有：

2012年12月，出台了《山西省民政厅、山西省发展和改革委员会关于印发〈山西省社会养老服务体系建设规划(2011—2015年)〉的通知》(晋民发〔2012〕106号)。文件中提出："全面推进社会养老服务信息化建设。以社区居家老年人服务需求为导向，以社区日间照料中心为依托，按照统筹规划、实用高效的原则，采取便民信息网、热线电话、爱心门铃、健康档案、服务手册、社区呼叫系统、有线电视网络等多种形式，构建社区养老服务信息网络和服务平台，发挥社区综合性信息网络平台的作用，为社区居家老年人提供便捷高效的服务。在养老机构中，推广建立老年人基本信息电子档案，通过网上办公实现对养老机构的日常管理，建成以网络为支撑的机构信息平台，实现居家、社区与机构养老服务的有效衔接，提高服务效率和管理水平。”

2014 年 6 月，出台了《山西省人民政府关于加快发展养老服务业的意见》（晋政发〔2014〕16 号）。文件中提出：“支持利用社区网络化平台或设置 12349 居家养老服务信息平台，运用互联网、物联网等技术手段创新居家养老服务模式，为老年人提供紧急呼叫、家政预约、健康咨询、物品代购等适合老年人的服务项目，使老年人及时、便捷接受服务。”

2017 年 6 月，出台了《山西省“十三五”养老服务业发展规划》。文件中提出：“推进‘互联网 + 养老’信息化建设。积极推进‘互联网 + ’的应用，发挥大数据等信息科技引领作用，构建现代化互联网服务管理平台，以信息化养老终端采集数据为基础，利用互联网、物联网等手段建立系统服务与互动平台，通过整合公共服务资源和社会服务资源满足老年人在安全看护、健康管理、生活照料、休闲娱乐、亲情关爱等方面的养老需求。推行‘互联网 + 养老’，加快社区居家养老信息网络建设，依托现有互联网基础设施，构建居家养老服务信息平台、老年人居家呼叫服务系统和应急救援服务网络，提供紧急呼叫、家政预约、健康咨询、物品代购、服务缴费、线上线下（O2O）等老年服务项目，发展智慧养老社区。省级层面重点推动养老信息化管理平台建设，市级层面重点做好数据录入和更新工作，推动社区居家养老服务信息平台建设，全面推动养老信息化工程。”

二、探索多种模式，推进智慧养老平台建设

山西智慧养老平台建设的总体特点是起步晚、发展快、较分散。目前，各地市按照政府主导、市场推动的原则，结合自身实际推进智慧养老平台建设。例如，有的地市依托民政部门的“12349”热线，通过引进第三方平台服务商，进行扩容、升级，实现信息化、智能化。有的地市支持龙头企业探索建设智慧养老平台。而在县区一级，大部分智慧养老平台建设还未起步。通过查阅资料,整理了如下几个智慧养老平台建设的案例,以期为其他地区建设智慧养老平台提供参考。

(一)大同市积极推进“12349”智能化居家养老服务平台建设

大同市“12349”智能化居家养老服务平台是由市老龄办监管、市老龄产业推进办公室建设、管理和运行的以“健康管理、养老服务和生活服务”为一体的公共服务平台。该平台是以社区为中心,以老年人信息数据库为基础,以12349服务热线和老年救助终端为纽带,通过整合各种社会商家资源,为大同市居民提供各种信息咨询及便民服务,同时构建集医疗救助、生活照料、精神慰藉为一体的“虚拟养老院”,为居家老人提供全方位的上门居家养老服务。服务主要分为三大类:生活帮助、主动关怀、紧急救助。

大同市“12349”智能化居家养老服务平台拥有语音通话、可视对话、网络通信以及短信、彩信、微信等全媒体接入功能,国内正在使用的所有通信手段,都能与其沟通联络。该平台还能够通过视频监控、卫星定位、便携式传感器等技术手段,及时感知老年人的健康信息、安全信息和位置信息,提供全方位的信息保障。该平台还有云储存、云计算功能,为全市康养产业的发展提供大数据支持。与此同时,该平台能在一定的时间内完成对老人的回访,了解服务状况,保障老年人权益的同时将此次回访结果录入数据库作为对服务质量评估的依据。

(二)阳泉市以12349热线为依托实现养老服务扩容升级

阳泉12349热线于2015年10月开通。该热线以阳泉市民政局为主导,由中国电信股份有限公司阳泉分公司提供基础通信网络服务,由阳泉市宜康居家养老服务中心负责具体运营。阳泉12349热线的服务体系分为居家养老服务、社区便民服务和民政救助服务三部分。目前以开通咨询类、便民服务类、养老服务类、求助类、义工服务类、其他服务类等服务项目。该热线实行无偿、低偿、市场化运作模式,依据社会发展的客观需求和人民需求的多样性,将服务分成三个级别:一是基本服务。该服务是针对全体阳泉人的免费服务。主要提供健康咨询、就医指导、车票预订、信息查询（天气、路况、公益热线）、民政公益服务、紧急援助等。二是宜康会员独享服务。该服务是针对加入宜康会员的城区居民提供的服务。主要提供每年12次亚健康筛查，健康、评估、指导、干预，每年12次心电、血压、呼吸、脉搏检测，慢性病康复设备使用，本地就医绿色通道，动态健康档案，定点服务机构优惠，产品代购，公共食疗养生指导等服务。三是市场化运作的服务。该服务是针对城区居民提供的服务。市民可以根据各自的需求选择家政，就医陪同，太原、北京各大医院预约挂号，托老所，配餐服务，入户康复护理等服务。经过3年多的运行，该热线主要围绕养老服务进行了扩容升级，增加了多个服务功能模块。其中，宜康居家养老服务中心成立了民政公益“移动商城”，“移动商城”和社区合作，定时或不定时地在社区开展各类服务进社区活动，为广大市民提供贴心的服务。

（三）春晖之家智慧养老服务平台项目

春晖之家智慧养老服务平台是山西中港银泰科技有限公司投资的以高科技信息化为特征、以物联网为基础的养老服务平台。该平台以先进的互联网科技为依托，有效整合了政策、医养、教育、法律、电商、旅游等各类社会资源，面向老年人及其家属提供生活照料、家政服务、便捷购物、休闲体验、智慧医疗、养生保健、旅游养老、营养配餐、康复护理、亲情关怀等多项服务，让老人在家就能享受到综合性的便民服务，大幅提高老年人的生活质量。

春晖之家智慧养老服务系统包括居家养老平台、养老院管理系统平台和智慧养老电商平台等三大平台。在居家养老平台方面，依托紧急报警系统、健康管理系统、呼叫派单系统等，形成一个以家庭为核心、社区养老服务网络为支撑的居家养老体系，切实提升养老服务能力和水平。通过科学规划服务管理，全面覆盖居家老人所需的健康体检、智能监控、紧急呼救等服务。在养老院管理系统平台方面，运用“互联网+”技术，将现有养老机构改造成智慧养老机构，实现平台智能化管理。在智慧养老电商平台方面，统筹其他养老资源，选择五证齐全、天然绿色、投订保险的产品，为老人提供足不出户的购物便利。此外，通过与其他养老协会合作，提供各种旅游资源。目前，该平台已全面实现了基础设施智能化、运营管理数字化、服务体系标准化。

三、主动谋划产业，促进智慧养老产业发展

《山西省“十三五”养老服务业发展规划》中提出了构建“一区两片”康养产业战略发展格局，即在全省构建布局合理、适宜养生的“一区两片”健康养老产业格局。“一区”即以太原为中心，辐射晋中、忻州和吕梁部分市县，构建我省健康养老中心区；“两片”即以大同为核心包括朔州右玉、怀仁的晋北片区和由长治、晋城两市组成的晋东南片区，规划建设融旅游、度假、养老、医疗为一体的健康养老集群，将旅游与养老有机结合起来，既做夏季候鸟式养老的乐园，又做温暖过冬的家园。

山西省在充分发挥市场机制的前提下，通过用地保障、信贷支持、补助贴息、购买服务等多种形式，支持鼓励社会力量投入养老服务业，极大地推进了养老服务业产业化发展进程。而在智慧养老产业发展方面，山西省积极引导、鼓励和支持相关行业、企业围绕老年人健康监测可穿戴设备、康复护理、协助器具和智能看护、应急救援、通信服务、电子商务等领域，推进老年用品、产品的研发和应用，现已涌现出山西省投资集团安养养老发展有限公司、山西嘉世达机器人技术有限公司、山西久洋物联养老科技有限公司等一批智慧养老产品供应商。同时，山西省也大力支持智慧养老平台建设，现已涌现出中科同昌信息技术有限公司、山西中港银泰科技有限公司、山西智杰软件工程有限公司以及山西久远爱思普软件股份有限公司等智慧养老平台服务商。这一系列的成果为推进山西智慧养老产业进一步发展奠定了基础。

四、山西智慧养老存在的问题

一是政策规划与引导有待完善。近几年，山西省为推进养老服务业快速发展，密集出台了《山西省人民政府关于加快发展养老服务业的意见》《山西省人民政府关于支持社会力量发展养老服务业的若干政策措施》等一系列政策，总体上推进了养老服务业的发展。但目前为止还尚

未出台专门针对智慧养老的相关规范性、引导性政策。智慧养老涉及方方面面的主体，亟须政府及早出台针对智慧养老的相关政策，引导多方主体有序有效参与智慧养老发展。

二是平台建设有待进一步加强。目前，山西各地市在智慧养老平台建设方面做出了许多努力和探索，构建了各种各样的养老系统。但是在这些各具特色的智慧养老系统中，却存在大量的功能冗余。同时，也有同一个城市存在多个主体建设的智慧养老平台，且各个平台系统之间又相互独立。缺乏统一的资源整合平台，将不利于城市或城区对各系统的统一管理，也不利于养老服务资源的调度优化和有效使用。未来，应该对智慧养老的数据格式和接口进行规范和统一，以便不同系统间能够做到互联互通，在时机成熟的时候，建立省级智慧养老平台，并对各地市平台建设进行统一规划和管理。

三是智慧养老服务有待升级扩容。目前，智慧养老服务对于老年人的生理需求、安全需求这两部分基本需求关注程度很高，对于老年人的情感需求也有关注。大部分智慧养老项目都能满足老年人家政服务、护理照料服务、生活服务等生理需求和医疗健康服务、出行安全服务、居家安全服务等安全需求，少数也能满足精神需求。但实际中，老年人的养老需求，已不再局限于最基本的“老有所养、老有所医”，“老有所教、老有所学、老有所为、老有所乐”的需求日益突出。智慧养老服务供给应进一步对老年人精神、尊重及自我实现等需求升级扩容，这将是下一步山西智慧养老发展的重点内容之一。

第四节　山西推进智慧养老的主要任务

当前智慧养老正处于起步阶段，构建符合老年人群需求特点的智慧养老服务供给体系，关键在于做好顶层设计与统筹规划，养老服务的各级主体进一步明确智慧养老模式的运行机制，探索社会力量的参与方式，加强智慧化产品的开发与养老观念的更新，提供多样化、多层次的随需服务，激发老年人群的潜在需求向有效需求转变。

一、完善智慧养老模式的运行机制

智慧养老符合未来养老产业的发展趋势，构建合理规范的运行机制有利于智慧养老模式的推广和发展。

（一）形成政府部门自上而下的引导机制

政府部门在引导智慧养老发展的过程中，应逐步形成自上而下的引导机制，起到应有的宏观规划和示范引领作用。一是要构建和营造养老产业发展的良好环境。具体而言，政府应该为养老产业的发展提供必要的资金支持和相对宽松的政策支持。二是要大力推动养老产业的智能化发展，整合和引导社会力量，凝聚社会资源，壮大养老产业基础，推动养老产业的智能化发展。具体而言，要发挥政府的自身优势，引导和支持相关企业和专业技术人员整理和录入老年群体的基本信息，建立涵盖老年群体基本信息的数据库，同时数据库应该涵盖老年群体的病例信息、性格爱好以及相应的家庭信息，以期通过技术层面的优势，实现老年群体养老资源的综合利用。三是要充分发挥政府部门的监督职能，完善政府自上而下的标准尺度，通过政府自上而下的监督，形成政府监管养老平台运转的闭合区间，推进地方养老事业的快速发展。

（二）形成社区和养老服务企业的双向互动机制

积极打造社区和养老服务企业的双向互动机制。就社区养老服务而言，一方面社区养老服务要起到一个中介协调的作用，解决子女不在身边老人的基本生活保障问题，满足老年群体衣食住行等基本生活需求，同时还要担负起作为老年群体与子女之间的沟通和媒介的作用。就养老服务企业而言，主要是要打破服务系统在空间和时间上的限制，一方面要逐步构建一个系统信息平台，系统掌握社区老年群体的基本盘面，理清每一个服务对象基本情况；另一方面，逐步构建为专业服务群体提供专业的后勤服务保障机制，具体而言，一是为社区服务人员提供专业化的培训服务，二是要打破服务站单一的家政服务内容，通过信息化和电子化的服务方式为老年群体提供更多娱乐方式，满足老年群体精神上的需要。

(三)形成医疗机构与保险机构合作的医养结合机制

借助相关的养老服务平台,推动社区和相关养老服务企业建立养老信息服务台账,为医疗机构和保险公司提供数据上的支持,同时通过平台信息的数据共享,实现医院、养老机构、保险公司的数据整合。就医疗机构而言,通过平台可以全面及时掌握老年群体的基本情况,从而最大限度地确保医疗诊断的准确性。就保险机构而言,通过信息平台的数据共享,充分掌握老年群体的基本病情和现状,为老年群体做详细准确的健康评估,并相应地提供满足相关老年群体的保险险种,另外通过医院和保险公司之间的信息共享,减少老年群体报销的中间环节,加快保险报销的速度和效率。因此,通过平台建设实现了医院、保险公司、老人三方互动和资源共享,保证了相关信息的准确性和时效性,以期提升社会养老服务体系建设的质量和效果。

二、明确推进智慧养老的主要任务

(一)在智慧养老发展理念上统一认识

智慧养老包括四个方面的核心要义,一是要基于老年群体的基本需求,二是要树立助人者自助的基本意识,三是要形成自主增能、主动参与的基本理念,四是要围绕老年群体的基本需求,强化对老年人的个性化支持。同时,智慧养老中政府、企业、社区作为三个主要实施主体,对智慧养老的理解要形成从一而终、一以贯之的认识,即:智慧养老是以家庭为核心,以社区为依托,以老年群体的具体需求为基础,形成的全面、便捷、高质量、人性化的智能网络发展体系。同时应该充分认识到加强老年群体与其家庭、社区以及智能服务企业之间的联系,才能为老年群体提供有效需求,增强老年群体的生活照料水准,提高医疗保健水平,实现精神慰藉服务需求与社会供给之间互动平衡。

(二)推进智慧养老平台建设

充分运用大数据手段,整合现有各地市的智慧养老综合平台,推进建设覆盖全省域的智慧养老信息平台。同时,加强技术研发力度,鼓励和支持科研机构、高校和企业的研发与原型测试,做好技术支撑。鼓励高科技企业进行智慧养老智能软硬件设备的研发及生产,开发具有自主知识产权的核心技术和产品,优化终端检测和售后服务,提高用户满意度,实现智慧养老产业跨越式发展。

(三)明确智能技术运用的安全标准

智慧养老是依托信息网络的现代经济行为模式,以互联网技术为支撑是其核心要义,和其他智能经济一样,安全可靠是保障智慧养老服务正常运转的前提保障。老年群体对于智慧养老服务的需求是多层次、全方位、多维度的,无论是失能老人、半失能老人还是其他老年群体,对于智慧养老服务最大的顾虑无非是安全、可靠、经济、效用四个方面,其中又以安全方面最为重要,因此,从源头上消除智慧养老的安全隐患,是智慧养老发展和扩大的基本前提,因此,就政府而言,应该在信息制度和技术保障上下功夫,逐步加强信息安全立法工作,建立行业网络安全,形成互联网新技术新业务安全风险监测通报机制,才能形成强有力的安全监管合力。另外,对于企业而言,也需要信息安全维护升级,只有可靠的安全性能,才能实现智慧养老信息化平台的高效、安全运转。

(四)整合资源推进智能宜居环境建设

1. 整合社区碎片化资源

智慧养老是一个复杂的系统性工程,涉及的主体涵盖政府、企业、社会以及家庭等四个方面,同时也与志愿者、社会爱心人士的支持与协作紧密相连,密切相关。因此,如何实现智慧养老的长效有序运转,形成一体化的发展体系,才是智慧养老发展的重中之重。统筹养老服务资源,实现养老体系各部门、各环节、各维度人、财、物的有效统一,才能促成养老服务资源的优化配置,形成智慧养老服务的闭合环节,实现智慧养老服务的良性运转。

要整合智慧养老服务资源,关键节点在于以下三个方面:一是整合智能服务领域的人力资源,二是加强智慧养老的平台建设,三是有效整合服务资金,健全多方位的资金统筹渠道。只有不断加强智慧养老平台与社区医疗资源以及智能技术资源的高效整合，才能促成政府、社区、医院、专业机构、社会团体等智慧服务的供给主体，形成资金运作良好、人才保障充足、平台建设完备的现代养老服务体系。

2. 推进智能宜居环境建设

党的十九大明确指出进入中国特色社会主义新时代，我国社会主要矛盾已经转化为“人民日益增长的美好生活需要和不平衡不充分的发展之间的矛盾”。从“物质文化需要”到“美好生活需要”，从“落后的社会生产”到“不平衡不充分的发展”，关注的光圈变大了，问题的对焦却更精准。就老年群体而言，老年人对于智能宜居环境的要求也在逐年增高，构筑高标准的智能宜居环境所涉及的主体主要有企业、社区、家庭等三个部分，涵盖了智能宜居家庭建设、智能宜居社区建设以及老年公共服务设施建设等三个主要方面。在智能宜居家庭建设方面，主要围绕老年群体构建宜居、便利、安全的环境，把老年群体的宜居生活需求作为智能宜居家庭建设的根本出发点和落脚点。积极推动老年群体的无障碍通行设施的改造建设，围绕电梯、扶手、地板等老年群体重点关注的生活设施开展改造，同时加快家庭紧急救援网络建设，加快老年群体辅助设施的开发利用，鼓励安装防火、防水、防漏电等智能处理及报警系统。在老年宜居社区建设方面，围绕社区道路体系、休闲设施、活动设备等适老性改造，构建社区休闲活动安全网。在老年公共设施建设方面，加强对吃、住、行、娱等与老年人日常生活相关的公共设施的智能化改造。

（五）构建养老服务的供给体系

智慧养老服务模式的核心是为老年群体提供宜居舒适的智能化养老服务，提高养老服务的有效供给能力，提升个性化、多样化老年服务供给的水平，最大限度地满足老年群体全面发展的需求，逐步形成多层次、多维度养老服务供给体系。

1. 提供基本的日常生活照料服务

生活照料服务是最基础的养老服务，主要涵盖家政服务、送水送餐、订票、购物等基本内容。在构建养老服务的供给体系的过程中，政府要基于生活服务需求的广泛性，盘活现有存量资源，以目前城市和农村便民服务体系为基础，推动养老服务的市场化运作，逐步形成以专业社会服务机构以及营利性养老服务企业为主体，由社区服务中心辅助协调的养老服务平台。同时，要借助社会力量和闲散资源不断丰富和拓展养老服务的内容和项目，使之从单一的家政服务逐步涵盖生活护理、日间照料、代办采购、陪医送药等方面，条件成熟时逐渐延伸到心理慰藉等深层次关怀，以期满足不同类型老年群体的多样化需求。

2. 重视远程医疗服务需求

智能医疗服务是智慧养老服务的重中之重，推动家庭、社区、医疗机构的多维度、多部门的“医养结合”是未来养老服务的重点，而远程医疗服务体系建设又是当前及未来很长一段时间智慧养老发展的重要方向。所谓远程医疗服务体系，具体而言就是由环境监控设备、老人健康护理设备、老人日常生活服务等多种设备和老人体征参数实时监测系统、老人健康障碍评估系统、专家远程建议和会诊系统等多种系统构成的综合性服务体系，它以社区家庭为基本单位，以智慧养老平台为支撑，以社区医院为中心，以社区服务中心为纽带，为满足老年群体个性化需求，向老年群体提供健康咨询、疾病预防、就医预定、家庭药房、用药提醒、保健养生等服务的专业服务体系。

3. 满足老年人的精神慰藉需求

智慧养老服务体系除了满足老年群体的正常物质需求外，还需要借助智能服务系统来满足老年群体的精神慰藉需求，也就是说要借助科技物理系统满足老午群体生理和心理两方面的需求。具体而言，一是要通过智能远程视频系统，借助智能电话等设施设备，实现老年群体家庭的高效亲情融合。二是要通过大数据掌握了解老年群体个性化需求，向其适时提供天气状况、保健护理、政府的养老政策等老年群体比较关心的信息。三是要推动老年群体开展多样化、多形式、多维度的文体娱乐活动、知识讲座以及在线老年信息资源的共享，以求最大限度满足老年人的精神慰藉需求。

第五节　山西推进智慧养老工作的保障措施

智慧养老产业是互联网经济时代养老产业的一种新模式，是信息时代实现"老有所养"的一种新形式。推进山西智慧养老工作，需要从政策支持、安全保障、宣传推广、责任落实等方面加以保障。

一、加大政策支持力度

制定完善智慧养老相关优惠政策，优化智慧养老产业发展环境。积极推进政府购买智慧养老产品和服务，逐步扩大购买范围，完善服务内容，同等条件下优先采购本地化的智慧养老产品和服务。整合优化政府资源配置，完善多元投入机制，探索政府和社会资本合作（PPP）模式，积极引导社会资本参与智慧养老院建设。通过减免税费、拓展融资渠道等方式，鼓励有条件的科研机构、医疗机构、养老机构等合作建设智慧养老机构，开发智慧养老产品。培育智慧养老服务复合型人才，逐步提高智慧养老服务从业人员待遇水平。

推广政府购买服务模式。根据本地实际，研究制定政府购买智慧养老服务的政策措施，明确各有关部门职责，采用公开招标、第三方评估等方式购买服务，择优将智慧养老项目纳入政府购买服务示范项目，带动更多智慧养老服务机构积极参与。

加强土地供应保障。自然资源管理部门在制定城镇土地利用总体规划时，一并考虑智慧养老产业建设用地。为满足智慧养老建设用地需求，优先安排利用存量建设用地，优先安排年度土地利用计划。根据经营性质，可采取划拨方式供应非营利性智慧养老机构建设用地；主要以租赁方式满足营利性智慧养老机构建设用地需求，也可以采取出让方式。在符合土地利用总体规划前提下，探索采取改造利用现有闲置厂房、学校、其他建筑等方式解决智慧养老产业用地紧张问题。探索经规划部门批准，改变现有建筑用途从事非营利性智慧养老服务且连续经营1年以上的，5年内不改变土地使用性质。鼓励农村集体建设用地依法用于从事智慧养老产业。

创新金融支持方式。在风险可控前提下，鼓励引导金融机构创新金融产品和服务方式，加大对智慧养老产业的金融服务力度，增加信贷投入。积极探索股权交易市场挂牌交易、引入风投、产业基金扶持、众筹等方式，拓展智慧养老产业市场化融资渠道。积极探索采取财政资金直接补助或银行贴息方式，支持各类资本投资建设智慧养老硬件设施。建议中央银行通过运用再贷款、再贴现、优惠存款准备金率等货币政策工具，加大对智慧养老产业支持力度。积极引导政策性银行，支持智慧养老产业发展。

加大财政支持力度。公办智慧养老机构所需保障经费，应列入县级及以上政府财政预算并建立可持续的保障机制。鼓励采取公建民营、委托连锁机构管理、政府购买服务等方式，支持社会资本兴办运营非营利性智慧养老机构。探索财政专项资金支持非营利性智慧养老机构专项建设和人才队伍建设。参照扶贫贷款贴息政策，采取财政贴息方式直接补助非营利性智慧养老机构，降低智慧养老产业贷款成本。

创新税收政策支持方式。非公立智慧养老机构水、电、气、暖价格按照居民生活类价格执行，成本核算时，可以享受相应税收优惠政策。行政事业性收费方面，非营利性智慧养老机构建设免征相关费用，营利性智慧养老机构建设减半征收。智慧养老企业经认定为高新技术企业的，依法按照高新技术企业享受税收优惠政策。

发起设立智慧养老产业扶持基金。各级政府以财政资金作为引导，号召、鼓励、支持社会资本和金融机构共同出资，发起设立智慧养老产业扶持基金，主要用于智慧养老基础设施建设，也可以用于为参与发起设立机构提供担保。优化投资基金退出通道设计，通过股权转让、投资基金到期清算等方式，推动实现产业基金良性循环。

加强征信体系建设。民政、发展改革、市场监管、税务、金融等部门联合建立智慧养老信用信息平台，做到信息共享，定期对从业机构和个人的资质、信用进行评定。根据信用状况，参照国家和山西已经建立的各行业信用联合惩戒制度，建立智慧养老行业失信联合惩戒机制，联合惩戒对象为智慧养老主管部门公布的存在严重失信行为的企业和个人，联合惩戒的部门涵盖发展改革、人民银行、工业和信息化、市场监管、宣传、文明、网信、法院、检察院、科技、司法、财政、自然资源、商务、卫生健康、国资、海关、税务、新闻出版广电、银保监、证监、工会、共青团、工商联等多部门，在"信用山西"网站公布"资质名单""关注名单""失信名单"。

加大人才支持力度。智慧养老产业发展离不开高素质人才队伍，但是，智慧养老产业存在巨大的人才缺口。从就业意愿看，社会大众仍然将从事养老服务看作家政服务，高校毕业生普遍不愿从事养老服务业。因此，应加大对智慧养老专业人才培养力度，政府应采取措施支持大中专院校开设智慧养老相关专业，鼓励护理、社会服务与管理、家政学等专业毕业生从事智慧养老服务工作。宣传部门应加强舆论引导，宣传提升智慧养老产业从业人员职业形象，提高社会认同感，吸引更多的高素质人才从事智慧养老服务。人社部门应在职称评聘、工作岗位管理、工资福利等方面出台政策，提高从事老年康复治疗服务、老年心理（精神）支持服务、老年医疗护理服务、诊疗服务人员的待遇水平。

二、强化安全保障

建立健全智慧养老安全保障规范和风险评估机制。加强智慧养老信息平台数据管理和安全管控，严格规范老年人个人信息的收集、存储、使用和销毁等行为。[①] 选取自主可控的信息技术产品和专业服务队伍，增强信息系统防攻击、防病毒、防窃密能力，确保信息系统安全可靠运行。综合考虑老年人生理特点和实际需求，研发生产易于操作、安全便捷的智慧养老应用产品，提高产品售后服务水平。

---

① 张薇：《西安市智慧养老服务问题研究》，硕士学位论文，西北大学，2018。

三、注重宣传推广

加大宣传力度。全方位、多渠道宣传报道智慧养老建设的主要做法和取得的成效，加大涵盖智慧养老院、智慧社区、云平台等跨区域、跨行业、多类型的优质智慧养老项目推广力度，探索可推广、可复制的智慧养老模式，在全社会树立智慧养老新理念。鼓励培训机构、志愿服务组织等针对老年人开展信息技术培训，促进智慧养老产品在更大范围内得到使用，增强老年人自主养老能力，提高生活质量。通过微信、报纸、微博、电视等媒体宣传推广，广泛报道智慧养老服务模式典型案例，让更多人认识到智慧养老的优越性。加大智慧养老试点工作力度，结合试点工作不断完善改进智慧养老运营模式，尽快在全省推广运营。

加强面向老人的新技术培训。智慧养老产品科技含量较高，应加强对购买智慧养老产品用户的培训，着重介绍在手机、电脑、智能家居等智慧终端操作使用注意事项。通过子女或社区工作人员促进老人接受智慧养老产品与服务，提高全社会对智慧养老的接受度。加大对老年人使用智慧养老产品的教育力度，提供技术指导和教育辅导，帮助老年人快速掌握互联网技术，在老年群体推广"互联网＋"生活方式。

四、强化责任落实

建立完善评估监督制度。制定与智慧养老行业标准相配套的法律保障机制、服务监督评估机制①，强化服务质量评估和监督检查，检验标准体系的有效性、管理运行情况等。通过实地调查检查，及时查找不足，不断完善提高，保持标准体系稳定运行。

强化监督管理。健全完善相关法律法规，建立智慧养老产业准入、退出机制和监督管理制度，加大巡查抽查力度，严格规范智慧养老产业各主体行为。依托第三方评估工作机制，建立完善智慧养老机构等级评定制度。相关政府部门应根据等级评定结果，采取不同的监管工作方法，特别是应加大反垄断执法力度，维护公平竞争的市场环境。

---

① 林国旗、冯洁、樊文霞：《智慧养老标准体系建设研究》，《合作经济与科技》2016年第8期。

科技改变生活，科技引领未来。智慧养老必将改变我国养老服务分散、低效、落后的现状，极大地提高养老服务的专业化、产业化水平，从而推动传统养老方式的变革，提高全社会老年人的生活品质。

撰写人：王鹏辉（负责人）

赵建平　闫慧琴　王　璟　张兴毅

第七章　国内外养老模式的借鉴启示

养老模式是建立和健全养老体系的关键环节。一个社会选择什么样的养老模式，不仅受客观条件的限制，也容易受主观因素的影响，是传统文化、经济发展水平、人口结构、思想观念、政策导向等多种因素相互作用的结果。

随着人口老龄化大潮的快速推进，我国传统养老模式越来越难以适应日益增长的养老需求。特别是"421"家庭日益增多，子女需要赡养的老人越来越多，压力也越来越大。同时，在市场竞争日趋激烈的今天，子女照顾老人的时间受到不断的挤压，越来越少；再者，由于传统观念转变和客观环境的变化，一些老年人和子女不在一起生活。因而，在这样的背景下，探索适当的养老模式已迫在眉睫。

从渊源上来看，养老模式本质上是养老资源提供和养老服务方式的不同细化分类组合。从国际上来看，主要分为社区养老和机构养老两大类。从国内来看，国务院2013年出台的《关于加快发展养老服务业的若干意见》，将我国当前主要养老模式从养老服务方式提供的角度划分为家庭养老、社区居家养老、机构养老，符合我国国情和养老服务发展阶段的特征。

探寻适应老龄化发展的养老模式是养老服务体系建设的重点和难点。发达国家先于发展中国家进入老龄化社会，在长期的探索和实践中，形成了诸多成熟和可供借鉴的经验。本章从国际和国内两方面梳理了不同养老模式发展的先进经验，并结合山西养老模式发展现状和存在问题，以求能走出一条符合山西经济社会发展的养老发展新路。

第一节　家庭养老的国内外经验

家庭养老是以家庭为载体，以家庭成员照料为主，实现老年人的养老保障，或以家庭成员照料为主、社会照料为辅完成保障的过程。这种养老模式主要是指按照老年人传统生活习惯，实现老年人居住在家中安度晚年。就目前我国经济发展情况和社会发展阶段而言，不管在城市还是在乡村，家庭养老仍然是当前我国最主要的居家养老模式。这种养老模式自由度较高、有私密空间，其衣食住行等开支自理，无护理费，但老年人独居时安全性较差，一旦出现意外很难及时得到处理和救治。[①] 此模式一般适用于受传统文化影响较深，或是对机构养老存在一定偏见或顾虑的老人。

一、家庭养老的国外实践

在受儒家文化影响较深的亚洲国家中，特别是韩国、日本、新加坡等国家，深受中国传统孝道文化的影响，虽然较早步入现代化国家，但基于东方传统文化影响，在应对人口老龄化的过程中，都重视开发和弘扬家庭养老模式。

（一）新加坡福利刺激型家庭养老

在社会宣传上，新加坡政府大力弘扬儒家文化核心价值观，强调家庭养老的重要作用，大力营造尊老敬老爱老氛围和环境。在法律制度约束上，不断强化家庭成员照顾老年人的责任和义务，1995 年颁布《赡养父母法》，成为国际上第一个将“赡养父母”立法的国家，并于 1996 年设立了赡养父母仲裁法庭。在政策支撑上，积极出台了一系列福利政策。如政府部门专门设计一些可供一家几代人共同生活的住房，鼓励子女与

① 傅再军、商茹、赵平等：《云南城市空巢老人养老模式选择的影响因素》，《云南农业大学学报（社会科学）》2014 年第 1 期。

父母同住；推出“三代同堂花红”等税收优惠和“敬老保健金计划”等津贴政策鼓励子女积极赡养老人。①

（二）日本法律保护型家庭养老

与新加坡一样，日本养老同样重视家庭养老的支撑作用。其大力宣传和倡导的福利社会重要内容之一就是充实包括个人在内的家庭基础，并进一步强化家庭这一基本社会细胞作为国家社会安全保障系统的重要功能和作用。社会保障和养老方面的法律把家庭和家庭赡养关系作为前提条件。一是首先在制度上承认家庭或亲属之间已经形成的赡养关系法律，如《国民年金法》《厚生年金》《健康保险法》等；二是制定《老人福利法》《老人保健法》等强制家庭和亲属进行赡养的法律。②

（三）韩国道德约束型家庭养老

韩国强调儒家文化价值观，坚持“家庭照顾第一，公共照顾第二”的养老政策。因此，韩国制定了较为细致的税收优惠政策鼓励和支持家庭养老。对于赡养老人5年以上的三代同堂家庭，在继承遗产时给予税收额90%的减免；每赡养一个老人即可扣除3000万韩元的遗产税；对于需要赡养60岁（女55岁）以上直系亲属的纳税人，每年可扣除48万韩元的所得税；对于子女和父母各自拥有住房，又选择在一起生活者，可以免除一方出租或出售住房的所得税。③ 另外，韩国建设交通部发布的《住房认购制度改革方案》规定，赡养父母、岳父母、祖父母或外祖父母的家庭将获得优先购房权，最高可在申购房屋时加上3分④；本人或其配偶与直系亲属老人共同生活两年以上者，可以获得政府优惠贷款，用来购置、改造、新建住房。同时，每到中小学生的寒暑假，各地乡校都会举办“忠孝教育”讲座，向学生宣传“忠、孝、礼”等传统伦理道德。所以，韩国人从小就认为孝敬老人、赡养父母是一种神圣的义务。一旦哪个不尽孝者

---

① 胡灿伟：《新加坡家庭养老模式及其启示》，《云南民族大学学报（哲学社会科学版）》2003年第20卷第3期。

② 赵晓明：《国外养老模式产业化创新探索》，《北方经济》2012年第9期。

③ 李小健：《家庭养老支持政策的国外镜鉴》，《中国人大》2012年第14期。

④ 宁宁：《赡养老人者买房优惠》，《老年世界》2007年第7期。

被曝光，将被社会所“唾弃和排斥”。

二、家庭养老的国内实践

作为传统养老模式，家庭养老在我国有着深厚的社会文化根源，仍是当前我国最主要的养老模式。据我国较早进入老龄化社会的江苏（1986年进入）在2010年对老年人养老需求所做的问卷调查来看，在期望的养老方式统计中，家庭养老仍是老年人口理想养老方式的首选。选择与子女相邻居住和合居在一起的家庭养老的分别有35.5%和44.5%，占80%；而机构养老和社区养老仅分别占4.3%和9.5%。[①] 但随着独生子女政策的实施和经济社会的发展，“421”型家庭增多，空巢家庭大量涌现，占主导地位的家庭养老模式面临着严重的挑战。如何弘扬中国传统文化，坚持发挥家庭养老的强大功能，不断创新和深化家庭养老服务方式，全国许多地方都进行了积极有益的探索。

（一）安徽铜陵赡养协议模式[②]

改革开放以来，我国传统的家庭孝道伦理观念受市场经济的冲击，子女赡养老人的观念和意识有所淡化。针对这种情况，安徽省铜陵县从2005年起推行赡养协议式家庭养老服务，由村委会、老年协会和被赡养人子女签订家庭赡养协议，将赡养服务细化和固化，并通过司法所公证，夯实了家庭养老的基础。

其主要内容：一是经济上供养。要求子女按月供应米、油、燃料、菜钱、电费、零用钱、生活用品等；保证老人有宽敞、明亮和舒适的住房，有四季换洗的衣服鞋帽；被赡养人生病要及时治疗和照料；子女为老人购买医疗和养老保险；赡养人有义务代耕代种被赡养人的田地、山林等承包地。二是生活上照料。当被赡养人生活不能自理时，由赡养人负责照顾和护理。三是精神上慰藉。每年端午、中秋、重阳、春节等节日，子女

---

① 朱杰、陈小卉：《江苏省区域城乡养老模式引导研究》，《城市时代，协同规划——2013中国城市规划年会论文集（07－居住区规划与房地产）》2013年。

② 陈干全、辛朝惠、严方才：《我国农村养老服务的主要经验和做法》，决策咨询网2013年4月3日。

都要去看望慰问老人;平时常回家看看,与老人谈心,满足老人的精神需求。四是权益上维护。协议规定若无被赡养人同意,赡养人不能私分或侵占被赡养人的任何财产及其他合法收入。

(二)河北肥乡互助养老模式

互助养老,或称合作养老,就是以互助服务为核心,让老年人既不离开乡土,又能获得相对规范的照料服务。河北邯郸肥乡县结合农村实际,创造性提出"集体建院、集中居住、自我保障、互助服务"的"幸福大院"模式。

其主要内容:一是通过对集体闲置房屋进行改造或村集体出资建设互助幸福院。在费用上,村集体主要承担水、电、暖等日常费用;县财政主要是对院里的生活基本设施和添置日用品进行补贴。二是按照子女申请、老人自愿的原则,一类是年满 60 周岁、生活能够自理的独居老人,由其子女与村委会签订协议后免费入住;一类是孤寡老人和五保户,在自己提出申请的前提下,经村委会研究后入住。三是老人医疗和衣食费用由其子女负担,村集体不负责;县财政负责五保老人生活费。四是院内开展互助服务,共同生活,老人中年轻的照料年长者,身体条件好的照顾差的。

(三)陕西榆林集体帮扶模式

榆林市老龄办于 2008 年建立了全市首个"农村邻里互助养老服务小组",六年来不断总结经验,逐步扩大试点范围,目前已在全市 12 个县区建立养老服务试点 150 多个,志愿者 1600 多人,服务老年人 3000 多人。"邻里互助"养老就是左邻右舍互帮互助,现在我帮你,将来他帮我,代代传承。邻里互助养老服务试点工作是以解决老年人养老存在的现实困难,让老年人有尊严地幸福生活为目标。由村级老年协会组织实施,对象主要是居住在本村 60 周岁以上的需要生活照料、医疗保健、精神慰藉等服务且生活能自理的老人。目前一般服务对象确定为 70 周岁以上无子女、子女残疾智障或长期外出打工的空巢老人等三类人员,帮助那些村民公认确需帮助的人,以后逐步惠及全体老年人。根据需要服务的老年人数和居住分布情况，选择符合条件的邻里互助志愿者，以老年人的生活需求为重点，提供助餐、助洁、助医、助急等服务。服务形式主要由双方根据实际情况灵活确定，大多为上门服务，按照约定的时间、地点完成任务。这种服务模式坚持以志愿者服务为主，低偿服务和有偿服务为辅，物质奖励与精神鼓励相结合的原则。为了工作的持续稳定、增强责任性和调动志愿者的积极性，一般都给予适当报酬。报酬一般来源于四部分：一是市、县、区在养老服务业发展专项资金中补贴一点；二是村集体经济安排一点；三是被服务老年人或子女拿出一点；四是助老服务人员献爱心少拿一点。村老年协会每月检查一次，以了解情况，县、乡老龄机构进行不定期的抽查，确保该项工作的顺利进行。①

第二节　社区居家养老的国内外经验

社区居家养老是以家庭养老为基础，以社区机构为支撑，以社区照料服务为主，实现老年人的养老保障，它是家庭养老的延伸。社区养老需要由家人、社区人员和志愿者等共同承担照料老年人的责任。从模式构建来看，社区养老兼具居家养老和机构养老的优点，一是老年人在自己熟悉的家庭居住环境下，能得到社区亲情般的照料和服务；二是大量的社会资源能够得到整合和有效利用，不致造成闲置和浪费。从发展现状和趋势看，社区养老越来越受到社会的重视和青睐，尤其受到老年人的喜欢。

一、社区居家养老的国外实践

人口老龄化是经济社会发展和科学技术进步的必然趋势。发达国家先于发展中国家进入老龄化社会，从 19 世纪中后期开始，发达国家就陆续进入了老龄化社会。目前，发达国家 60 岁及以上人口占总人口的比例已达 22% 。他们在长期应对人口老龄化的实践中，探索了诸多成

---

① 王德泽：《探索农村养老服务的新途径——关于榆林市开展邻里互助养老服务工作的调查报告》，《决策咨询》2014 年第 5 期。

熟和可供借鉴的养老模式和经验。其养老模式多以社区居家养老模式为主，占老年人的比例在80%左右，并普遍建立了适合各自国情的和老年人需要的社区居家养老模式和相关配套体制机制。

（一）美国医疗照顾居家养老

美国早于1945年进入老龄化社会，在养老方面拥有比较丰富的经验，尤其是在居家养老服务方面。为使老年人能够受到全面医疗照顾，美国在1997年出台《平衡预算法案》，针对性提出PACE计划，其主要目标人群是患有慢性病的老年人，通过社区与医院、专业护理机构紧密合作，为这个群体提供有效服务和长期照料，使他们保持一种独立、有尊严、有质量的老年生活。除此之外，美国社区养老服务内容丰富，主要包括病历管理、日间照顾、家庭健康扶助、杂务服务等。同时，在社区设立家庭保健中心和老人活动中心等老年服务设施，为老人提供养老午餐与免费教育，并组织文化、教育、娱乐和旅游等相关活动，还组织老年人志愿者服务队伍为其提供服务。[①] 具体做法分为四种，分别是：①全托制的“退休之家”提供医务室、图书馆、计算机室、健身房、洗衣房、紧急呼叫系统等设施以及就餐、打扫房间、组织活动、出行安排等服务。②“托老中心”提供一人一房，阅览室、保健室、活动室、就餐等。③“互助养老”主要是指老年人之间的互助帮忙。④上门服务是指美国的家庭护理员制度，这是一个福利性的居家养老项目，由政府出钱，派家庭保健护士为有需要的老年人提供服务，且家庭保健护士必须有护理知识。

（二）英国社区照顾居家养老

英国是福利国家的先行者，政府立法明确承诺要让老年人过上体面、舒适、有尊严的生活，但随着老年人口压力不断增大，政府财政负担越来越重，这就迫使政府探索更加有效的养老模式。“社区照顾”是英国在福利政策变化下对居家养老模式的创新，包涵“社区内的照顾”和“社区照顾”两个方面。前者是利用社区资源由专业护理人员对老年人进行

① 郭竞成：《居家养老模式的国际比较与借鉴》，《社会保障研究》2010年第1期。

照料;后者则是由家人、邻居、朋友及志愿者提供的照顾。通过两个方面的照料,使老年人在不脱离熟悉的社区情况下就能够进行正常的生活。“社区照顾”资金主要由政府财政来保障,由政府支付给接受养老服务的老人与住院标准相同的补贴。①

(三)澳大利亚家庭+社区居家养老

澳大利亚的老年人养老最开始主要以机构养老为主,但随着老年人口增长速度过快,政府不堪重负,养老机构已不能满足人口老龄化发展的需要。为适应新的变化,控制养老服务费用的增长,最大限度地实施用以家庭为中心的强化服务代替养老机构服务,改进在家生活的脆弱老年人照料服务范围和质量,提高老年人的生活质量。联邦政府决定于1984年在全国实行“家庭和社区照料”计划。社区照料实行政府购买服务,服务主要由非营利机构的社区服务中心提供,包含家庭护理、照料、日间护理、送餐、协助购买、交通、园艺、维修等内容。作为此计划最成功的项目哈克(HACC)项目,目前服务约30万老年人。项目资金由联邦政府和州政府共同筹集,前者承担60%,州和领地政府承担40%。②

(四)德国“邻里之家”社区居家服务

德国是一个老龄化程度较高的国家,其“邻里之家”社区居家服务是指充分利用社区的人力与物力资源,培养和引导社区成员发扬自治和互助精神,为社区老年人创造良好的生活条件。“邻里之家”为社区老年人主要提供日常生活和文化娱乐等多种服务。其中,日常生活服务主要有疾病护理、临时照看、上街购物、家用电器修理、烹调、园艺等;文化娱乐主要是平时经常举办各种讲座和一年一度举办“睦邻节”。与其他养老服务机构相比,“邻里之家”是德国社区服务的重要载体,其服务机构特点明显,效率高,既帮助社区居民解决了实际困难,又增进了社区人与人

① 赵晓明:《国外养老模式产业化创新探索》,《北方经济》2012年第9期。

② 乌丹星:《谁在为澳大利亚老人提供服务》,《中国房地产报》2012年9月12日。

之间的情感交流。[1]

（五）瑞典自治团体社区居家养老

在瑞典，法律规定子女没有赡养老人的义务，国家承担照料老年人的责任。国家为居家老年人按需提供福利家政，程序是：第一步是居家老年人根据需要向当地主管部门提出申请，第二步是主管部门评估确认，第三步是地方自治团体主导负责养老服务实施。政府提供的家政服务主要包括安全警报、个人卫生、送饭、看护、陪同散步等。地方自治团体提供的服务不仅包括菜肴烹制、送餐到户、打扫卫生，还主要有设立日间老人活动中心，并组织老人进行文娱和体育健身等活动。政府提供的家政服务虽具有福利性质，但还要收取一定费用。地方自治团体为老人提供的服务和活动资金国家财政解决50%，老年人自己需要承担50%。[2]

二、社区居家养老的国内实践

社区居家养老，是家庭养老的延伸，也是社会化养老的前奏，是一种兼顾家庭和社会的养老模式。虽全国还没有统一的模式，但各地在具体的探索过程中，都充分结合自身实际，从不同角度，逐步形成了一些特色鲜明的模式。

（一）上海社区居家养老服务社[3]

上海是我国最早进入老龄化的城市，从20世纪80年代末就开始了居家养老的探索。其最典型做法是，在现有的行政体制框架下，以政府为主导，中间机构组织实施，服务组织具体开展，利用政府购买服务的运作机制为老年人提供居家养老服务。

其主要内容：一是政府从2004年起，居家养老服务都是为民办实事项目的重要内容，大力建设居家养老服务设施。二是率先建立科学的养

① 张慧：《国外社区养老模式分析》，《探索与交流》2012年第10期。

② 郭竞成：《居家养老模式的国际比较与借鉴》，《社会保障研究》2010年第1期。

③ 张波：《中国居家养老典型实践模式的比较研究》，《江汉学术》2013年第4期。

老服务评估考核体系。上海市早在2003年就发布了《上海市老年人照料需求评估标准》,并试行指标量化考核,以此作为享受居家养老的重要标准。三是根据养老需求,针对困难老人、特殊贡献老人、百岁以上老人、八十岁以上老人等四类老人,设立不同标准的专项护理补贴。四是政府购买社区居家养老服务社的服务,社区老人向街镇居家养老服务社申请享受养老服务。五是居家养老的服务内容包括日常生活照顾、日托服务和空巢老人、独居老人特殊服务(紧急呼叫援助、结对关爱行动等)。六是建立居家养老服务财政支持体系,将补贴经费纳入政府年度财政预算。七是积极鼓励社区失业、协保人员和农村富余劳动力加入护理员队伍,培训持证上岗。

(二)南京鼓楼区政府购买服务①

2003年,南京鼓楼区开始探索社区居家养老模式,创建"居家养老服务网",以政府购买服务形式,将其委托给社会组织"心贴心老年人服务中心"具体运作,被称为"中国式城市养老的鼓楼样本"。

其主要内容:一是政府每年通过财政预算向"心贴心老年人服务中心"购买居家养老服务。二是各社区的下岗、失业、困难人员,经"心贴心老年人服务中心"专门培训后,提供就业服务。三是高龄、独居、困难的老人(包括残疾人)是享受政府提供养老服务的对象。四是养老服务落实实行"三步走"。首先服务社会困难独居和空巢老人;其次服务社会困难特殊老人;再次服务社会其他养老实际需求。五是规定养老服务的具体方式和服务时间,由社区主任、街道老龄办干事、社区老年人协会、"心贴心老年人服务中心"督导部四方共同监督。此外,积极制定和实施《老人家庭探访制度》,并通过各种形式对老年人进行精神抚慰。

(三)大连沙河口区虚拟社会组织

2002年,大连市沙河口区在全国范围内率先创建"居家养老院",它由社区中的养护员队伍组成,是一个虚拟的社会组织。居委会里的居民

① 李凤琴、陈泉辛:《城市社区居家养老服务模式探索——以南京市鼓楼区政府向"心贴心老年服务中心"购买服务为例》,《西北人口》2012年第2期。

与养护员直接签订养护协议，养护队伍按照协议到老人家中为申请老人提供医疗、家政等各种有偿服务的养老模式。

其主要内容：一是在组织机构上，由区、街道和社区分别设立居家养老院管理办公室、居家养老院管理中心、居家养老服务站。二是在具体运行上，根据老人的不同需求，每个居家养老院由养护员和被养户对象签订协议和服务承诺，为老人提供小时服务、单项服务、日托、相谈等服务。社区医院为每个老人建立健康档案和提供检查服务，并对养护员进行养护和护理培训。三是在资金方面，区政府是养老资金的重要支撑，同时每年发行1—2次专为居家养老筹集资金的社会福利彩票，并成立各种慈善机构募集款项。此外，积极发展自费户。四是在养护费用上，政府根据社区老人经济条件和养护员岗位需求，分为四个档次给予不同的护理费用补贴。五是在监督机制上，由街道老龄委、退管站和部分老党员组成监督员队伍合力对养护员工作实行监督和检查。[①]

（四）山东威海居家呼叫中心

山东威海为应对人口老龄化挑战，积极利用现代信息技术，建立居家服务呼叫中心，整合碎片化的养老服务资源，走出了智慧养老的新路子。

其主要内容：一是依托现代通信和互联网技术建立市居家服务呼叫中心。其由威海祥云实业公司和中国移动威海分公司联合投资建成，通过热线电话12349，运用移动网络技术，整合政府职能部门、社会公益组织、为老服务企业等养老资源。二是多方合作的运营机制。首先，平台先期投资由祥云实业负责，移动公司免费为符合条件的入网用户提供并安装座机一部；其次，日常运营中每月基本话费10元由政府补贴，超出部分用户埋单；再次，对企业实行免费加盟政策，经审查合格签订质量保证协议后，其信息录入平台数据库，根据用户需要将免费为企业派单。三是完善的质量回访监督制度。中心根据反馈结果考核记录企业的信

① 张波：《中国居家养老典型实践模式的比较研究》，《江汉学术》2013年第4期。

用度,信誉良好重点推荐,失信则予以限制直至解除合作关系。①

(五)浙江庆元多元联动服务

庆元县积极应对人口老龄化问题,全面布局社区居家养老服务,设立、培育示范性居家养老服务中心,带动了全县范围内养老服务中心的建设和规范发展。

主要做法:一是"县级+乡(镇)街道+机构"的工作联动模式。以政府为主导,多元主体参与的方式,在县域范围内建设老年活动中心,各乡镇建设居家养老服务照料中心。二是"机关+社会组织+服务公司"的资源联动模式,建成机关党支部结对照料中心,结合以"城乡共建"为主要内容的"双百互动、先锋共建"活动,积极开展机关党支部与照料中心结对活动,为照料中心基础设施改善及为老服务提供帮助;依托社会组织协助做好服务工作,委托庆元县志愿者协会对居家养老服务照料中心的常态化运行工作进行评估;通过政府购买服务委托庆元县金太阳养老服务中心进行养老服务补贴服务工作,推动城乡社区养老服务机构建设。三是"养老+娱乐+健康"的内容联动模式。养老服务中心为老人提供集中就餐、医疗保健、文化娱乐、法律咨询、便民代办、邻里互助等服务。居家养老照料中心建设要求必须配备活动室、休息室、阅览室、康复室,其中必须配备的设施及器材有躺椅、电视、麻将象棋桌、健身康复器材等;县老年活动中心目前正处于运营前期准备工作阶段,拟提供生活照料服务、医疗保健服务、精神慰藉服务、文化娱乐服务、专业特色服务等,其中老年大学还拟安排特色教学,设舞蹈、地方戏曲、书法、摄影、器乐等多门类特色课程。推动城乡社区养老机构医养结合,庆元县百龄帮康馨家园养护中心与庆元县中医院签订医疗合作协议,建立医疗协作关系,为中心提供专家咨询、技术指导、授课、人才培训、转诊等服务。居家养老服务照料中心以荷地镇为试点,养老服务补贴结合乡镇卫生院,责任医生、护士到村建立健康档案,做到一人一档,真正达到了留守老人身

① 于霞、柏颜春:《让12349成为老年人的贴心"管家"》,《威海日报》2013年12月2日。

体状况底数清。

上述几种居家养老模式的实践，都是各自城市和地区根据自身的特点和情况，结合老年人的需求，因地制宜，开拓创新的结果。它不仅为老年人提供了多样化的养老服务，丰富了我国社区居家养老的实践经验，而且为我国其他地方居家养老的发展提供了很好的借鉴。

第三节　机构养老的国内外经验

机构养老是以养老机构为基础和依托，为老年人提供全面的生活保障、照料服务和社会活动的养老模式。机构养老作为现代化的社会养老模式，是现代社会发展和社会分工的主要趋势与必然结果，其与居家养老和社区养老相比，有明显的特点和优势：一是在养老机构里有专业的护理人员，老年人能得到很好的照顾；二是在养老和工作竞争压力日益加大的今天，能够减轻子女照料老人的压力。但不足之处也很明显，主要是老年人离开熟悉了一辈子的环境到一个陌生的地方与陌生的人打交道，会造成感情失落，再者修建大量的养老机构，会造成资源的浪费和重复建设。

一、机构养老的国外实践

20 世纪 70 年代的经济危机之后，发达国家在老年照顾服务方面开始转向市场化。如今，机构养老已经有了长足的发展，不仅养老院的设施和服务得到了改进，形式也发生了变化，各种层次和形式的养老机构成为居家养老有效的后备资源。发达国家大多根据老年人身体健康状态、生活自理程度及社会交往能力，对入住养老机构的老年人实行分级管理，不同级别的老年人根据对养老服务照料的不同需要入住不同类型的养老机构。

（一）美国产业化机构养老

在美国，老年人入住养老机构前都要通过严格评估，再决定适合去哪种类型的养老机构。美国的养老机构主要是根据功能来分类，主要有三类:一类是技术护理照顾型,这类机构入住的老人主要是不需要医院所提供的经常性医疗服务,但需要24小时精心医疗照顾;一类是中级护理照顾型,这类机构入住的老人主要是没有严重疾病,需要24小时监护和护理,但又不需要技术护理照顾;一类是一般照顾型,这类机构入住的老人主要是需要提供膳食和个人帮助,但不需要医疗服务及24小时生活护理服务。这三种类型养老机构所提供的服务不尽相同,能满足老年人的多层次服务需求,避免造成资源浪费。①

(二)日本多元化机构养老

日本的养老机构根据功能和服务对象的不同大体上可分为三种:一是老人特别养护之家,主要收养的对象是那些生活不能自理且家庭无力看护,但需要长期护理的老人;二是老人养护之家,主要服务对象是65岁以上的贫困和没有住房、生活不能自理的老人;三是低费老人服务院,主要是服务60岁以上的低收入夫妇,也包括由于无子女、经济以及家庭住房困难等原因不能居家养老者。养老护理机构的经费资助、日常监管主要由所在地的市町村负责。日本对养老机构分中央、县和市三个层面监管,中央政府对养老机构有详细的结构和人员配置要求,地方政府对养老机构每年检查一次。从2000年开始,日本引入第三方评价机制,对养老机构实行评估和监管。②

(三)瑞典福利型机构养老

瑞典是北欧福利型模式的创始者。该模式最主要的特点就是人人享有福利权利,并以国家税收作为福利基金的来源,社会津贴水平高。2002年,瑞典颁布了《社会福利法——2002年1月以后你将有哪些权利?》,明确规定了老年福利政策必须为老年人能够尽可能长时间地独立生活创造条件。而当老年人无法独立生活时,则可以申请入住老年福利

① 桂世勋:《合理调整养老机构的功能结构》,《华东师范大学学报(哲学社会科学版)》2001年第4期。

② 孙熠、应丹丹、姜丽萍:《国外主要养老模式介绍》,《中国护理管理》2013年第3期。

机构，由专业人员提供照料服务，并由国家负担开支。[①]

其老年福利机构分为以下几种类型：一是入户服务公寓：由入住老年人租住，由市政府社会工作部门根据他们的需要提供各项入户服务；二是老年公寓：收住生活无法完全自理并需要经常性照料，重症以及需要经常性医疗护理的老年人；三是疗养院：配备护士专门照料患老年痴呆症、晚期重症以及需要经常性医疗护理的老年人；四是类家庭：主要收住存在认知障碍的老年人。[②] 为降低支出，提高效率，瑞典引入竞争机制，议会批准了老年护理机构实行商业化经营的建议；一些大城市还建立了城市医疗保健服务有限公司，私营老年服务，为收入较高的老人提供更为个性化的服务。

（四）澳大利亚分层式机构养老

1954 年以前，国家照料老弱病残的任务基本是由慈善组织承担，政府在财政上给予支持。1954 年，《老年人居住法》出台，政府鼓励私人机构建造或购买设施齐全的住房来安置老年人，但忽视了老年人日常生活需要照顾的问题。1963 年，澳大利亚联邦政府推出养老院津贴补助计划，将相关服务人员的兴趣转到对养老院的建设上，由于服务商可以从政府得到相应的补助，在 1963—1972 年 10 年时间里养老院床位迅速增长，导致出现供大于求的现象，政府财政支出压力过大。1969 年，国家还实施了个人护理津贴，可以为居住在老年公寓的老年人提供衣食住行和医疗服务，同时鼓励老年公寓的建设，但不再提供全额补助。1973 年以后，政府对新建养老院、入院标准、财政扶持等进行了控制。1975—1980 年，政府管理的床位增长了 18%，营利性机构增长了 7%，非营利性机构增长了 47%。在此期间，部分患有老年智障症的老年人也从精神病医院转向养老院。[③]

---

① 王文：《瑞典的养老福利机构》，《社会福利》2002 年第 2 期。

② 孙建萍、周雪、杨支兰、申华平：《国内外机构养老模式现状》，《中国老年学杂志》2011 年第 7 期。

③ 曹侃华：《澳大利亚养老护理的发展概况》，《中华护理教育》2017 年第 2 期。

申请养老服务需要经过政府的综合评估，确定护理服务级别，经评估符合相应条件才能入住养老机构，该养老机构才能得到相应的国家补贴。为老年人提供服务的机构主要有两类：一类是退休公寓，这类机构提供的照料水平较低，主要针对有自理能力，需要一定医疗保健、生活照料服务的，不需要 24 小时监护的老年人，其开支纳入政府预算，获得相应的资金支持，并根据服务强度和照料等级拨款。另一类是院所式养老服务，这类机构提供较高水平的照料，如医院手术的照料、临终关怀等，对象大都是一些失去自理能力、有特殊医疗、生理和心理保健需要的脆弱老年群体，需要专业的护理人员，提供不间断的护理服务。其开支昂贵，消耗了大部分的联邦政府预算。①

养老服务的发展有其自身的内在规律，通过对国际养老服务发展的经验梳理，从中可以看出各国的养老服务模式都基本遵循着从以家庭养老为主，到开始发展机构养老，再到回归社会化养老，最后到发展更为多元化的养老服务体系这一发展道路。从当前国际养老服务发展的趋势来看，一是家庭养老越来越受到重视。欧美等发达国家提倡子女住在老年人附近，方便照顾和联系；亚洲国家受历史传统文化影响，纷纷立法加强制度建设促进家庭养老。二是社区居家养老是当前养老服务发展的主流。当前，虽然许多国家都建有不少养老机构，但社区居家养老是绝大多数老年人选择的主要养老方式。三是机构养老注重选择性，功能各有侧重。公办养老机构主要是保底线，更多地关注低收入人群和基本保障，民办养老机构主要是适合老年人多样化多层次需求。四是养老服务实现方式多元化发展。随着各国老龄化发展和养老服务的不断探索，养老服务出现了更多新的形式，如旅游养老、互助养老、异地养老、候鸟式养老等。②

① 孙建萍、周雪、杨支兰、申华平：《国内外机构养老模式现状》，《中国老年学杂志》2011 年第 7 期。

② 赵世英：《国外养老模式分析与借鉴》，《发展规划研究》2013 年总第 82 期。

二、机构养老的国内实践

机构养老通常是指将老人集中起来进行全方位的照顾，是一种完全社会化的养老模式，它是我国多元化养老服务体系的有力补充，是养老服务未来发展的新趋势。从当前来看，养老机构主要分为三类：国家创办的公办养老机构，乡镇、社区、村、街道办的集体所有养老机构，以及企事业单位或个人所创办的民办养老机构。①

（一）北京公建民营模式

针对现有公办养老机构服务水平差、管理不规范的情况，北京打破政府统管统包的做法，通过承包、租赁或以资金和技术入股合营等多种形式，交给社会力量管理和运营，为养老服务事业发展注入了蓬勃的生机和活力。

北京通州区从 2001 年开始，进行"公办民营"改革，以宋庄镇敬老院为试点进行个人承包经营。房山区出台《房山区社会福利机构公办民营的指导意见》，2003 年在琉璃河敬老院进行试点。丰台区采取承包、租赁、合营的形式，将由政府承办经营的养老机构转变为"面向社会、自主经营、自负盈亏"的公办民营形式。"公办民营"，打破了国家包办社会福利事业的局面，推动了养老机构多元化发展。

（二）浙江嵊州多层次民办模式

近年来，嵊州市大力发展民营养老机构，实现投资主体多样化，机构和床位数都超越公办养老机构，成为县域养老模式发展的典型样本。

嵊州民办养老机构坚持适宜居住、舒心休闲标准，通过亲情式服务，力图为老人营造家的氛围，其特点是"小而精""小而特""小而美"。全市民办养老机构主要有大、中、小不同规模和高、中、低不同档次，基本满足了嵊州市内现阶段不同层次、不同需求的养老服务，并向周边县市甚至外省市辐射。

① 陈干全、辛朝惠、严方才：《我国农村养老服务的主要经验和做法》，决策咨询网 2013 年 4 月 3 日。

（三）河南爱馨“医养结合”模式

“医养结合”是一种有病治病、无病疗养，医疗和养老相结合的新型养老模式。河南爱馨养老集团，作为专业养老服务机构，把医院建到养老院，积极探索“医养结合”之路，取得了社会和市场认可。

其主要做法是：爱馨阳光城养老社区引进郑州第九人民医院，打造“医养结合、分级护理、康复理疗”的养老服务模式。一是建设医养结合综合大楼，设置养老护士和养老护理员。养老护士主要负责老人的医疗服务，养老护理员负责老人的生活照料服务。医生24小时值班，有直通医院的呼救系统。二是结合多年为老服务经验，自主创建失能老人护理规范化、流程化、可执行等标准化体系。三是为满足身体状况较差、又不能和家人及子女分开居住的老人的综合养老需求，专门设立居家养老公寓，使老人在享受天伦之乐的同时又能得到很好的护理。四是配套完善的文化娱乐设施和康复理疗设施。养生会所根据老人的健康状况为老人搭配养生食谱，养生餐厅为老人宴请聚会提供各种需求的用餐环境。

（四）北京太申祥和山庄高端会员制模式

北京太申祥和山庄国际敬老院，是全国首家推行会员制养老模式的敬老机构，是高端老年人群的养老模式。其1999年10月开始试营业，如今已有近1000位老人在此居住生活。

其主要做法是：一是养老山庄实行会员制。在自愿原则下，符合条件的老人缴纳一定的会费，经院务会审批通过即可成为会员。二是会员可享受山庄提供的专属客房居住权，同时免费使用康乐场所；根据押金数额确定会员级别并挑选房间。三是山庄所有房间均设有应急呼叫系统，24小时热水供应，电视、电话、空调等一应俱全，每天有专人打扫卫生、护理，还有老年餐厅、各种娱乐设施等。四是山庄借助自身的资源优势大力发展包括餐饮、度假、养生、旅游、会所等相关业态，为老人提供养老服务。

从养老服务模式的发展轨迹、现状和趋势来看，家庭养老是社区养老的基础，社区养老则是家庭养老的依托和延伸，而相对于家庭养老和社区养老而言，机构养老又具有无法替代的作用，是一种重要的支撑。我国人口众多，地区经济社会发展水平不同、区情省情不同，单靠一种养老模式无法满足老年人养老需求。要建立适合我国国情和不同区域及不同发展阶段老年人需求的养老服务机构，还需要我们在实践中不断摸索。

第四节　其他养老模式的国内外经验

一、其他养老模式的国外实践

（一）美国“以房养老”模式

“以房养老”在国外有较长时间的实践历史，它起源于荷兰，目前最典型的、发展最成熟是美国的“以房养老”模式。

美国“以房养老”模式产生于20世纪80年代，当时美国社会涌现出大量的“房子富翁，现金穷人”现象。房产价值转换抵押贷款计划（HECM）、住房保留计划（Home Keeper）和财务自由计划（Financial Freedom），共同构成了美国的“以房养老”模式。其中前两种是由公营机构推出并由政府担保的，最后一种是私营机构推出的；从适用对象上看，HECM计划主要适用于拥有较低价值房产的借款者，Home Keeper计划适用于拥有中等价值房产的借款者，而Financial Freedom计划适用于高档房产的持有人。

HECM是由美国住房与城市发展部设立的，由美国联邦政府提供担保。申请该项目的老年人必须首先签订贷款协议，即可将他们所拥有的房产价值的一部分变现，并且该贷款协议获得了联邦政府的免税核准。由此，老年人通过该项目转换住房资产并获取养老金，而不用出售或搬离他们的住房，体现出较大的灵活性。

Home Keeper与HECM基本相似，但更为灵活。一是Home Keeper按照市场利率计算当月利息，体现出很强的动态性；二是Home Keeper的限制条件比HECM还要少。但Home Keeper的利率优惠程度不如

HECM,所以 Home Keeper 更适合具有较高房产价值的借款人。

Financial Freedom 是一种更强调营利性的住房反向抵押贷款项目,主要面向拥有高档住房的老年人。签订借款合同后,借款人可以一次性得到一大笔资金;该项目的另一特色在于其“房产价值分享条款”,即借款人可以保留最高可以达到房产价值80%的房产,而且后代可以继承该部分。①

(二)瑞典旅居养老模式

“旅居养老”是候鸟式养老和度假式养老的融合体,是一种旅游+养老模式。老人们可一边养老一边旅游,以达到既健康养生又开阔视野的目的。

瑞典马尔默 Bo01 生态住宅示范区位于瑞典马尔默市的西码头,是生态节能项目。该小区采用了散落式规划,建筑产品多样化与功能的复合开发,保证了社区居住人口的均衡性以及地区的经济活力。社区的户外环境以水为基本要素,包括浅水广场、台阶式休闲码头、临水散步长廊、亲水日光浴平台、高空跳水平台、水上蜘蛛、小瀑布、溪流湿地等,为市民创造了多种与水景对话的机会,创造宜人的生活环境。马尔默 Bo01 生态住宅示范区通过一系列新型的可再生资源及风景园林,打造一个绿色环保社区,改善居住生态环境,保证业主的健康,为业主创造一个健康的居住环境。

(三)英国养老金融模式

英国作为典型的资本主义福利国家,又是著名的国际金融中心,自20世纪70年代便开始进行养老金市场化改革。中国证监会研究中心田向阳认为英国政府在养老金制度改革中所表现出的决心是最大的,行动也最彻底。其主要表现在:引入第二支柱职业养老金计划、第三支柱个人养老金计划和建立国家职业储蓄信托 NEST。最大创新是在税收优惠政策的基础上进一步引入“协议退出”机制,鼓励全体国民加入养老保险

---

① 刘杰锋、朱沙、曾胜:《以房养老:理念、模式和经验》,《西部论坛》2014 年第 3 期。

第二、第三支柱。

自20世纪70年代以来，英国政府不断地改革传统的福利型养老金制度。首先，将私人养老金DB型计划向DC型计划转变，发展多种形式的私人养老金计划，积极鼓励多元主体参与养老金计划的供应与管理。在1986年《社会保障法案》中英国政府开启了从公共部门向私人部门转移养老责任的序幕，推出了个人养老金计划APPs，建立起了一个完全积累式的个人退休储蓄账户，并把该账户管理运营权限交给私人管理机构例如保险公司、银行、共同基金等管理；并且为了实现私人养老金计划的广覆盖目标导向，同时设计了两项低成本的养老金计划即存托养老金计划和国家职业储蓄信托计划NEST，以《2008年养老金法案》为标志，强制性规定所有符合条件的在职雇员都必须参加职业养老金计划，自2012年起施行。自此，私人养老金计划已覆盖至全国不同收入水平的居民，共同构成了英国养老金融体系的主体。

从英国养老金制度市场化发展轨迹看，改革覆盖率极其广泛。英国政府在每一项养老金计划的建立同时都辅之以立法保障，明确了英国当前和未来养老金制度改革路径及发展方向，即建立广覆盖的职业养老金计划，大力发展个人养老储蓄，使其独立于公共养老保险体系。①

（四）加拿大长期护理养老模式

加拿大为改善传统老人护理系统的缺陷，在借鉴美国经验的基础上，开发了老年人综合护理系统（system of integrated care for older persons，SIPA），维护和促进老人的自主权，提高社区护理的利用率，整合医疗和社会服务。SIPA有自己的预算、人事和治理结构，它的显著特征是在公开的管埋和资助制度下，充分尊重加拿大医疗系统的基本原则，以患者为中心，通过以社区为基础的多学科团队（multidisciplinary team，MDT），为生活在魁北克地区蒙特利尔市的老人提供基于社区的、全方位、整合的社区和机构护理，即一级、二级医疗服务和社会服务，包括短

① 杨秀玲、邸达：《国外养老金融业发展的经验及借鉴》，《经济研究参考》2014年第52期。

期急性护理、日间医院、预防康复、药物治疗、姑息治疗、救护车运输、家庭健康护理(看护、物理治疗、职业治疗、营养服务)、家庭社会关怀(家政服务、社会工作、心理服务)、技术援助、家庭住房,协调医院和养老院等机构的长期护理等服务。

进入SIPA的老人,必须进行全面的老年学评估,符合要求的方能进入,入选人群是社区居住的老年体弱者,包括残疾早期的老年人,MDT与老人的家庭医生进行合作,签订一系列的循证跨学科协议。护理计划必须由MDT成员达成一致后方可实施,为了迅速满足老人的需要,避免不适当的医院和机构护理,MDT随时调动资源,提供家庭和社区护理,以及24小时随叫随到服务。个案管理员负责与家庭医生联络,积极关注老人的整个护理轨迹,确保护理的连续性,并帮助老人在医院和社区之间的转诊。SIPA鼓励老人继续与自己的家庭医生联络,每位家庭医生负责1—10位老人,除了支付常规的服务费用,在政府的补助下SIPA按每位患者400美元/年支付给家庭医生,以弥补其与团队沟通所花费的时间。SIPA在社区以及医院等机构保持临床责任制和问责制,并监控协议内容的实施。SIPA的成功之处在于贯彻服务始终的个案管理,辅以完善的临床指南和信息系统,以及对SIPA覆盖的医疗和社会服务实行人头预付的财政制度。研究表明,SIPA控制成本的作用一般,但是降低了所有以医院为基础的服务(急诊、门诊和住院服务)的利用率,家庭和社区护理利用率增加,老人满足感得到提升。①

(五)美国"医护养休"一体模式

美国的养老社区具有典型代表性的CCRC(Continuing Care Retirement Community,持续照料退休社区)模式,主要将养老社区分为五种:一是活力居住社区:通常是针对55岁以上,身体健康、能完全自理的老年人。居民普遍拥有一种独立的生活方式——以养为主。二是独立居住社区:为生活可以完全自理的老人设计,是一种有入住年龄限制,提供

① 王林等:《国外长期护理模式对我国医养结合养老模式的启示》,《南京医科大学学报(社会科学版)》2017年第1期。

基本生活服务的社区——以养为主。三是协助居住社区:为生活可半自理的老人设计,由受过专业训练的员工为老人提供日常生活起居服务——养、护结合。四是护理型居住社区:为失能老人等生活无法自理的老人设计,提供24小时护理和医疗保健服务。五是持续看护社区:为高收入老人提供全方位或定制化的保健和医疗服务,由独立居住物业、协助居住物业和护理居住物业共同组成——以医为主。①

二、其他养老模式的国内实践

(一)杭州"以房养老"多选模式

杭州的"以房养老"提出了四种可供选择的方式:一是"租房增收养老"方式,指将有住房产权且独居的老年人安排到敬老院居住,将其原住房对外出租,租金用于增加老年人日常开支费用;二是"售房预支养老"方式,该种方式将拥有住房产权且独居老年人的成套住房出售,并将房屋出售收入全部用于老年人入住敬老院和日常开支费用;三是"退房补贴养老"方式,是指将居住不成套直管公房老年人的房子退还给房管部门,然后房管部门按照市场价对老年人给予补助,供老年人入住敬老院;四是"换房差价养老"方式,是指将处于较好地段的独居老人的直管公房出租,另选地段略差的房屋租赁给老年人居住,由此带来的房屋租金地段差价用来增加老年人日常生活收入。②

(二)襄阳"旅游+养老"模式

"旅居养老"是"候鸟式养老"和"度假式养老"的融合体,追求旅游目的、旅游行为、旅游效果的健康、环保和舒适。襄阳市鑫农源国际颐养中心将互联网技术优势与传统的旅游度假养老产业相结合,打造了襄阳市最大、服务最完善、环境最优美的现代化养老机构。中心规划占地总面积约330亩,建筑面积3万平方米,养老床位2000张。投资2000万

① 邓用林:《"医护养休"一体化养老地产开发模式研究》,硕士学位论文,西安建筑科技大学,2014。

② 黄聪、孙志、马金鸽:《新型养老模式发展思考:基于部分城市的实例分析》《中国社会保障》2011年第5期。

元将原有5000余平方米的住宅楼改造为居家型养老用房，另外配套建设20栋高端养老公寓，以满足不同阶层老年人居家养老的需求。“为老年朋友在全国安一个流动的家”，始终是襄阳市鑫农源国际颐养中心的服务目标，并将“发展生态农业，助力养老产业”设定为企业的新发展方向。

同时，为了更好地服务老年群体，鑫农源开发了覆盖全球互联网养老床位统一预订或销售的“康养旅居宝”网络平台（网络商城及手机APP）。将养老企业及健康产品企业的资源进行整合，将整合的实体资源进行线上共享，包括床位、疗养场地、消费产品、老年服务、老年旅游、老年咨询、老年地产、老年保险、老年金融、老年娱乐文化、特殊老年产业等。通过“康养旅居宝”平台，老人可同时满足生活护理、医养护理、睡眠管家、学习娱乐、酒店服务、旅居度假等六大核心需求，盘活了全国各地养老资源，增加了资源利用效率，享受了“共享经济”的红利。老年人能根据自己的爱好、意愿来安排行程，增加旅行的意义，这也符合现如今很多老年人及年轻人的生活方式，实现了生理、心理和环境等方面的完全健康。

（三）台湾多轨制养老金融模式

台湾地区的养老金融市场倾向于“多轨制”，针对不同人群的不同需求提供了丰富多样的养老金融产品，如信托、保险、理财等。

一是信托金融产品。信托养老是将个人财产委托给信托机构管理，通过信托公司满足其养老需求。信托具有独特的财产保护和破产隔离功能，通过财产管理让老人享受到信托工具所带来的经济效益，如退休养老信托、遗嘱信托等。退休养老信托通过二次委托和直接投资的方式联系、整合相关的养老产业资源，为老人提供养老护理、医疗康复等产业链服务。遗嘱信托则是遗嘱人生前设立的、在其死亡后才发生效力的信托，为立遗嘱人配置及管理身后财产，达成遗愿，实现财富传承功能，减少纷争，并避免巨额的遗产税。

二是保险养老产品。台湾金融市场上的养老保险产品分为年金保险和非年金保险。年金保险的寿险公司将定期给付年金至被保险人身故为止,分为递延年金保险(适用于青壮年,缴交保险费一段时间后至特定年龄方可领取年金)和即期年金保险(适用于老年人,缴足保险费后次年即可领取年金)。非年金保险侧重于为老年人提供养老保障服务,其中,长期看护保险在被保险人符合长期看护状态后会定期给付看护保险金,而终身医疗保险在被保险人因疾病或伤害而住院接受治疗时给付医疗保险金。①

(四)上海医养结合模式

上海金山颐和苑老年服务中心引进被称为"世界最幸福的老年人"所在国度——丹麦的养老理念和养老模式,与丹麦著名慈善养老机构"丹麦执事家园(简称 DDH)"合作管理,为中国老年人提供精神和物质需求、生活方式和愿望。以"家"为目标管理,"田园"为生活环境,摆脱以往国内养老院呆板保守的风格,将中华民族传统的居家养老和新兴的机构养老的优势集聚在一起并融入高端住宅概念,实行居家型养老、疗休式护理,为老龄朋友的居住空间营造"奢与适"的完美体验。规划建设了一座 200 张床位的老年医院。在一期中,设立医疗站、理疗保健中心,并聘请有资质的专业保健医生与护士为院内老年人提供及时性的基础化医疗服务。同时,颐和苑还与上海三级甲等医院建立长期战略协作关系,实现医疗资源共享,并为院内老年人预约诊疗或转院开设绿色通道。

(五)上海消费养老模式

上海德浓信息科技有限公司是国内最早以消费养老为主要服务内容的价值转换平台。他们设计了一套"消费养老"的运营机制,中国老龄事业发展基金会作为受托人,天弘基金管理有限公司进行养老金管理,工商银行上海分行担任托管人和账户管理人。由上海德浓科技、天弘基金等机构共同推出的中国首个消费养老金合格计划,正式与广州电信达成合作,试行推广广州电信积分兑换消费养老金活动。

---

① 吴锡扬、黄灿云:《国际养老金融发展经验及启示》,《福建金融》2016 年第 5 期。

上海德浓信息科技有限公司作为内地首家以消费养老为主要服务内容的价值转换平台,将负责该消费养老金合格计划流程前端的消费者和让利商家身份认定、消费者与让利商家交易信息反映和记录、商家让利资金权益转移信息记录、信息归集和处理等,实现消费信息的记录、保管、转换、查询,将返利折算成现金。在后端建立类似企业年金的信托型消费养老治理架构,与中国老龄事业发展基金会、工商银行、天弘基金共同推动计划的顺利实施。

用户通过下载并注册上海德浓信息科技有限公司手机软件,授权并选择将商家让利资金转换成个人养老金,便可以拥有个人养老金专属产权账号。注册后,用户选择捆绑广州电信账户,在广州电信每一笔消费后产生的积分就可在平台上兑换成“小金”,由“小金”按比例兑换成养老账户内的现金。前一个环节的“小金”兑换比例由广州电信规定,后一个环节则由德浓规定:100 小金 =1 元。如此一来,消费者所有的消费记录,消费的数额再小,也可以通过平台转换成直观的现金。

第五节　国内外养老模式对山西的经验启示

我国作为最大的发展中国家,于 20 世纪末迈入人口老龄化国家的行列,在养老问题上与发达国家不同的是,中国是未富先老,山西也不例外,在 21 世纪初就迈入了老龄化社会的门槛,特别是随着老年化步伐的加快,养老压力日益增大。如何养老,采用什么样的养老服务方式最适合,什么样的养老模式结构最为科学,什么样的养老政策最为有效,山西近年来一直在不断地积极探索和实践。2014 年 6 月,山西出台《山西省人民政府关于加快发展养老服务业的意见》,为山西养老服务中长期发展绘制了美好的蓝图,提出到 2020 年,全面建成以居家为基础、社区为依托、机构为支撑的,功能完善、规模适度、覆盖城乡的养老服务体系。全省养老床位达到 19. 5 万张,每千名老人拥有床位达到 35 张。农村 60% 以上社区完成日间照料幸福工程,119 个县(市、区)全部建立区域性养老服务中心；城市社区全部建成日间照料机构，60%以上社区建立居家养老服务中心。社会养老服务组织和社会工作者、志愿者等基本覆盖老年人所需的生活照料、医疗护理、精神慰藉、紧急救援等诸多需求。从服务方式提供来看，家庭养老、社区居家养老、机构养老是山西当前应对人口老龄化的主要养老模式。通过国内外典型养老模式的探讨，对完善山西养老模式发展有如下经验启示。

一、强化产业扶持

为使社会力量成为主力军、加快发展养老服务产业，山西省近年来陆续从财政扶持、用地需求、风险防范、税费优惠、人才保障等方面出台了一些具体政策措施，积极鼓励并扶持民间资本、社会组织、企业法人等社会力量参与发展养老服务业，养老服务产业发展取得了长足的进步。

（一）完善政策体系，加大产业扶持力度

继2014年6月9日出台《关于加快发展养老服务业的意见》（晋政发〔2014〕16号）后，山西省政府及有关厅局又相继出台了《关于支持社会力量发展养老服务业的若干措施的通知》（晋政发〔2015〕39号）、《扶持民办养老服务业发展财政贴息暂行办法》、《关于公办社会福利机构聘用护理人员基本薪酬待遇的通知》等11个配套文件，太原、大同、晋城等市制定了数十个落实文件。这些政策的出台将有望助力我省养老服务产业突破瓶颈。

（二）增加建设补贴，提高财政补助标准

从2015年起，山西省对社会力量举办的非营利性养老机构，符合建设标准和资质条件、运营满一年的，由省财政给予5000元/床一次性建设补助，由许可部门的同级财政按照自理、半失能、失能老人分别给予每人每年1200元、1800元和2400元的运营补贴；省市两级财政每年拿出2000万元用于对民办养老服务业项目贴息扶持，2015年全省有6家民办养老机构贷款1.7亿元，省市财政贴息共计1000余万元；实施以奖代补制度鼓励社会力量投资养老服务，对社会力量投资分别在5000万元、1亿元、2亿元以上的养老服务设施，符合建设标准和资质条件、运营一

年以上的，由省级福利彩票公益金分别给予一次性300万元、500万元和1000万元的奖励，市级福利金再给予不低于以上标准30%的奖励。

（三）统筹土地供给，保障产业发展需求

对社会力量兴办养老服务建设项目，国土部门优先给予用地保障。经养老主管部门认定的非营利性养老服务机构，其养老服务设施用地可采取划拨方式供地。农村集体经济组织可依法使用本集体所有土地，为本集体经济组织内部成员兴办非营利性养老服务设施。每年养老服务机构项目建设涉及新增建设用地，由各市统筹安排，应保尽保，各市用地计划指标确有困难的，可申请使用预留建设用地指标。

（四）减免相关税费，加大税费优惠力度

对养老机构提供的养护服务免征营业税，对非营利性养老机构自用房产、土地免征房产税、城镇土地使用税，对符合条件的非营利性养老机构取得符合条件的免税收入按规定免征企业所得税。对企事业单位、社会团体通过公益性社会团体或者县级以上人民政府及其部门向非营利性养老机构的捐赠，符合税法规定公益性捐赠条件的，在年度利润总额12%以内的部分，准予其在计算应纳税所得额时扣除；对个人通过上述途径向福利性、非营利性的老年服务机构的捐赠，在缴纳个人所得税前准予全额扣除。对非营利性养老机构建设全额免征有关行政事业性收费，对营利性养老机构建设减半征收有关行政事业性收费。

（五）试点责任保险，防范产业发展风险

为了降低养老机构的运营风险，维护老年人的合法权益，山西省根据国家有关文件精神，在太原、晋中、运城、晋城等市进行了养老机构责任险工作试点。目前来看，我省养老机构责任险保险覆盖面大、理赔款额高、缴纳保费少，而且省民政厅支出100万元省本级福利彩票公益金用于养老机构的缴费补贴，各方面都领先于全国为数不多的已开展责任险的省市。2015年底，山西省共有97家养老机构、12000余张床位参保责任险正式起保，目前运营良好，计划2019年在全省养老机构全面推开。

二、统筹社会资源

养老是一个系统工程、牵扯面广，现有养老服务和管理工作的体制机制远远不能适应养老服务发展的需求。为适应养老服务和事业发展的客观需要，建立健全养老社会工作管理的体制机制，鼓励社会力量参与养老事业，社会化养老格局基本形成。

（一）引导社会力量，推进主体多元

通过政策引导、财力支持、工作指导，鼓励社会力量采取独资、合资、合作、股份制、个人承包等形式，投资兴办养老福利机构，为老年人提供健康、半护理、护理多层次服务，形成服务主体多元化新格局。

（二）吸引社会资金，夯实养老设施

鼓励社会各界主动捐款捐物，资助老年人机构的建设、老年人活动的举办等，促进养老服务的发展。

（三）深化机构改革，推动养老市场化

通过不断深化改革，采用市场化运营模式，盘活公办养老机构存量。大力推广街道托老中心"公建民营"的管理模式，把建成的街道托老中心向社会招标，由街道与承办的中介服务组织签订合同，区民政局、街道负责共同监督指导托老中心的日常管理工作，实行民营化管理，区、县级市福利院实行市场化运营。

（四）培育中介社团，完善服务形式

积极探索"社会福利社会办，老人设施老人管"的社会化管理模式，成立和培育不同形式的老年人社区社会组织，在区老龄办的指导下，巡检各社区老年之家，保证建成的福利设施和公益活动场所充分利用和正常运转，有效发挥养老服务的功能。各级慈善会与医疗部门合作，开展"慈善医疗进社区"活动，为居家不便的老人提供上门体检和送医送药活动。组建义工队和青年志愿者，提供新型养老服务，充分整合养老管理和服务资源，科学规划和调整民政部门、老龄委等有关涉及养老服务和管理的有关职能，重新设置职能定位，防止碎片化，加强养老服务的统一管理。

（五）明确职责定位，构建联动格局

明确政府、市场、社会和家庭在养老问题上的职责和定位，建立健全以老年人为核心，政府、市场、社会和家庭各司其职、各尽其力、互相协作的体制机制。

三、完善发展结构

从国际和国内养老服务发展的经验来看，建立什么样的养老模式，养老模式结构是否合理和科学，是能否满足人民日益增长养老服务需求的关键所在。从当前时代发展角度看，建立以居家养老为基础、社区养老为依托、机构养老为支撑的养老模式体系，打造“橄榄型”结构可能最为稳定和科学。

（一）巩固发展家庭养老

我国是东方孝道文化的根源，山西是华夏文明的主要发祥地之一，家庭养老是中华民族的历史传统和优秀美德。家庭不仅是老年人物质生活的主要场所，也是他们精神生活的主要寄托，老年人的家庭观念牢固，特别是对于山西这样地域文化观念浓厚的地方来说则更为严重，因此家庭养老模式在山西一直占主导地位。然而，受家庭结构急剧变化和市场经济冲击的影响，家庭养老模式正面临着严重的挑战，家庭养老功能逐渐弱化。在城市，生活节奏的加快以及竞争压力的不断加剧，年轻人对父母的照顾不断减少。比如在太原，全市年满 60 岁以上的老年人中，空巢老人有 35 万人，占老年人数的 54.8%，迫切需要日常生活护理和照料；在农村，随着青壮年大量涌入城市打工和生活，更多的老人留守农村无人照顾。这都对山西传统家庭养老方式造成了严重冲击和影响，虽然当前家庭养老还占绝对主导地位，但同全国一样，其在养老模式结构中的比重面临着断崖式下降的风险。

因而，要创造各种条件继续巩固和完善家庭养老模式。启示：一要大力弘扬孝道文化，营造尊老良好社会氛围，不断强化子女对老人的赡养观念。二要借鉴新加坡、日本家庭养老经验，加强养老地方立法，从法律上为家庭养老奠定制度基石，以地方法规形式规范子女赡养老人的义务,夯实子女赡养老人的法律责任和义务。三要借鉴安徽铜陵经验,创新家庭养老服务方式,用家庭养老协议书的形式将赡养服务进行细化和固化。

(二)大力推进居家养老

目前山西省社区居家养老探索和试点成效明显,需求和发展空间巨大。社区居家养老分为城市社区居家养老和农村社区居家养老。山西城市社区居家养老探索从太原开始。太原市在2008年依托社区服务信息网络平台,开通社区服务热线8181890,并在4个社区启动居家养老试点。主要是针对老人的不同需求,开展家政服务、物业维修、助医保健、人文关怀、应急救助和商品配送六大类20项服务。[①] 在社区居家养老试点近3年后,2011年1月5日,太原市政府公布《关于推进居家养老社会化服务工作的意见》,并被作为典型向全省推广"以家庭为基础、社区服务呼叫中心为纽带、居家照料服务为主要内容"的社区居家养老服务模式。目前,在山西推广开来的"社区居家养老模式",主要分为三种——"企业型社区""机关型社区"和"纯居住型社区"。经济、实惠、便利、周到的"居家养老"新模式,既保留了家庭养老的优势,又减轻了子女的负担,老人也不用离开所熟悉的环境,得到老人及子女的一致好评。[②]

运城平陆"日间照料中心"是农村社区居家养老的典型代表。平陆县在2010年针对农村留守老人日益增多的现状,借鉴外省先进做法,在5个农村社区成立社区"老年灶",进行农村养老试点,探索出"政府扶持、村级主办、社会支持、群众参与、家庭分担"的农村社区养老模式——"日间照料中心"。首先是对村里一些闲置房屋进行改建,其次选择生活自理能力弱、经济条件差、对国家和社会有特殊贡献的五保户、重点优抚对象、空巢老人作为服务对象,再次就是服务中摸清需求,为老年人提供

① 马继玲:《居家养老温暖中探索前行》,《山西晚报》2014年1月15日。

② 秦昕:《老有所居不是梦——我省养老地产发展现状调查》,《市场导报》2013年10月17日。

一日三餐生活照料、休息、护理照料及娱乐等服务。截至2013年底，平陆“日间照料中心”从当年32个发展到115个，覆盖全县50%以上的行政村，有3000余名70岁以上农村老年人入住。“平陆县率先探索创新农村养老模式，所推出的‘老年灶’经验，受到社会各界的普遍欢迎，引起国务院和民政部领导的重视。”①2012年8月，在总结平陆县养老模式的基础上，山西省民政厅在全省推广启动了以建设“爱晚之家”为主要形式的农村日间照料养老服务试点，为村里老人提供日间照料，实现了农村老人“不离家不离村”就能享受到集体的照料和社会的服务。从国际国内养老服务的发展情况看，社区养老是当前和今后很长一段时期发展的主流，也符合山西经济发展水平、社会保障现状以及传统伦理观念，因而，大力推进居家养老模式是比较现实的选择。

启示：一要借鉴大连经验，建立和健全居家养老管理、运营、监督组织机构，构建层级分明、职责明确的管理体系。二要不断完善社区养老服务的配套设施，将社区医疗卫生服务网络建设、便民商圈建设与居家养老相结合。三要借鉴上海、南京经验，支持居家养老服务社会组织加快发展，夯实居家养老服务的基础平台。四要借鉴河北肥乡经验，积极发展农村社区互助养老服务模式。

（三）科学规划机构养老

山西省机构养老双轮驱动快速发展，势头强劲。从公办养老机构发展来看，近年来山西高度重视保障和改善民生，持续加大财政投入，陆续新建、改建、扩建了一批公办养老机构，极大改善了在院人员的居住和生活条件。山西从2001年6月开始至2004年6月，分三批成功组织实施了“星光计划”，共投资3.35亿元资助新建、改造综合性养老服务机构和社区老年福利服务设施910个。通过“星光计划”的实施和引导，全省街道和社区已利用各种渠道建起各类老年福利服务设施和活动场所2万多个。近年来全省新建公办老年福利机构100多所，都被当地发展规

① 郭宏：《兴办日间照料中心 破解农村养老难题——平陆县探索农村社区养老模式的调研与思考》，《运城日报》2013年12月24日。

划部门立项资助。从2007年开始实施县级福利服务中心项目建设，截至目前全省一半以上的县都建立起了县级福利服务中心，下一步将实现全覆盖。

从民办养老机构来看，不同层次、不同类型的养老机构各显身手、百花齐放。截至2013年底，山西民办养老机构有177所，拥有床位22706张。[①] 慈行静苑老年公寓是山西民办养老机构典型代表之一。2014年由慈行集团投资10亿元建设的山西慈行静苑老年公寓养老院在太原东山孟家井村建成，该养老院占地3000亩，以候鸟式养老为运作模式，可同时容纳3000老年人入住，它的建成有效缓解了省城老年人入院难的问题。[②]

机构养老是养老服务发展的新亮点，是应对人口老龄化和满足日益增长养老服务的重要支撑，要健全和完善养老机构，规划引领发展多层次机构养老。一要完善底线养老服务供给。政府要保障老年人中的弱势群体，使其能够享受到基本养老保障，健康安度晚年。二要积极引导社会力量参与养老机构建设。借鉴浙江嵊州经验，发展多层次不同规模的民办养老机构模式。三要适度发展高端养老服务模式。借鉴北京太申祥和山庄经验，针对高给付能力的老龄群体，将老年住宅开发与社会化养老结合起来，为老年人提供人性化、更优质的服务。四要创新发展“医养结合”的养老机构。借鉴河南爱馨养老集团经验，精心打造机构“医养结合”新模式。

四、破解制约难题

养老问题日益成为影响国计民生的重大战略问题，养老服务需求急剧增长。养老服务业已经成为涉及面广、产业链长、潜力巨大的新兴朝阳产业。加快发展养老服务业，不断满足老年人持续增长的养老服务需求，是全面建成小康社会的一项紧迫任务，也是稳增长、调结构、促改革、惠民生，促进经济社会协调发展的现实需要。制约养老服务发展的问题

① 杨文：《山西养老45人“挤”一张床》，《山西日报》2014年6月6日。

② 刘志刚：《“候鸟模式”期待老人来度假》，《山西商报》2014年4月27日。

和环节有许多,当前主要应从以下几个方面破解。

（一）加强和完善养老服务标准化

规范化、标准化管理是机构养老和社区养老服务发展的必然趋势。借鉴西方发达国家经验,结合山西省情和养老服务发展现状,加紧制定完善养老服务标准,开展服务质量评估和服务行为监管,健全市场规范,促进养老服务业标准化、规范化发展。

1. 加快健全养老服务标准体系

加紧完善包括养老服务基础通用标准、服务技能标准、服务机构管理标准、居家养老服务标准、老年产品用品标准等在内的养老服务标准体系。在基础通用标准方面,要加紧制定养老机构分类与命名、养老服务基本术语、养老服务图形符号等标准。在养老机构管理服务方面,加紧制定养老机构设施设备配置规范、养老机构内设医疗机构服务质量控制规范等标准。在居家养老服务方面,加紧制定居家养老服务基本规范、社区老年人日间照料中心服务基本规范等标准。积极研究制定居家养老服务标准。在养老服务专业人才建设方面,加紧制定养老服务从业人员基本要求、养老服务人员职业培训规范等标准。研究制定养老服务信息化相关标准。建立和完善老年人用品产品标准,明确老年人用品行业分类。要根据养老服务标准制定重点和工作计划,按照《国家标准管理办法》《行业标准管理办法》等有关规定,认真做好标准的起草、送审等工作。要加强对养老服务地方标准化工作的协调与指导,建立地方标准的信息报送制度,支持地方标准上升或转化为国家标准或行业标准。

2. 加强养老服务业标准化研究

积极研究制定养老服务业标准化建设规划,深入分析研究养老服务领域国家标准、行业标准,以及地方标准等方面的现状和问题,进一步明确养老服务业标准在国家服务业标准体系中的定位和作用,确定推进养老服务业标准化建设的目标、任务和实施步骤。要加强养老服务业标准的基础研究和前期研究,加强信息通信技术和高新技术服务业的标准化成果在养老服务和产品上的应用。做好国外相关技术法规和标准的追踪研究，以科研带动标准化水平的提升，实现养老服务业标准化的跨越式发展。

3. 抓好养老服务标准的贯彻实施

要积极探索标准宣传贯彻的新途径和新方法，通过培训、论坛、讲座、展览等多种形式，加大养老服务标准化工作的宣传力度，力争使养老服务标准落实到行业管理和经营服务的各个环节，提高全行业实施标准的自觉性。要继续加大已发布标准的宣传贯彻力度，实施好《养老机构基本规范》《老年人能力评估》等标准，以及养老护理员等国家职业技能标准。对不适应实际工作需要的标准进行调整和修订，增强标准的适用性和有效性。

4. 推进养老服务领域管理标准化

要认真贯彻落实《中华人民共和国老年人权益保障法》关于建立健全养老机构分类管理和养老服务评估制度的要求，按照《民政部关于在民政范围内推进管理标准化建设的方案（试行）》（民发〔2010〕86 号）和《国家质检总局 国家标准委关于加强服务业质量标准化工作的指导意见》（国质检标联〔2013〕546 号）要求，积极推进养老服务领域管理标准化。要加紧制定和实施养老机构等级划分与评定、养老服务质量评估和等级评定等标准，统筹推进等级评定、合格评定和标准示范建设工作。要按照职能转变要求，尽快启动养老服务机构与组织的等级评定，加强第三方评估，建立养老服务评估专家库，不断提高养老机构规范化建设水平。要积极借鉴国际及其他行业经验做法，积极开展服务质量满意度测评。鼓励相关养老机构开展质量管理体系建设，并积极申请第三方认证，以逐步提高内部管理的规范性和透明度。要在养老机构等服务单位开展认证认可和检验检测活动。

5. 健全规范养老服务市场秩序

要建立养老机构服务协议制度，明确养老机构与老年人或者其代理人之间的权利义务关系，规范服务行为和收费行为。各有关部门要进一步落实部门责任，对养老服务市场实行日常化、规范化管理。各级质量技术监督部门要加强养老服务质量体系建设，完善服务质量满意度测评管理，推动服务质量对比提升，组织开展“安全、诚信、优质”服务创建活动。各级有关部门要强化协调配合，建立定期会商通报、联合执法等管理机制，形成管理合力。要研究具体落实措施和管理办法，努力建立行政执法、行业自律、社会监督、群众参与的养老服务市场管理长效机制。

（二）打造养老服务专业人才队伍

从现有的养老服务队伍来看，职业化建设滞后，从业人员的整体素质不高，无论从质量还是数量上都远远不能适应养老事业发展的客观需求。当前人口老龄化加剧，所需养老护理员数量远超过现有的从业人员，而取得养老护理职业资格的护理人员更缺乏，难以满足养老需求。另外，由于养老服务队伍的整体素质普遍偏低，极少有真正科班出身的养老服务人员，他们的业务能力、服务质量、专业水平在一定程度上也无法满足老年人的护理需求。

1. 成立专门的养老服务人员培训机构

政府成立社区大学或者依托专业的照顾中心组织培训，依托高校专业进行专门培养，提高他们的服务水平和服务质量。建设以供养型、护理型为主的基础性、示范性养老机构。

2. 加强养老服务人员培训资源的挖掘

对一些高等学校或者职业院校可以考虑增开养老服务类的专业，有目的地培养养老服务中高级人才。

3. 设置养老服务的专业标准和要求

对从事养老服务的人员，在岗位设置和职业要求上，制定岗位明晰的专业标准和操作规范，对一线从事养老服务的人员进行职业道德、专业知识和岗位技能的再培训，全面提高养老服务队伍的专业水平。

4. 制定相关岗位的职业资格考试

从事养老服务工作，必须通过国家认定的养老护理员资格考试，类似社会工作师、心理咨询师等职业资格考试认证一样，建立养老护理员国家职业资格制度，要求从业人员持证上岗。

（三）构建城乡一体化信息平台

大数据、信息化是养老服务发展的重要依托，随着我国智慧健康养老服务领域的快速发展和移动物联网技术的普及，智慧健康养老服务将成为大势所趋，基于物联网的智慧健康养老平台作为智慧健康养老服务的核心中枢系统将拥有广阔的发展前景。全面推进“互联网＋养老”信息化建设，全面构建两个相互融合的养老服务平台：一是智能养老服务系统平台，二是社区居家养老服务支持平台。将家庭养老、社区居家养老和机构养老全部纳入智能养老平台，统筹运行。最终建立起一个“统筹各方养老资源、政府市场共同投入、信息动态实时可靠、虚拟实体相互结合、社会社区家庭互联、各项服务即时提供”的智能养老服务保障系统。保障老年人的基本生活需要和医疗卫生服务需求，利用物联网技术，建立老年人、助老服务主体和医疗机构之间的资源进行无缝连接的智能化管理系统，可以对居家养老、机构养老等不同的养老服务模式起到支撑作用。

智慧健康养老平台的构建以智能的形式主动管理并满足养老、卫生领域的多方需求，凭借在系统集成、互联互通、智能处理等方面的高水准，依托于智能监护终端、多功能智能康复系统、人机交互终端设备、智能呼叫、医疗物联网和电子商务等技术，保证老年人适时获得预防性和治疗性的医疗卫生服务，是智慧健康养老领域信息化建设的更高阶段。其以物联网新技术为基础，以诊疗协同为保障，以全科医生辅助系统为支持，以建设智能化、信息化呼叫服务、救援服务、慢性病管理服务和康复服务为核心功能，以紧急救助、居家看护、健康教育、家政服务、预约就医和心理关怀等为核心内容，建立全科医生、家庭医生团队的签约服务，结合物联网大数据系统和远程医疗，实时、智能、动态、全程进行检测，对居家老年人和患慢性病老人的异常指标进行预警，降低突发疾病的风险，提供医师咨询问诊、智能的用药提醒、健康教育等功能，实现智慧健康养老服务。

实际操作中要做到五个层面的结合：第一层面是将政府主导与市场

机制相结合；第二层面是将智能养老系统工程建设与智慧城市、智慧社区建设相结合；第三层面是将社区养老服务信息网络与社区综合信息网络相结合；第四层面是将智能养老系统中的老年人口信息与全员人口信息库相结合；第五层面是将智能养老系统中建立的老年人口健康档案与基本公共卫生服务中的老年人口健康档案相结合。最终使智能养老系统成为社会管理大系统中的一个部分。

以全省各地正在开展的智慧城市建设和全员人口数据库，以及国家养老服务网为基础，以社区养老服务信息网络和服务平台为依托，充分发挥社区综合性信息网络平台的作用，结合构建医养结合体系和社区日间照料中心建设，采取便民信息网、热线电话、爱心门铃、健康档案、服务手册、社区呼叫系统、各种终端设备、有线电视网络、家政公司、志愿者队伍等多种形式优化联合，为社区居家老年人提供便捷高效的服务。

在养老机构中统一建立老年人基本信息电子档案，通过网上办公实现对养老机构的日常管理，建成以网络为支撑的机构信息平台，实现机构养老服务与居家养老、社区养老系统的有效衔接。

五、创新医养模式

随着老年人口高龄化、失能化、空巢化以及慢性病老年人口的不断增加，养老问题不再仅仅是生活照料，同时更多的是对医疗和护理服务的需求，老年人的生活照料和医疗服务需求高度重合与叠加，尤其是对于失能老年人来说，治病和养老事实上已经很难区分。医养结合的健康养老模式可以有效满足老年人对健康与养老的需求，并可降低老年人群的经济风险，且在适应老龄化社会的需求、弥合医疗保障与养老保障间关系、服务的连续性与经济性上有突出优势。

例如，美国很早就进入老龄化社会，在养老方面拥有比较丰富的经验，为使老年人能够受到全面医疗照顾，美国在 1997 年出台《平衡预算法案》，针对性提出 PACE 计划，其主要目标人群是患有慢性病的老年人，通过社区与医院、专业护理机构合作紧密，为这个群体提供有效服务和长期照料，使他们保持一种独立、有尊严、有质量的老年生活。国内则有河南爱馨养老集团，作为专业养老服务机构，把医院建到养老院，积极探索“医养结合”之路，取得了社会和市场认可。因此，要积极发展“医养结合”的新型养老模式。

（一）发挥科学规划先导作用

发改委、卫计委、民政、住房城乡建设等部门要加强行业发展规划引导，把医疗、养老设施作为重要内容科学布局，确保养老服务设施建设用地的落实。同时坚持从实际出发，遵循三个原则：一是遵循“不受限”原则，鼓励社会资本举办上规模、有特色的护理、康复等专业机构，机构规模和数量原则上不受限制；二是遵循“就近建”原则，引导新设置医疗或养老机构在选址时尽量靠近现有的养老或医疗机构，以便形成功能互补、便捷服务的空间格局；三是遵循“优先批”原则，土地政策方面，在养老服务设施布局规划内，优先保障医养结合养老机构建设用地，对新建项目建设用地采取划拨方式，划拨方式取得的土地只能用于养老公益性事业，不得用于其他用途。

（二）建设专业人才培育体系

产业发展，教育先行，开展多层次的养老护理教育势在必行。从近期目标来讲，一方面可在中高等护理教育中增设老年护理学科，培养专业护理人才；另一方面可利用高等院校和医疗机构的资源，对社会护理人员进行在职培训、岗位等级培训，提高服务技能。从中长远目标来讲，应鼓励和支持相关院校开设养老服务专业，投入相应的专项资金，建设“山西省养老服务人才培养基地”，为山西老龄产业发展提供技能型服务人才和管理型人才。

（三）壮大中医药养老优势

传统中医药既可以治病，又可以保健，在医养一体化方面优势非常明显，未来必有“中医派”养老院模板出来。我们不妨先试先行，坚持养老与养生相结合，将中医药养生保健和“治未病”理念融入养老全过程。建立中医药养老服务实训基地，加强养老护理人员中医药技能培训，推广中医药健康养老知识和产品。推动中医医院（中医科）与老年病医院、老年护理院、康复疗养机构等之间的深层次合作，积极发展养生保健、康复服务，并延伸提供社区和居家养老服务。

（四）强化信息平台支撑力度

各地要将医养结合信息化服务纳入当地智慧城市、信息惠民工程，加快居民健康卡普及应用，以居民健康卡为媒介，以信息化建设为依托，实现跨部门、跨区域业务协同和信息资源共享。整合卫生计生、民政等部门信息资源，加强顶层设计，统一标准规范，依托人口健康云平台和将来建成的居家养老信息服务平台，利用老年人基本信息档案、电子健康档案、电子病历等，推动社区养老服务信息平台与区域人口健康信息平台对接，实现互联互通和信息共享，为开展医养结合服务提供信息和技术支撑。推进信息平台与养老服务机构有效连接，为居家或社区老年人提供紧急呼叫、康复护理指导、健康咨询、健康管理、健康监测等服务。加快发展数字化医院，建设全省远程医疗和健康监护系统，支持医疗机构开展面向养老机构的远程医疗服务，鼓励二、三级医疗机构向医养结合机构内设医疗机构提供远程会诊、远程病理诊断、远程影像诊断等服务。鼓励各地探索开展基于互联网的医养结合服务新模式，提高服务的便捷性和针对性。

撰写人：吉迎东（负责人）

伊文君

第八章　山西养老政策的评估与完善研究

随着我省社会经济的迅速发展,人口和家庭结构出现显著变化,人口老龄化形势严峻,呈现出基数大、增长快、高龄化、失能化和空巢化的特点。面对严峻的养老压力,省政府在中央各项政策文件的指导下,结合山西省实际,陆续出台了一系列与养老相关的法规和政策文件,用以破解山西省养老困局,实现养老事业可持续发展。在相关政策的推动下,山西省养老事业取得了一定成效,但面临的问题仍很多,如养老保障服务难以满足老年人需求,养老服务产品供给总量不足、质量不高,养老扶持政策仍待健全、体制机制仍待完善等。本章在梳理山西养老政策文件的基础上,通过了解山西省养老相关法规政策的制定与落实情况,发现我省在养老法规政策方面的不足,并有针对性地提出完善的建议。

第一节　山西养老政策发展历程及演变

一、山西养老政策的发展历程

养老政策是指包含有关老年人社会福利的一系列制度安排与措施。山西省养老相关政策的发展自20世纪50年代起至今已有60余年的历史,随着国家对社会福利事业政策的变化,我省养老服务业的政策也经历了不同的发展阶段。

（一）20 世纪 50 年代的救济型养老政策

山西省最初的社会福利事业以救济型为主。当时政府最初的社会福利服务对象是因战争、灾害造成的难民、灾民、无依无靠的孤老残幼、城市无业游民和少量经政府打击制裁的地痞流氓恶棍中无劳动能力的人。政府对这些人的福利政策是保障其最基本的吃、穿、住、医、葬的生存需求，从保障形态看，是以救济为主的救济型。之后，逐步以乡镇为主，兴建了一批农村敬老院，收养农村中无儿无女、无劳动能力的孤寡老人，对他们提供保吃、保穿、保住、保医、保葬的“五保”，费用由乡、村两级统筹，此时的养老政策呈现出救济型的保障形态。

（二）20 世纪 80 年代的福利型养老政策

随着我国社会主义经济体制、政治体制的改革和对外开放，社会福利服务需求形势发生了重大变化，社会福利服务需求已不仅仅是“三无”对象和“五保”对象。由于计划经济体制被打破，“职业福利”逐渐萎缩，原来在计划经济时期企业和单位建立起来的福利网也被打破，“企业人、单位人”变成“社会人”，更多的福利服务需求被推向了“社会福利”，众多的老年人为提高生活质量，向养老服务业提出了更高的需求。以救济型保障形态为主的社会福利政策，已不能适应社会发展的需要。为了改变社会福利服务对象的局限性和服务理念的落后局面，1984 年，民政部召开了全国民政社会福利工作会议，提出我国社会福利工作要实现两个转变。一是要实现服务对象的转变，即由过去单纯为传统的“三无对象”“五保户”提供福利服务转变为向所有老年人、残疾人、孤残儿童等弱势群体提供福利服务；二是要实现保障形态的转变，即由仅提供基本生存保障的救济型转变为提供生活照料、医疗保健、文化教育、体育健身、休闲娱乐等全方位服务的福利型。这次会议彻底改变了中国社会福利工作理念，山西省的社会福利工作也开始了新的历程。20 世纪 80 年代到 21 世纪初的 20 年间，山西的社会福利尤其以养老服务业最为突出，各类福利院、养老院、老年护理院蓬勃发展，承担了社会上大量的养老服务需求，逐渐形成一个养老服务产业，大量的家庭、社区养老服务系统等形成了老年社会福利服务体系的重要组成部分。

(三)21世纪初的养老社会化政策

2000年民政部为改变社会福利的落后状况做出了重大的政策性改变,由国家统包统管社会福利事业的局面向动员社会力量投资兴办社会福利事业转变,提出了社会福利社会化的策略。山西省也结合自身特点,在多方面推行社会化。一是实现投资主体多元化,采取国家、集体和个人等多种渠道投资方式,形成多种所有制形式共同发展养老服务业的格局;二是实现运行机制市场化,按照产业化思路和市场规律发展养老服务业,在强调社会效益的同时注重经济效益,努力实现良性循环、持续发展;三是实现服务方式多样化,充分利用家庭、社区福利服务网络和养老福利机构等载体,因地制宜开展集中、分散、上门包户等多种形式的福利服务,满足不同群体不同层次的需求;四是实现服务队伍的专业化与志愿者相结合,逐步提高养老福利服务队伍的专业化水平,建立职业资格和技术等级管理认证制度,建立专业化福利服务队伍。

(四)新时期的可持续、升级版养老政策

2013年8月16日,国务院召开第20次国务院常务会议,讨论并通过了《关于加快发展养老服务业的若干意见》。山西省人民政府据此制定出台了《关于加快发展养老服务业的意见》,从发展养老服务业重要意义、指导思想和目标任务、提升养老服务业的整体水平、推进养老服务业快速发展、加强对养老服务业发展的领导等五个方面做了明确规定,成立了由政府领导负责、民政部门牵头、有关部门参与的领导协调机构,认真贯彻落实国家及省里关于扶持社会福利事业发展的各项优惠政策,把养老服务机构的发展和养老服务网络的建设纳入国民经济和社会发展规划,纳入城乡公共设施统一规划,纳入社区建设和社区服务发展规划,将养老服务机构及床位数作为社会发展的指导性指标,从建立公平竞争机制、保障城乡养老服务机构建设用地的供应、税收优惠、费用减免、养老服务机构开办补助、养老服务机构运营补贴、养老服务机构医疗保健、养老服务专业人才队伍建设、养老服务机构的信贷支持、为外商投资养老服务业创造条件等方面做了明确规定，确保养老机构的健康发展。2017 年 2 月，《山西省“十三五”养老服务业发展规划》发布，该规划提出进一步建立健全覆盖城乡的养老服务体系，促进养老服务业健康发展，切实提升全省老年人的满意度、增强获得感。

二、山西养老政策的演变

我省养老政策在全国养老政策的指导下逐步完善，与全国养老政策一脉相承，整理来看，我省养老政策在行动主体、政策惠及的人群范围以及涵盖的项目内容方面，经历了以下演变。

（一）推行政策的主体从“单一供给”向“多元供给”转变

从推行政策的行动主体来看，养老政策经历了从“单一供给模式”向“多元供给模式”的转变。老年人社会福利政策历史上曾经作为家庭和个人养老的重要补充措施，在由政府提供给老年人特殊的、照顾性的物质帮助和服务方面起到了坚实的保障作用。1950 年召开第一次民政工作会议以后，全国开始着手建立统一的社会福利制度。这一时期内务部（民政部的前身）在全国范围内发展了各类福利企业和社会福利院，其中有专为“三无老人”服务的福利院。1978 年，民政部恢复成立，当时实行的政策是企事业单位可以举办福利事业，单位包揽了职工住房、医疗、养老等各方面的福利。但这种由国家和集体包办的福利模式，因存在资金不足、福利机构少、服务水平较低等问题而难以满足社会公众的养老服务需求。为此，从 20 世纪 90 年代起我国开始试点推进社会福利社会化，于 2000 年发布了《关于加快实现社会福利社会化的意见》。同年，国家为应对人口老龄化问题，召开了全国老龄工作会议，专门研究部署养老政策。此后，民政部还实施了“全国社区老年人社会福利服务星光计划”。并于 2005 年出台《关于支持社会力量兴办社会福利机构的意见》，对社会力量参与社会福利事业、兴办社会福利机构制定了一系列的优惠扶持政策。2012 年，我省也制定了支持社会力量兴办社会福利机构的政策。在这样的背景下，以老年人社会福利为主的养老政策逐渐由国家、集体单一供给模式向社会化多元供给模式转型。2015 年 10 月，我省进一步出台了《关于支持社会力量发展养老服务业若干措施》，为社会力量发展养老服务业提供保障和支撑，2017 年 12 月，山西省人民政府办公厅制定《关于全面放开养老服务市场提升养老服务质量的实施意见》，我省养老服务的社会化多元供给模式逐步完善。

（二）政策惠及的人群从“照顾弱者”向“服务公众”转变

从政策惠及的人群范围来看，养老政策经历了从“照顾弱者”向“服务公众”的转变。我国的养老政策设计之初，是为保障那些“无劳动能力、无法定赡养人和扶养人、无生活来源”的老年人的基本生活权益。1956 年，我国开始实行农村五保供养政策。对于五保老人，政府提供保吃、保穿、保医、保住、保葬服务。1994 年，国务院正式颁布《农村五保供养工作条例》，2006 年重新修订该条例。至此，农村五保供养由农村集体福利事业向现代社会保障制度转型。相应的，随着经济体制改革的逐步深化，为解决城市和农村贫困人口的实际生活困难，低保政策应运而生。1999 年，国务院颁布了《城市居民最低生活保障条例》。2007 年，国务院印发《关于在全国建立农村最低生活保障制度的通知》。从此，传统即时性的社会救济制度完成了向现代社会救助制度的嬗变。这一社会救助制度对于贫困群体中老年人比例比较高的现象，做出了积极的回应。此外，老年人优待政策也在逐步推进。2013 年国务院《关于加快发展养老服务业的若干意见》要求，生活照料、医疗护理、精神慰藉、紧急救援等养老服务要覆盖所有居家老年人。由此，老年人养老服务优惠政策的覆盖面由困难老年人群体向普通老年人群体延伸，养老政策逐渐从传统的照顾弱者向服务公众转型。我省养老政策依照国家政策，优惠的覆盖面也逐步扩大，2017 年，我省实施公办养老机构全覆盖工程，加快推进太原、晋中等 5 个市级公办养老机构以及清徐县、山阴县等 9 个县级社会福利中心建设。到 2020 年，市、县两级公办养老机构实现 100% 全覆盖。

（三）政策涵盖的项目从“资金救助”向“综合供给”转变

从政策涵盖的项目内容来看，养老政策经历了从“资金救助型”向“综合服务供给型”的转变。与其他社会政策一样，养老政策也是通过向老年人提供一定的资金或服务来保障或改善其生活条件。目前养老政策逐步由低水平、窄覆盖向中水平、宽覆盖迈进。就养老保障模式而言，国家也在根据老年人实际生活需求的变化，致力于从资金救助型向综合服务供给型迈进。为应对人口老龄化和城镇化的快速发展，国家正在努力构建一个以居家为基础，社区为依托，养老机构为支撑的服务保障网络。2011 年，国务院连续出台《中国老龄事业发展“十二五”规划》和《社会养老服务体系建设规划(2011—2015 年)》两项涉老规划。我省随之也在大力推进护理型养老服务机构和日间照料中心建设。2012 年，民政部还启动了“敬老爱老助老工程”，支持中西部地区 42 个城市建立社区居家养老服务信息平台，我省也在其中。2014 年我省根据国务院《关于加快发展养老服务业的若干意见》出台的《山西省关于加快发展养老服务业的若干意见》特别提出，要健全养老服务体系，满足多样化养老服务需求。2017 年我省出台的《山西省“十三五”养老服务业发展规划》，提出建立康养园区、推进医养结合等。这些规划、意见、项目的出台和实施进一步推动实现了养老政策由传统的资金救助型向现代综合服务供给型转变。

三、当前山西养老政策的框架体系

(一)养老服务综合性法律法规政策

2014 年 5 月《山西省政府购买服务暂行办法》出台，建立政府购买制度。该办法立足于山西省养老发展实际，有利于切实转变政府职能、深化行政体制改革，特别是对提供优质公共服务和提高财政资金使用效益提出了更高的要求。2014 年 6 月，省政府制定出台《关于加快发展养老服务业的意见》(晋政发〔2014〕16 号)，这一纲领性文件全方位系统性地安排部署了我省养老服务业发展的道路。同月省政府又出台《山西省加快推进健康服务业发展实施方案》(晋政发〔2014〕25 号)，从支持发展的各个角度进一步明确部门分工，各部门确定任务落实清单并抓紧制定具体配套文件认真组织实施，形成“部门联动，协调一致”的工作格局，合力发展养老服务业。为进一步优化养老服务业发展的政策环境，完善体制机制，创新发展模式，拓宽民间资本参与渠道，民政部办公厅、发展改革委办公厅下发《关于开展养老服务业综合改革试点工作的通知》（民办发〔2013〕23 号），要求各地调动各方面力量积极参与综合改革试点申报工作，晋中市凭借本市养老服务业的发展优势成为山西省承接此项任务的唯一试点，并于 2015 年 1 月 8 日晋中市人民政府第一次常务会议研究通过《晋中市养老服务业综合改革试点实施方案（2015—2020 年）》，分别从指导思想、基本原则、目标任务、政策措施、组织保障五个方面扎实开展养老服务业综合改革试点工作。

（二）社区居家养老政策

我省城市社区养老探索从太原市开始，太原市早在 2008 年依托社区服务信息网络平台开展社区养老试点，《社区居家养老服务试点工作实施方案》（并民〔2012〕94 号）为 100 个社区签约居家养老服务的老人提供周到、便捷、高效、体贴的服务，在社区居家养老工作方面取得新进展。2014 年 3 月 20 日太原市民政局又印发《关于推进社区居家养老社会化服务的实施意见》（并民发〔2014〕26 号），在太原市社区居家养老试点工作的基础上，推广开展居家养老社会化服务，向居家老人开展以生活照料、医疗保健、文化娱乐、精神慰藉为主要内容的社会化养老服务。2016 年 7 月 11 日，太原市民政局通过官网公示《太原市养老服务设施专项布局规划（2016—2020）》，计划 5 年内，太原社区实现居家养老服务设施全覆盖。面对日益突出的农村养老问题和推进社会养老服务体系建设工作，我省于 2012 年在全国率先提出试点建设农村老年人日间照料中心。2013 年在总结试点经验的基础上，我省民政厅等相关部门下发了《关于做好全省农村老年人日间照料中心建设工作的通知》（晋民发〔2013〕61 号），将农村老年人日间照料中心建设工作在全省范围内全面推开。截至 2015 年 9 月底，全省已建成 3000 个，有些县（区）的建设数量已达到其村委会总数的 50% 以上。

（三）机构养老政策

为促进机构养老的健康发展，山西省近几年从建设、运营、人才等不同层面制定政策对养老机构进行全方位支持。2015 年省民政厅出台《山西省养老机构设立许可实施办法》，就养老机构的设立条件和程序、许可管理、监督检查及法律责任等做了明确说明，规范了养老机构的设立许可工作。大同市从制度着手，建立了养老机构巡查检查制度，为各养老机构印制下发了消防安全检查登记台账，定期对各养老机构管理情况进行巡查。同时联系市消防支队对全市养老机构进行了消防安全知识培训并进行了演练，提高养老机构管理人员应对突发情况的处置能力。2015 年 10 月 11 日，省政府发布《关于支持社会力量发展养老服务业的若干政策措施》（晋政发〔2015〕39 号），要求对社会力量举办的非营利性养老机构，符合建设标准和资质条件、运营满一年的，由省财政给予 5000 元/床一次性建设补助和运营补贴，运营补贴由许可部门的同级财政负担，补贴标准按照自理、半失能、失能老人分别为每人每年 1200 元、1800 元和 2400 元。《关于做好民办养老服务机构建设补助工作的通知》（晋民发〔2015〕69 号）根据我省实际情况，对社会力量举办的非营利养老服务机构的补助标准做出了更为细致的规定，同时对建设补助的申请条件和补助的时间要求、资金审批的流程也进行了详细的说明。2014 年 6 月 30 日山西省物价局发布《关于我省养老服务机构用水用电用气用热价格的通知》（晋价商字〔2014〕201 号），要求自 2014 年 8 月 1 日起，全省经县级以上人民政府民政部门许可的养老机构用水、用电、用气、用热按居民生活类价格执行，切实维护养老机构合法权益。总体而言，近年来山西省对养老机构高度重视，密集出台了很多政策。在准入政策方面，门槛越来越低，但是标准越来越严。在建设政策方面，政府对养老机构实行导向性扶持，激励机构建设。在运营管理方面，政府采取扶持与监督并行的措施。

（四）医养结合政策

老年群体医疗卫生服务需求和生活照料需求叠加的显著趋势要求

医疗卫生与养老服务相结合，形成多层次、多样化的健康养老服务新态势。自2013年开始，山西省委、省政府高度重视养老服务业发展，大力推行医养结合模式，针对医养结合出台了一系列政策。省卫计委和民政厅按照“养为主、医为辅、保基本、广覆盖”的思路，制定了《关于推进医疗机构与养老服务融合发展的指导意见》，明确要求整合现有资源，探索构建医养融合服务新模式，积极推动医疗和养老资源融合。到2015年底，省、市两级具备条件的公办养老机构要率先实现医疗机构设置，到2020年，实现医疗与养老资源充分融合。太原市人民政府办公厅发布《关于太原市基本医疗保险支持养老服务业发展的实施意见》（并政办发〔2016〕28号）、《关于印发太原市推进医疗卫生与养老服务相结合实施方案的通知》（并政办发〔2016〕30号）和《关于印发太原市医养结合服务医保结算办法的通知》，三个文件的陆续出台有效地促进了太原市医疗和养老资源融合发展，更好地满足全市老年人的医疗卫生服务和生活照料的需求，为医疗卫生与养老服务结合发展提供了政策支持。

《晋中市人民政府关于加快发展养老服务业推进社会养老服务体系建设的实施意见》要求大力促进医养结合。按照政府、企事业单位、社会组织共同兴办原则，重点推进养护型和医护型养老服务设施建设。对经卫生计生部门和民政部门批准，许可设立的非营利性医养融合医疗机构，按照非营利性养老机构一次性建设补助标准执行。符合城镇职工（居民）基本医疗保险和新型农村合作医疗定点医疗机构条件的，可申请纳入定点范围，入住参保老年人按规定享受基本医疗保险待遇。鼓励社区卫生服务中心与社区日间照料中心加强合作，增强养老功能，建立老年人健康档案，并为老人开展医疗康复服务。各县（区、市）要立足当地卫生医疗资源优势，至少兴建1—2所规模在100张床位以上的医养融合型护理院。大同市养老机构医养结合工作推进成效明显，现有魏都颐养康复中心、口泉养老院、煤矿敬老院等医养结合养老机构，大同厚德家园正在原养老院的基础上筹建老年护理院，仁爱养老院、湖东颐养中心两所规模较大、设施水平较高的医养结合的养老服务机构正在新建。

（五）经济支持政策

近年来，我省逐年加大养老财政支持力度。为破解促进社会养老服务健康发展的经济支持问题，省政府出台的《关于加快发展养老服务业的意见》（晋政发〔2014〕16 号）从投融资政策、土地供应政策、设施建设配套政策、政府购买服务政策、税费优惠政策及补贴支持政策的角度出发，全方位提出了发展我省养老服务业的经济支持政策。2015 年，省财政厅、民政厅出台的《全省扶持民办养老服务业发展财政贴息暂行办法》（晋财社〔2015〕5 号）对民办养老服务业项目贷款实施财政贴息扶持政策，该办法在鼓励社会资本参与养老服务业、推动社会力量成为发展养老服务业主体方面发挥了重要作用。同年，省政府还出台了《关于创新重点领域投融资机制鼓励社会投资的实施意见》（晋政发〔2015〕20 号）鼓励社会资本加大对社会事业的投资力度，特别是在社会资本参与公办养老机构改革、养老设施建设、养老服务价格管理等领域。政策出台后，社会资本进入养老服务业的意愿显著增强，而且资本的质量和数量均显著提高。

《山西省人民政府关于支持社会力量发展养老服务业若干措施的通知》（晋政发〔2015〕39 号）要求充分发挥社会力量的主体作用，放宽养老服务业准入，取消民营资本进入的体制性障碍，简化条件，适当鼓励，以“民办公助”“公建民营”和优惠政策为牵引，积极引导和鼓励社会力量参与居家、社区和机构养老服务；要求加大财政资金支持力度，实施建设补助制度、运营补贴制度、政府购买服务制度、以奖代补制度等；同时政府还设立养老专项扶持资金，制定多种税费优惠政策用以保障养老服务业的健康发展。太原市、晋中市、晋城市、朔州市和运城市已经采取相关配套措施落实该通知。

（六）人才培养政策

2016 年，省政府出台的《进一步支持服务业发展若干措施的通知》（晋政发〔2016〕32 号）鼓励高等院校与经认定的服务业企业合作建立教育实践基地，并支持大专院校、科研机构、社会机构、企业等联合开展服务业人力资源培训，对参加培训的人员按规定政策给予培训补贴。山西省老年公寓是省内的“养老护理员培训基地”，每年8月至11月开展相应的培训课程。学员来自全省范围内的各个养老院、日间照料中心等专业养老机构，每次培训300人。培训教师为具有“养老护理员资格证”，并从事养老护理工作3年以上的专业人员。培训结束后，学员须参加统一考试，考试合格后可获得由省人力资源和社会保障厅颁发的“养老护理员资格证”。

太原市政府办公厅出台《太原市关于加快养老服务人才培养的实施意见》(并政办发〔2016〕26号)，要求到2020年，太原市要在全市范围内培养一支数量充足、结构合理、质量较好的养老服务人才队伍。持有“养老护理员职业资格证”上岗人员率要达到100%，医养融合型护理员职业技能规范化培训率达到100%，持证上岗率达到95%。为吸引更多人才，太原市定期发布养老服务业人才需求预测与专业设置指导报告，并引导支持院校、职业培训机构加快培养老年服务管理、医疗保健、护理康复、营养调配、心理咨询等专业人才。除此之外，还鼓励有条件的职业院校开设养老服务相关专业，引导学校在人才培养模式、课程、教材、教学方式、师资队伍等重点环节进行改革，充分发挥示范引导作用，提升养老服务相关专业建设整体水平。

第二节　山西养老政策实施的成效及存在的问题

一、取得的成效

养老政策的不断完善促进了养老服务业的发展：一是从法规上明确了养老服务机构的法律地位，承认社会办养老服务机构的合法性；二是从经济上给予养老服务机构以支持，减轻了养老服务机构在建设和经营中的经济困难；三是建立了养老服务质量标准体系，规范养老服务行为，指明了养老服务机构管理与服务的努力方向；四是从情感上给予投资者以抚慰，承认其为社会做出的贡献，以示政府对他们的支持。经过努力，我省以居家为基础、社区为依托、机构为支撑的养老服务体系初步建立，老年消费市场初步形成，老龄事业发展取得显著成就。截至2016年底，全省有各类养老服务机构927所，设有床位约16.8万张，建立了以居家为基础、社区为依托、机构为补充、医养相结合的社会养老服务体系，各类不同性质的养老机构呈现齐头并进的态势，养老基础设施也具备了一定的规模。

（一）老年福利政策体系基本建立

老年福利政策体系框架基本建立，老年人基本权益得到有效保障。目前已经形成了一个以宪法为依据，由相关法律法规组成的保护老年人，包括处在特殊困境下的老年人合法权益的制度体系。我国《宪法》规定“中华人民共和国公民在年老、疾病或者丧失劳动能力的情况下，有从国家和社会获得物质帮助的权利”；《刑法》规定了遗弃罪；《婚姻法》规定“禁止家庭成员间的遗弃和虐待；子女对父母有赡养扶助的义务”；《农村五保供养工作条例》对农村符合五保供养条件的老人予以生活保障。还有其他的法律法规也都对保护老年人的合法权益做出了明确的规定。1996年《老年人权益保障法》正式颁布实施，其受益对象为我国60周岁以上的公民，保护范围包括生活保障权、健康保障权、参与社会发展权和精神慰藉权等。2012年《老年人权益保障法》修订颁布，新老年法不仅将应对人口老龄化上升为国家长期战略任务，而且还将“常回家看看”写入法律，契合了当今社会老年人日益迫切的精神赡养需求。

（二）养老保障的制度基础基本奠定

基本养老和基本医疗制度基本实现全覆盖，奠定了全民养老保障的制度基础。现行的城乡居民社会养老保险制度和社会医疗保险制度织就了全民基本养老保障网。首先，在老年人收入保障方面，国务院于1997年颁布了《关于建立统一的企业职工基本养老保险制度的决定》，2005年颁布了《国务院关于完善企业职工基本养老保险制度的决定》，建立了我国城镇职工的养老保险制度。2009年，国务院《关于开展新型农村社会养老保险试点的指导意见》发布，这标志着新型农村社会养老保险制度(简称“新农保”)的正式确立,也标志着农民开始进入制度性养老的全新阶段。山西出台了《关于建立统一的城乡居民基本养老保险制度的实施意见》,在全省建立了统一的城乡居民基本养老保险制度。其次,在老年人的医疗保障方面,1998 年国家出台《国务院关于建立城镇职工基本医疗保险制度的决定》,城镇职工有了基本医疗保障,住院费用可以报销一部分。后来,随着新型农村合作医疗的推广,由中央和地方财政补贴,农村老年人只要每年缴纳保险费,也可以报销一部分住院费用,使农村老人也有了医疗保障。目前,山西基本医疗保险制度实现城乡居民全覆盖,近年来财政也不断加大资金和政策保障力度,由政府代缴医疗保险个人筹资部分,对参加医疗保险单独统筹的困难企业一般离休干部给予定额补助,将老年人多发的糖尿病、冠心病等慢性病纳入门诊报销范围,减轻老年人的医疗负担,确保老年人享受基本医疗待遇。这都在一定程度上缓解了老人在看病贵问题上的压力。

(三)养老政策保障面逐步扩大

养老政策保障面逐步扩大,老年人福利水平逐步提升。在发展老年人福利政策方面,国家始终坚持分类引导、分类推进,始终坚持政府主导、社会参与。政策对象由以孤寡三无老人为典型代表的处在特殊困境下的老年人群体,向一般社会老人推及。对无依无靠的孤寡老人,不断强化政府保障责任,逐步提高孤老供养标准,着力改善孤老供养机构服务设施。对社会老人则以积极应对人口老龄化为着力点,以服务需求为导向,以“民办公助”“公建民营”和优惠政策为牵引,积极引导和鼓励社会力量兴办老年福利服务设施,有效推进了养老服务社会化。同时,伴随我国人口老龄化进程的加快,以老年人多元化养老需求为导向的老年人社会福利政策内容不断丰富,功能逐步增强。在满足老年人生存与安全需求方面,正在探索建立包括医疗护理福利、生活照料福利、住房福利等在内的适度普惠型福利制度体系;在满足老年人的情感与尊重需求方面,增加了文化娱乐活动设施建设投入,对游览参观资费给予优待;在满足老年人的自我实现与发展需求方面,大力推进老年教育、老年人就业、志愿服务和社会参与等老年服务人才的培养和开发。

二、存在的问题

当前我省已进入应对人口老龄化的关键时期,与快速老龄化的严峻形势相比,我省养老事业发展较为滞后。虽然省委、省政府已连续出台多项利好政策扶持养老事业发展,但各项政策在出台和落实的过程中仍存在诸多问题。

(一)立法层次有待提高

从法律制度的建设来看,当前全国养老领域的法规建设立法层次不高,缺少养老保障基本法;从社会保障的部门法来看,仅有一部《社会保险法》是处于法律层次的规范性文件;《社会救助暂行办法》仅仅是国务院通过的规范性文件,属于行政法规,立法层次较低,权威性不够;而关于社会福利则没有一部综合性基本法律,难以对相关问题进行全面系统地规范和调整。立法层次低所带来的突出问题,不仅是法律法规的严肃性、权威性、强制性和稳定性明显不足,还包括部门利益、地方利益的痕迹随处可见,争权诿责的现象较为突出,行政部门通过法规、规章自相授权等,进一步损害了国家法制的完整性与部门之间的协同性。同时,养老保障需要多部门和多领域的协调和配合,没有一部较高层次的法律法规而仅凭部门规章这样低阶位的规范去调整,对于许多问题鞭长莫及,低层次的养老政策变动过快导致政策执行者疲乏,落实效果大打折扣,甚至违背政策制定的初衷。

(二)保障内容有待完善

有关我省的养老保障法规政策已经大量出台,但立法空白犹多,无法可依的现象依然存在。就宏观角度而言,社会救助法、社会福利法、社会组织法等关乎民生的基本法律还未制定,甚至还未形成相对成熟的法规。就我省的中观层次来说,残缺的法规和政策仍待充实。如:全省范围内缺乏科学统一的养老自理评估体系,对老年人失能程度把握不精准,难以提供与其需求相匹配的照料护理服务。现行养老保险制度体系缺乏长效机制,一方面自推行城镇职工基本养老保险制度以来,制度覆盖率虽逐年提高，但参加养老保险的企业职工比例仍然不到总体职工人数的80%，城镇各类企业职工、个体工商户和灵活就业人员都还没有实行法定的养老保险制度，合同工、临时工至今也没有统一的养老保险执行办法；另一方面，虽然基本养老保险制度正趋于完善，但是我省补充保险与商业保险缺乏有效支持政策，至今未能发挥应有作用，市场资源还未得到有效调动，多层次养老保险体系并未真正形成。有关居家养老的政策支持问题和社区日间照料中心如何可持续运转的问题现在还无具体规定。关于公办民营、公建民营养老机构的专项指导意见、养老服务机构的服务质量标准、养老服务机构星级评定工作制度、养老服务机构综合责任保险等均无具体规定。养老护理人员编制薪酬待遇奖惩依然无法可依。“两病叠加”是解决老年人医疗保障的最大难题，老年人不仅仅是年龄上的老人，而且是生理上的病人，其医疗支出远远超出普通人。但是现行的基本医疗保险制度中缺少专项老年医疗保障。在前期的发展过程中，形成了城镇职工医疗保险、新型农村医疗保险和城镇居民医疗保险三足鼎立的局面，而这三项保险均覆盖所在年龄段的全部人口，没有专门针对老年人的特殊医疗保险政策。

（三）体系框架有待健全

在长期积累的基础上，我省的基本养老保险制度逐渐呈现出“碎片化”的格局，城市与农村分割、私人部门与公共部门分立、名目多样、待遇各异的养老保障制度并存。从全省的养老法规政策制定来看，我省不仅有城乡居民基本养老保险制度、企事业单位养老保险制度、农民工养老保险、农村养老保险、失地农民养老保障制度，而且有老年津贴制度、农村五保户制度、农村计划生育家庭奖励扶助制度、优抚制度和城市孤寡老人福利制度。除了区分于不同人群的“大碎片”现象，还有在每一类制度中的“小碎片化”问题。即使是同一类人群的养老保险项目中都因单位、因地区或因个体特征不同而存在着缴费标准、财政补贴、支付水平等方面的较大差异。比如在事业单位养老保险制度改革中，有的地方以人事部门核定的档案工资为基数征收，有的地方以工资总额为基数征收。

另外，即使是同一地区，缴费比例也是不统一的，各单位的缴费比例存在一定的差异。因此，当前的养老保险制度格局呈现出“大碎片化套小碎片化”的特点。与此同时，有的内容相互重叠，需要进行政策整合，如重度残疾人补贴制度与高龄老人补贴制度和失能老人的长期护理保险制度存在交叉重合。

（四）资金投入有待规范

目前养老资金的使用还缺乏规范性。在资金使用管理过程中，政府的行政监督和公民的社会监督缺乏，项目的审计监督也不规范。第一，政府对财政直接资助或直接拨付的资金缺乏长期性、制度性的监督，政府定期或不定期的资金检查没有形成制度性安排；养老服务组织也缺乏定期向政府报告资金使用情况的自觉性。第二，政府对养老服务组织通过项目申请获得的资金也缺乏阶段性的检查评估，对养老服务项目的资金支持多采用终期一次性拨付或提前全额拨付，很少采用阶段性评估、拨付的机制，缺乏将阶段性的评价结果与资金拨付相结合的制度安排；养老服务组织对于专项资金也缺乏科学管理，项目审计监督制度运行不规范。第三，社区养老运行资金缺乏公民参与监管的机制和渠道，特别是对社会捐赠部分的资金，社区服务组织也缺乏定期向社会公示和披露的制度，项目资金的用途等也很少通过项目听证会、座谈会渠道与公民协商，总之资金的支出及其管理还没有形成严格的制度和规范。

（五）优惠力度有待加大

养老政策中补贴的优惠力度仍不够。一方面，养老机构运营后按照现有的政策标准每月每床最低得到 100 元的运营补助，与发达地区的补助标准相差甚远，少量的补助难以弥补养老机构实际运行中的成本和损耗，许多养老机构都是靠经营者持续垫资投入勉强维持，长此以往将难以为继。另一方面，按照规定“对城乡社区老年日间照料中心，按照实际运营情况，每年给予 2 万至 5 万元的运营补贴”，从运行情况看，存在补助标准过低的问题。以一个项目为例，需配备服务人员 2 名，按目前最低工资标准每人每月 1620 元计算，仅每年服务人员的工资支出就达到了 38880 元，另外还需承担水、电、暖、气等费用，大约一年需运行经费 6 万元左右。对这样一个没有创收、只有支出的项目来说，如果运行经费得不到很好的解决，势必造成该项目无法长期运行。

（六）政策实施有待强化

山西省政府提出并实施的鼓励老龄产业发展的一些诸如“公建民营”“民办公助”的税费减免和各项补贴政策未落实、不兑现现象较为严重，很多政策形同虚设。对养老机构的营利性难以界定和证明，同时，受上位法和前置审批等因素的影响，部分民办非企业性质的养老机构各项补贴政策申请程序繁多，具体操作程序不明确，手续冗长，审核耗时耗力，前期允诺的建设补贴和运营补贴还未落实。受经济下行压力影响，我省部分市县财政困难，绝大多数村集体经济已不复存在，缺乏收入来源补贴的日间照料中心面临运营难的问题。另外，山西省民营经济落后，社会力量参与程度低，影响老龄产业的发展。在养老政策落实过程中民营资本等社会力量仍处观望状态，用实际行动迈进养老领域的案例少之又少，面对养老问题“雷声大，雨点小”，虽然政策具有含金量，但出于投资大、周期长、回报率不明等原因，常常令政策落地困难。

三、原因分析

（一）城乡体制“碎片化”

计划经济体制时期，受城乡户籍、单位性质和职业身份等社会等级的影响，形成了“一个国家、两种福利”的社会保障制度。在城市，按照国企改革的进程和顺序，先后确立了失业（待业）保险制度、养老保险制度、医疗保险制度、城市最低保障制度、农民工社会保障制度、失地农民社会保障制度、城镇居民社会保障制度等体系。在农村，2002 年以后，逐步为农村居民构建了新型农村合作医疗制度、新型农村养老保险制度、“五保”供养制度、农村最低生活保障制度等。之前所有社会保障制度的构建，均坚持了以“户籍”和“身份”定位制度的惯性，携带了城乡分割体制的基因，导致现行的社会保障制度体系仍呈现“碎片化”的制度状态。

（二）行政管理体制分割

从总体上看，现行养老事业既归民政部门管理，又由老龄委管理，存在着分工不明、职责重叠或缺位的问题。从理论上来讲，养老事业属于社会福利事业的范畴，应由民政部门负责管理。但由于老龄委的级别高于同级民政部门的职能管理部门，双方很难平等协商、沟通，造成养老事业在管理上的重复或真空状态。在民政部门内部，农村乡镇敬老院归民政部低保处管理，基础设施的出资建设则由福利处管理，而政府出资建设的养老机构和社会办养老机构又统归福利处管理。这种管理体制的不顺畅在一定程度上制约着养老事业的发展。同时，各行政主管部门由于角度、视野或者立场的不同，针对各自认为的主要问题出台政策，导致决策的不作为或者乱作为，实际出台的一些政策往往起反向作用。由于部门分割、政出多门，“多龙治水”缺乏必要的统筹和联动机制，从而很难有效地满足养老对象的各种需求。

（三）政策执行机构间缺乏联动

养老领域的改革往往采取政策治理方式，上面确定政策方向和基本框架而不规定政策的具体规范，下面因地制宜进行创新，一般经过自下而上进行试验，再自上而下总结、完善政策。由于城乡差别、区域差异，社会保障事权与财权一直没有明确划分，依赖财力支持的社会保障政策制度，在省、市、县层层落实过程中，各地均根据自身财力状况和地方知识、地方利益，在创新旗号下，对各项社会保障项目的筹资、待遇、管理经办等方面相机变通创建了不同模式，形成了差异化、层级型的地方政策壁垒。

（四）政府、市场和个人权责关系不清

政府对养老保险的财政补贴持续扩大，但却未法定化、比例化，政府责任处于非规则状态；政府责任边界不清，又导致市场在资金运营管理、养老服务供给以及发展补充性保障制度方面无法充分发挥作用；而参保者个人由于名义工资制与实际工资的差别，亦导致所负责任不尽相同，参保人参与此制度尤其是个人账户监督管理的权利缺乏制度性保障。

第三节　完善我省养老政策的思路

一、以需求为导向重组整合养老服务资源

养老是一个系统工程，牵扯面广，现有养老服务和管理工作的体制机制及法规政策远不能适应养老服务发展的需要。因此，首先亟须统筹协调全省资源，根据我省的实际情况，从规划建设、服务体系、人才培养、监督管理、法律责任等多角度全方位制定出台《山西省养老服务条例》，以更高的视角审视规范养老服务行为，促进我省养老服务健康发展。其次，明确服务目标是各服务体系提供精准服务的前提和基础，按照民政部《关于推进养老服务评估工作的指导意见》及《老年人能力评估》行业标准的相关要求，探索新建《山西省老年人养老服务需求评估实施办法》，建立全省范围内统一的需求评估标准，为养老服务方式的选择提供便利。建议由民政、人社、卫生等部门牵头成立养老服务评估人员培训机构，免费培养专业的评估人员，组建专业评估员队伍，制定失能老年人评估的相关标准和流程，委托第三方组织对评估人员进行登记、管理，以政府购买服务形式，对老年人养老服务需求进行评估，以确定其照料护理需求等级，对其中高龄、无子女的老年人予以优先保障，对经济困难的老年人给予适当补贴。第三，尽快结合我省不同地区的功能规划和财政状况，因地制宜地新建出台不同的资金配套方案和政策。例如针对大同市筹划建立的“一网三系统”（养老服务信息网 + 养老服务行政管理信息系统、养老机构管理系统和老年人智能化养老系统）建立专项转移支付制度，将民政监管服务、机构提供服务、老人享受服务的信息全部整合在一起，实现老人养老需求与机构服务提供的对接，政府职能监管与规范机构运营相对接，形成连接老年人、企业和政府的快速信息通道。第四，整合现有的“零散型”养老力量和养老资源，以民政部门为主，联合老龄委、卫计委、残联、人社等部门，继续探索尝试养老服务新模式；要因地制宜，多方动员社会力量参与养老服务业发展；充分利用闲置办公场

所、学校,集成文化室、活动室、图书室等各种资源,探索综合福利中心、敬老院、老年公寓、护理院、日间照料中心等多种形式的运行体系,缓解部分拥挤资源,实现社会资源共享,争取效率最大化;通过资产重组、委托管理、加盟连锁等整合方式,让优质的养老服务管理资源得以重新配置,激活存量,将全省老龄事业和老龄产业推向一个发展的新高潮。第五,进一步明确政府、市场、社会及家庭各养老主体的职能定位,构建政府、市场、社会和家庭四方联动新格局,形成以老人为核心、四方各司其职、各尽其责、互相协作的体制机制。

二、完善基本保障制度,促进保障性政策落实

保险方面,按照全覆盖、保基本、有弹性、可持续的方针,以增强公平性、适应流动性、保证可持续性为重点,首先要继续优化城乡居民养老保险制度内容,根据参保居民缴费年限的增加和缴费档次的提高,适度加发基础养老金并提高补贴金的额度,将缴费年限、缴费档次和养老金补贴水平挂钩,实行阶梯式补贴制度,进一步调动居民缴费的积极性。建议根据经济发展水平的上升,继续提高基础养老金金额。同时,应在法律上规定基本养老保险金月领取额不得低于当地月社会平均工资的50%,并严格贯彻多缴多得的原则,根据其全部缴纳月数和月缴纳额合计确定其月领取养老金的数额。其次,进一步统筹推进机关事业单位工作人员养老保险制度改革,针对城镇企业职工养老保险费率过高问题,除降低费率外,还可采取阶段性减缴、缓缴费等措施。再次,以非公有制企业、城镇个体工商户、灵活就业人员和农民工的参保工作为重点,建立兼顾各类人员的社会保障待遇确定机制和正常调整机制,合理确定社会保障水平,实现社会保障待遇与经济社会发展相联系的持续、有序、合理增长。最后,制定实施免税、延期征税等优惠政策,加快发展企业年金、职业年金、商业保险步伐,建立多层次养老保险体系。

在老年救助领域,一是按照国务院出台的《关于进一步健全特困人员救助供养制度的意见》制定山西省的实施意见;二是继续完善城乡低保、农村五保供养制度,加大支出型救助工作的支出力度,根据经济发展水平适时调整低保和五保供养标准，强化城乡低保、农村五保管理，大力推进农村五保供养机构建设，探索建立新型临时救助制度，帮助老年群体解决临时性生活困难；三是加强与医疗救助制度的衔接，扩大针对老年人的重特大疾病的救助病种、标准和就医用药范围，着力解决贫困老年人的基本医疗保障问题；同时，对重点救助对象“参保”“参合”个人缴费部分进行补贴，对特困供养人员给予全额资助，对城乡低保对象给予全额或定额资助。

就老年福利而言，建立比较完善的高龄、失能和特困老人补贴制度，根据不同类型确定不同补贴标准，并根据物价变动水平和当地居民收入增长速度适时调整。建议制定全省统一的老年福利事业法规，探索老年福利事业的可持续发展之道。

三、进一步完善我省养老服务体系

面对“9073”的养老模式分布格局，我省当前的紧急任务是要制定政策巩固居家养老的基础地位，完善社区养老服务体系，发展机构养老服务以及构建医养结合长期照料服务体系。

（一）制定巩固居家养老基础地位的相关政策

在保障老年人养老服务需求的过程中，鼓励家庭和个人承担应尽的责任和义务，创造条件继续巩固和完善家庭养老的法规政策。一方面，完善《山西省实施〈中华人民共和国老年人权益保障法〉办法》。借鉴运城市弘扬德孝文化的经验大力弘扬孝道文化，营造养老氛围；践行孝老文化，细化《山西省实施〈中华人民共和国老年人权益保障法〉办法》第二章第十一条的具体内容，建议将“鼓励赡养人所在单位在老年节、老年人生日以及生病住院时，为赡养人探望老年人提供便利”细化为“鼓励赡养人所在单位在老年节、老年人生日以及需要康复服务、临终关怀服务支持时，给予赡养人一定的探亲休假时间，为赡养人探望老年人提供便利，每年给予父母健在且年龄均在六十岁以上的独生子女累计一周左右的带薪护理假”，从制度上保证子女有时间有条件给予老年人更多的照料，强化子女的赡养观念；同时，在《山西省实施〈中华人民共和国老年人权益保障法〉办法》完善孝老假的基础上，新增相应的监管约束机制，避免企业钻空子，将孝老假落到实处。

另一方面，制定《山西省家庭赡养协议实施办法》，加强家庭养老政策的出台，以制度的形式规范子女赡养老人的义务，并对虐老等违责行为进行追究，从法律的角度为家庭养老奠定制度基石。建议借鉴安徽铜陵家庭赡养协议书的形式将赡养服务进行细化和固化，建立适合我省的专门办法实施赡养协议制度，创新家庭养老服务方式。明确赡养人在养老问题上的责任和义务，规定赡养协议的签订、生效、变更、终止、处罚等有关事项，建立一套适合我省省情和养老习惯的保证协议养老实施、执行、监督、惩戒等的法律保障机制。

最后，为保障老年人居家养老环境安全，建议在《山西省实施〈中华人民共和国老年人权益保障法〉办法》中添加“省政府推动老年宜居社区建设，推动和扶持老年人家庭无障碍设施的改造，如有必要，政府可出资对家庭设施进行适老化改造”。同时，财政资金要重视非正规照料（家庭成员、邻居和亲戚提供）的作用，在社区养老费用偿付和补贴中，应以服务券等补偿形式考虑非正规人员的服务。

（二）多措并举解决日间照料中心运营难题

社区作为老年人在家庭之外最基本的生活环境，在为老年人提供便捷、舒适的养老环境方面具有先天的优势，对提高老年人的生活质量最有效果。因此，大力推进社区养老是当前和今后很长一段时期内发展的主流，符合山西省的养老实情。进行需求评估，明确服务目标后，完善社区养老服务体系的工作急需从以下三方面展开：其一，《中华人民共和国老年人权益保障法》虽然明确了政府职责，但大多数都是授权类型的条款，我们认为明确政府职责要求政府与社区之间分工合理化条理化，并应有相应的法律条款来限制政府的权力，且对政府进行监督。政府和社区双管齐下要求政府把部分权力下放到社区，政府可只针对社区的养老服务方式进行指导改进，同时把社区承担的大量计生、治安、劳保等工作进行整合，让社区有精力把养老的服务落到实处。其二，大数据、信息化是养老服务发展的重要依托，细化《山西省人民政府关于积极推进“互联网＋”行动的实施意见》中“互联网＋社保养老”的内容，制定多项优惠政策支持建立多层次、广覆盖、宽领域的养老服务信息化综合平台，开发养老服务需求软件，建立养老服务需求数据库，将评估资料录入数据库，全省联网，资料共享，为养老服务动态管理提供支持。其三，针对日间照料中心的运营难题，可根据国务院《关于加快发展养老服务业的若干意见》和《山西省人民政府关于加快发展养老服务业的意见》制定《山西省城乡社区老年人日间照料中心运营管理试行办法》，涵盖选址和建设、服务内容及形式、运营管理、监督实施等一系列内容。特别注意添加以下内容：一是制定详细完善的评估办法，健全日常监督机制，组建由民政部门牵头，乡镇民政办、社区、村民代表和服务机构人员组成的社区日间照料评估小组实行定期评估，评估内容包括组织领导、功能设置、服务制度、服务满意度、运作情况等。对评估不合格的要限期整改，整改完后再进行评估。二是制定绩效考核办法，完善精准补贴制度。采取“以奖代补”的方式对运营规范的日间照料中心予以补贴，激发农村广大干部群众投身日间照料中心建设的积极性。三是创新探索运行保障机制，出台省级养老服务业政府购买实施方案，将日间照料中心的服务加入政府购买服务的项目中。通过购买服务的方式，为社区内特困老年人群体发放服务券，增设公益性岗位，解决日间照料中心服务人员的报酬问题。四是充分发挥农村（社区）基层组织的作用，鼓励有条件的村集体组织盘活利用现有的村庄资源，利用村庄资源发展集体经济，扩大集体收益以保障老年人的生活。五是发挥村庄能人精英的作用，探索成立农村养老发展基金，通过发展慈善公益事业设立基金，补足日间照料中心的运行经费缺口，实现农村日间照料中心长效运营。同时，日间照料中心还需制定规范约束入住老人子女的责任和义务，比如每月探望父母、节假日及生日的探望时间、父母生病必须回来探望等，从制度上给予老人以心理慰藉。

（三）科学规划引领发展多层次多功能的机构养老服务

为满足日益增长的养老服务需求，除居家养老和社区养老外，还要科学规划引领发展多层次多功能的机构养老，在当前《养老机构管理办法》和《山西省养老机构设立许可实施办法》的前提下整合当前我省已有的各项政策文件新建出台《山西省养老机构管理办法》，包括服务内容、内部管理、监督检查和法律责任等具体内容。尤其注意以下几点：首先，建立并完善入住评估制度，特别是完善公办养老机构的入住评估制度。入住评估制度可设置多种条件进行限制，要求经济条件和身体条件同时达到要求的老年人才能入住公办养老机构。同时，公办养老机构应发挥示范和引导作用，优先解决经济困难、低收入、有残疾的老人入住需求，因此入住评估制度要在经济条件评价的基础上遵循当地的最低生活保障标准，并按收入分等级，确保公共财政用在最需要的人身上。其次，建立规范化和标准化管理相关制度，机构养老投入应从外延扩张型转变为比例维持兼内涵建设，在继续增加养老床位的同时，重点要放在提高服务质量和水平及可持续发展上来，在条件成熟的地区制定优惠政策发展高端养老服务，满足高给付能力的老龄群体需求。再次，制定支持养老机构连锁经营模式的优惠政策。针对当前城区养老机构紧缺、机构增加空间有限、养老需求不断升级的问题，可通过尝试连锁经营模式来化解，强化郊区养老机构与市区养老机构通力合作，将市区等候的老年人引荐到郊区县，有效缓解市区入院紧张和郊区床位闲置的问题。推动规模较小的养老机构或者经营不善的养老机构加盟大型养老机构，建立规范化的管理体制和良性运行机制。另外，完善《山西省实施〈中华人民共和国老年人权益保障法〉办法》，增加养老机构奖惩措施，选出养老服务机构中的先进单位进行物质和精神双向奖励，发挥榜样的引导激励作用。

（四）完善医养结合长期照料服务体系

在养老服务中树立健康理念，创新养老模式，强化医疗服务，优化医养结合政策，促进长期照料服务体系新发展。需要注意：其一，针对我省尚无医养结合养老服务模式健康发展的具体支持政策和激励机制，有必要尽快建立政策支持体系和激励机制。具体而言，我省应该根据中央的统筹规划和我省的实际情况，在全国统一指导下制定符合我省实情的医养结合发展规划，并将规划细化到医养结合型养老机构的用地面积、基础设施建设资金、行政审批、运营补贴等上面。其二，健全医保对医养结合的支持政策，借鉴青岛模式探索新建山西省长期护理保险制度，与医保政策有效衔接，总体上降低老年人医保支出压力。在参保资格上，采取“跟随医疗保险”原则，将医疗保险的参保人作为长期护理保险制度的参保人。根据受众对象分为城镇职工护理保险和城乡居民护理保险两个部分，实施统一管理，分账核算，统一支付，分开核算收入、支出和结余。从短期看，城镇职工护理保险以当月职工医保个人账户为基数，按一定的比例从医保统筹基金中划转。城乡居民护理保险以上年度城乡居民人均可支配收入为基数，按一定比例从城乡居民医保统筹基金中划转，同时每年可从福彩公益金中划拨一定数量的资金作为城镇居民护理保险基金。但从中长期的发展来看，长期护理保险需单独筹资以保证政策的稳定性。在基金管理上，可上交医疗保险但需单独建立专门账户，防止医疗保险基金透支长期护理保险基金。医保发生的管理费用则由护理保险基金支付。护理保险基金应遵循现收现付、以支定收的原则。在管理和业务经办上，可与商业保险机构合作，引入商业保险机构承担长期护理保险经办工作，并鼓励其为参保群众提供多层次、多样化的商业长期护理保险产品和服务。在受益方式上，仅提供服务给付，不支持现金给付。其三，遵循“在发展中规范，在规范中提升”的理念。在国家《关于加强养老服务标准化工作的指导意见》的基础上，结合山西省省情和养老服务发展现状，加紧制定我省长期照料养老服务标准，建立第三方评估等服务质量评估和服务行为监管制度，促进长期照料养老服务的规范化发展。其四，长期护理的重心仍在家庭和社区，借鉴四川省的经验，开展“家庭医生”签约服务和人才输送通道。基层医疗卫生机构与老年人签订医疗契约服务关系，探索家庭病床，提高社区老年人日常护理、健康教育等服务能力。其五，扩大医保支付范围，将取得“执业许可证”的护理院纳入医保定点医疗机构范围，养老机构的内设护理床位纳入医保支付范围，在养老机构产生的康复护理费用统一纳入医保报销范围。

四、推进养老服务相关政策先行先试

抓住晋中市被确立为全国养老服务业综合改革试点的契机，积极在财政、金融、用地、税费、人才、技术及服务模式等方面进行探索创新，先行先试，完善体制机制和政策措施。晋中市要根据地方实际，按照深化体制改革、坚持保障基本、注重统筹发展和完善市场机制的思路，重点围绕健全养老服务体系、引导社会力量参与养老服务、完善养老服务发展政策、强化城市养老服务设施布局、创新养老服务供给方式、培育养老服务产业集群、加强养老服务队伍建设、强化养老服务市场监管8个方面积极开展试点。鼓励各区县结合自身实际和资源禀赋，进行养老服务改革创新实践。调动各个方面参与的积极性和主动性，注重改革创新，创造一批各具特色的典型经验和先进做法，出台一批可持续、可复制的政策措施，总结一批体制机制创新成果，为全国养老服务业发展提供经验。

五、促进养老政策在城乡区域间协调发展

社会政策的推行旨在促进经济社会的协调发展，养老政策也不例外。我省当前养老服务水平在城乡和区域间仍然存在一定差距，为此，应该增加财政投入，改善城乡及地区间养老保险、医疗服务、社区照顾以及社会参与等保障条件和服务设施，加强完善监督管理体制，逐步缩小城乡、区域间的养老政策保障水平差距。同时，养老政策研究宜针对当前社会结构中福利利益受损的农村、贫困地区老年群体，制定财政予以养老补偿的范围、额度、资金渠道及操作程序等。

六、逐步完善符合市场经济规律的政策运行机制

明晰政府与社会、市场的职责。把养老服务供给分为“三个层面”：第一个层面是基本养老公共服务，政府职责体现“保基本、兜底线”作用，确保人人享有养老服务，着力保障特殊困难群众；第二个层面是其他公益性养老服务，主要由政府鼓励和支持的社会组织提供，不以营利为目的;第三个层面是市场化养老服务,一般由工商注册的专业服务公司提供,通过市场化养老产业发展,满足多元化多层次养老需求。政府首先需要制定社会养老服务机构的运营管理条例,以加强对养老行业准入、运营管理、服务等各个环节的监管,从而形成有利于民办养老产业发展的制度环境,把公共政策与市场机制有机结合起来。

政府作为行政的最主要行动主体,要将重心放在养老政策实施过程中有关人、财、物的系统安排与机构间的协调配合等工作上,包括制定养老政策的发展规划、管理规范,确定老年福利项目的目标计划、组织体系、监管机制等。并减少对福利服务推行过程中市场化机制的过多干预或管制,同时加大政策扶持力度,吸引社会力量真正参与到老年福利事业的建设中来。管理实践体现为微观层面的具体活动,需要建立与不同部门,包括社会组织、市场企业及基层民众的沟通合作机制。社会与市场作为未来养老政策管理实践中最主要行动主体,应该在具体福利项目的目标分解、操作执行和绩效评估,福利产品的生产、传递、供应等方面发挥突出作用。政府、社会与市场共同构成现代社会的三元结构。养老政策在运行机制上也需要坚持“政府主导、社会参与、市场运作”的方针,即政府保障基本,社会增加供给,市场扩充服务。

七、增强政策的执行与落实力度

当前的养老服务业,是急需政府扶持的产业。政府的扶持要通过相关政策来实现,政策的落实程度是影响养老服务业的重要因素。目前,从实际操作层面看,制约养老产业发展的一大问题就是政策“不落地”。当前,各地政府均出台了促进养老服务业发展的意见,相关配套措施也是比较健全的。然而,由于优惠政策的落实往往牵涉到诸多部门,涉及方方面面的利益调整,在现实中难得落实。比如,不少政府都规定,对于刚刚起步、经营比较困难的养老机构,政府将给予用地、水电费、交通、税收、政府补贴等多方面的政策优惠,但不少养老服务机构(尤其是民办养老服务机构)抱怨,由于这样或那样的原因,实际上并没有享受到这些好处。上边的政策到了下边往往变样走形,这是行政管理体制中存在的一个长期性顽疾。随着新一轮政府职能转变工作的推进，政府主管部门应拿出勇气，组织专门力量来检查养老服务业发展相关政策的执行情况，督促落实，畅通信息反馈渠道，多听听基层的意见和声音，不断补充和完善相关政策，改进相关工作。

第四节　政策建议

一、财政扶持政策

加大财政对家庭经济条件困难老人接受基本养老服务的补贴力度。积极探索和推进养老服务补需方的财政补贴政策和机制。完善政府购买养老服务目录和办法等相关制度，支持社会组织参与养老机构和社区养老服务的运营管理。

一是调整养老财政扶持重点。根据老年人的现实需求，适时调整财政扶持战略重点，实现公共投入的三大转变。养老财政扶持政策战略重点，应将"适度普惠性"和"有选择性"相结合，并实现三个转变：第一，从侧重机构养老向社区养老转变，即将服务的对象逐渐从养老院的"床"转移到社区和居民的"家"；第二，从侧重硬件投入向软件健全转变，即服务的方式逐渐从硬件设施"点的集聚"转移到软件服务于更多受益老人"面的发散"；第三，从养老硬指标向注重养老文化建设转变，即服务内容逐渐从"物质护理"转移到"物质和精神护理"并举。构建以居家为基础、社区为依托、机构为支撑的社会养老服务框架，满足老年人多层次、多样化的养老服务需求，让老年人安享晚年生活，共享经济社会发展成果。

二是财政扶持要注重内部结构调整。财政扶持要深化 9073 格局，注重内部结构调整。其一，机构养老投入从外延扩张型，转变为比例维持兼内涵建设。机构养老在继续适量地增加养老的床位数外，重点要放在提高服务质量和可持续发展上来。重点发展以生活护理为主要功能的养老机构，特别是发展失智（痴呆）老年人护理机构，满足生活不能自理老年人的护理需求；适度发展以生活照料为主要功能的养老机构，满足一部分老年人日常生活照料需求；探索发展以自助服务功能为主的老年人公寓，满足多层次养老需求。其二，居家养老扩张建设与深化服务并举。发展“普惠型”的居家养老基本设施和服务功能，一方面尽量承接机构养老，做好增量部分的需求供给，以减少机构养老压力，同时提高养老的社会环境质量；另一方面，要把一些服务拓展到90%自我养老和家庭养老成员中，提高社区养老服务的辐射和覆盖能力。其三，开发居家养老和机构养老的管理软件。建立覆盖市、区、街道、居（村）民委员会四级的养老信息网络管理系统，促进政府管理向科学化、规范化、智能化方向发展。

三是财政补贴要推进互助养老模式创新。财政补贴要推进互助养老模式创新，为社区和家庭养老创造良好的条件。一是财政资金要正视非正规照料的作用。养老服务体系涵盖了正规的服务以及非正规的服务（由家庭成员、亲戚和邻居提供），在社区养老费用偿付和补贴中，应以服务券等补偿形式考虑非正规人员服务。二是鼓励发展独居老人自助、互助养老模式。因地制宜发展多种模式的社区养老服务格局。深化独居老人结对关爱工作，完善关爱网络、丰富关爱内容、创新关爱措施，形成长效管理机制。重视和支持社区助老志愿者为老服务工作，鼓励和引导社区志愿服务组织、社区居民积极开展各类助老服务，不断开拓社区助老志愿服务新领域。三是大力建设社区为老服务设施，包括医疗保健设施，活动、健身设施，增加多层住宅电梯、老人轮椅通道等无障碍设施和信息化设施，为人多数老人生活自理和基本自理创造良好的社会环境。

四是财政扶持在城乡间要采取差别化措施。城市养老扶持政策要加强社会资源整合，充分挖掘现有的医疗、康复、活动室等资源，以优惠政策吸引旧厂房、旧设施改建多为功能养老设施，形成一批配套完善、服务辐射能力强的居家养老服务设施，使城区老年人不出远门就能享受到全方位、个性化的养老服务。加强农村地区居家养老网络建设，大力扶持村级居家养老服务点，形成区、镇、村三级服务网络。

二、投融资政策

多方拓展促进养老服务业发展的融资渠道。在金融方面，要求金融机构加快金融产品和服务方式创新，拓宽信贷抵押担保物范围，积极支持养老服务业的信贷需求。积极利用财政贴息、小额贷款等方式，加大对养老服务业的有效信贷投入。加强养老服务机构信用体系建设，增强对信贷资金和民间资本的吸引力。在保险方面，逐步放宽限制，鼓励和支持保险资金投资养老服务领域。积极开展“老年人住房反向抵押养老保险试点”。鼓励养老机构投保责任保险，保险公司承保责任保险。在债务发行方面，地方政府发行债券应统筹考虑养老服务需求，积极支持养老服务设施建设及无障碍改造。

制定协调发展的投资政策。一种方式是将养老服务机构建设纳入整体建设规划，由全省统一规划，统筹考虑建设资金和建设用地，使养老服务机构的建设形成全市一盘棋，调整机构的地域分布不合理局面，克服区域资源分布不均的状况，根据人口和需求实际，合理安排养老服务机构的建设，使资源、需求和服务的提供达到最佳配置。另一种是由省里建立养老服务机构建设引导资金并统一安排建设用地，对区县政府部门兴办养老服务机构给予经费支持，采取地方政府拿一点、市里补一点的方式，共同筹资兴建养老服务机构。

积极吸引民间资本，突破现有的政策框架和限制，修改不适应市场经济规律的民办非企业机构管理法规，突破限制民营经济进入养老服务领域的不合理束缚，鼓励社会力量或个人投资养老服务行业并依法注册，使其享有与公办养老服务机构同等的优惠政策。在引入市场竞争机制后，政府可以通过购买服务的方式，实行优胜劣汰，促进养老服务资源的优化配置，达到公办与民办养老服务机构的功能互补。

三、税费优惠政策

养老服务业是投资长、见效慢、回报低、风险大的行业，必须有税费优惠政策作保障，才能吸引民间资本参与其中。国家推出的税收优惠政策主要包含了三个部分：一是各类养老服务业机构和企业的税收减免，其中涉及营业税、企业所得税、房产税和土地使用税这四大类税种。营业税方面，提出对养老机构提供的养护服务免征营业税；企业所得税方面，提出对符合条件的非营利性养老机构按规定免征企业所得税；房产税和土地使用税方面，提出对非营利性养老机构自用房产、土地免征房产税、城镇土地使用税。二是涉及各类养老服务机构和企业资金来源的税收抵扣。对企事业单位、社会团体和个人向非营利性养老机构的捐赠，符合相关规定的，准予在计算其应纳税所得额时按税法规定比例扣除。三是间接性的税收优惠，主要是各类费用的减免。各地对非营利性养老机构建设要免征有关行政事业性收费，对营利性养老机构建设要减半征收有关行政事业性收费，对养老机构提供养老服务也要适当减免行政事业性收费，养老机构用电、用水、用气、用热按居民生活类价格执行。从各项税收优惠政策中可以看出，税收优惠的对象主要集中在养老机构，特别是非营利性养老机构。制定和完善支持民间资本投资养老服务业的税收优惠政策的要求，也为地方政府制定和实施税收优惠政策留下了空间。

对于我省而言，一是要落实国家制定的税收优惠政策，让养老服务机构和企业更快、更便捷地享受政策带来的好处；二是根据我省的实际需求，制定适合地区特性的税收优惠政策。从具体的政策调整上，可以从两个方向进行考虑，一是税收优惠政策惠及对象的拓展；二是新增的优惠政策。根据实际情况，可以考虑将税收优惠政策惠及对象从非营利性养老机构，向营利性养老机构和提供家庭、社区养老服务的企业拓展。鼓励社会力量兴办包括营利性养老机构在内的养老机构，为居家养老的老年人提供家庭养老服务和社区养老服务的机构和企业都是税收优惠政策制定的关注焦点。具体来看，则可以从营业税、企业所得税、个人所得税、行政事业收费等方面分别考虑。

完善营业税税收优惠政策。一是针对国家提出的“对养老机构提供的养护服务免征营业税”政策拓展政策惠及对象，对社区综合为老服务机构、家庭服务企业提供的养护服务同样能够免征营业税。事实上,国家针对家政服务企业,已有相关的税收优惠政策。根据《财政部、国家税务总局关于员工制家政服务免征营业税的通知》(财税〔2011〕51号)规定,对家政服务企业由员工制家政服务员提供的家政服务取得的收入免征营业税,但这项政策有效期为2011年10月1日至2014年9月30日。面对越来越多的家庭服务需求,从政策引导和鼓励的角度来看,这类提供家政服务的企业可以考虑继续免征营业税。二是对养老机构并购、分立等过程中发生的资产、土地使用权转移行为,不征收营业税。可以预见的是,未来养老机构市场的整合将越来越频繁。养老机构之间的并购、分立等行为将在一定程度上促进市场秩序的建立和养老服务质量的提升,可以通过免征营业税的税收优惠政策,降低并购和分立等成本,支持养老机构的健康、快速发展。三是对企业和个人承包老年人集聚的居住区适老性环境改造项目、老年人住宅改造项目所获得的收入,在营业税征收方面给予一定的减免。随着我省老龄化程度的不断加深,已经在部分中心城区出现了老年人集中度较高的社区,推进这些居住小区的适老性环境改造有利于老年人的居家养老,是宜居社区建设的一个重要的部分。随着纯老家庭和独居老年人的增加,老年人住宅的改造也将逐步提上日程。对企业的老年人集聚的居住区适老性环境改造项目、老年人住宅改造项目收入税收减免可以有效推进这些工作。

完善企业所得税和个人所得税税收优惠政策。一是对营利性养老机构将取得的养老服务收入直接用于改善养老服务条件的,建议其后一定年限内缴纳的企业所得税地方留成部分由财政给予一定的补助。考虑到营利性养老机构投入的养老服务收入将在一定时间内对入住的老年人有实质性的服务改善,这样的行为政策上应该给予适当的鼓励。二是在企业和个人向非营利性的养老服务机构捐赠的所得税抵扣中,引入跨年度递延抵扣。所谓"跨年度递延抵扣"就是指,允许个人和企业当年超过所得税扣除比例限额部分的公益性捐赠顺延至下一年度或者更长时间内(国际上一般控制在5年以内)进行扣除。跨年度递延抵扣不仅有助于提高捐赠额,还可以使捐赠一次性及时送到急需的养老服务机构中。根据我国《企业所得税法及其实施条例》规定,企业发生的公益性捐赠支出,在年度利润总额12%以内的部分,准予在计算应纳税所得额时扣除。《中华人民共和国个人所得税法实施条例》则规定,个人将其所得通过中国境内的社会团体、国家机关向非营利性养老机构等社会公益事业的捐赠,捐赠额未超过纳税义务人申报的应纳税所得额的30%的部分,可以从其应纳税所得额中扣除。缺乏跨年度递延抵扣制度,企业和个人在捐赠时必须考虑要平衡捐赠当年的应纳税所得额与公益性捐赠额,增加了捐赠成本,也不利于鼓励和激发企业和个人的捐赠热情。三是落实财政部、人社部、国家税务总局《关于企业年金职业年金个人所得税有关问题的通知》(财税〔2013〕103号)针对企业年金和职业年金的个人所得税相关规定,鼓励和推动商业年金保险市场发展的同时,也可以进一步保障老年人的晚年收入和生活质量。不少国家的商业年金保险已经成为老年人收入的重要部分。为了鼓励商业年金保险的发展,如法国政府规定,在退休年金投保人所支付给保险公司的保险费中,25%可以抵扣应纳税所得的优惠,若保险合同存续期超过8年,保单收益还可以免税。英国政府允许居民将其在社会保障部门的基金提出,用于购买个人年金保险等。

进一步明确行政事业收费优惠政策。建议对《关于加快发展养老服务业的若干意见》提出的"对养老机构提供养老服务也要适当减免行政事业性收费",进一步明确为养老机构提供养老服务涉及的行政事业型收费的减免额度,如减半征收,便于政策的实际操作和落实。

探索多样税收优惠政策。从总体来看,目前提出的养老服务产业税收优惠政策主要还是集中在减税、免税和税额抵扣上。事实上,税收优惠的形式非常灵活,不仅包括减税、免税、税额抵扣,还包括出口退税、优惠税率,以及先征后返、加速折旧、税项扣除、投资抵免、亏损弥补等,以及其他实际减除或减轻纳税人和征税对象税收负担的各类鼓励性和照顾性规定。随着养老服务业的发展,我省还可以逐步探索更灵活多样的税收优惠政策,例如通过准予养老机构购买意外责任险的缴费支出在企业所得税前扣除,提高养老服务企业的抗风险能力;通过允许对设备进行加速折旧等优惠措施,支持养老服务企业的发展等。

建立税收管理制度。税收优惠政策的设计和实施目的是为了通过政策的激励和引导,鼓励养老服务业的发展。为了避免政策被滥用,建立税收管理制度来规范管理是必不可少的。目前国内对免税政策的管理侧重于税前的资格审查,还缺乏科学、严格、系统的事后监督机制。以非营利性养老服务机构为例,国外对于这类享受各种税收优惠的非营利性机构有严格的制度区分其营利性收入和非营利性收入,非营利性收入才可以享受税收优惠。还实行严格的年度资格审查,确定其是否继续享受税收优惠的资格。并且建立强制性的信息披露制度,接受公众的监督。我省在设计和落实税收优惠政策的同时,也应该不断健全和完善税收管理制度。

四、土地供应政策

用地难是制约养老服务业发展的又一个瓶颈。各级政府要积极贯彻落实国土部《养老服务设施用地指导意见》,将养老机构等服务设施建设用地纳入土地利用总体规划和土地利用年度规划。可将闲置的公益性设施用地优先调整为公益性养老服务设施用地。民间资本举办的非营利性养老机构与政府举办的养老机构享有相同的土地使用政策。对营利性养老机构建设用地,按照国家对经营性用地依法办理有偿用地手续的规定,优先保障新增供应,鼓励利用存量自由土地或者集体建设用地。对符合土地协议出让规定的,可采用协议出让方式供地。鼓励以租赁方式供应养老用地,降低养老服务设施建设成本。

鼓励盘活存量用地用于养老服务设施建设,规定企事业单位、个人对城镇现有空闲厂房、学校、社区用房等进行改造和利用,兴办养老服务机构,经规划批准临时改变建筑使用功能、从事非营利性养老服务且连续经营一年以上的,五年内可不增收土地年租金或土地收益差价,土地使用性质也可暂不作变更。农村集体经济组织可依法使用本集体所有土地，为集体内部成员兴办非营利性养老服务设施。民间资本举办的非营利性养老机构与政府举办的养老机构可依法使用农民集体所有的土地。

相关部门应尽快研究制定养老服务业用地的标准，根据养老产业的具体内容分类确定土地性质和取得方式。比如，对于用于公益事业的用地，可采用划拨方式；对于养老产业中除公益事业之外的其他用地，可以在商业、旅游、娱乐、金融、服务业、商品房等六类经营性项目用地中增加"养老产业"项目用地，明确成为第七类经营性项目用地，或比照六类经营性项目用地，允许其通过招拍挂或协议出让的方式获得建设用地审批。此外，由于养老产业也承担了一部分民生方面的基本保障职能，有关部门还可参照公共事业用地的标准减免各项费用。

五、人才培养政策

首先，完善养老专业人才的培养制度。将养老服务业人才队伍培养纳入山西现代职业教育体系规划，在普通高校和职业院校设置老年服务与管理、社会工作、健康管理、康复治疗等养老服务相关专业。通过设立专项扶持基金，实行入学补贴、学费减免等措施，吸引学生就读相关专业，扩大养老服务专业人才的培养规模；通过购买服务积极支持专业养老服务社会组织参与居家社区养老和机构养老的运营和管理，充分发挥其在专业服务、行业自律、监督评估、沟通协调、服务中介、风险分担等方面的作用；建立多领域的养老服务人才联动机制，通过技术指导、人员培训、设备支援等方式，在城乡之间、地区之间、养老机构之间建立养老服务协作与对口支援机制，提升养老服务能力。同时，通过政策建立养老护理员培训基地。按照国家制定的养老护理员职业标准，设立省、市、县三级养老护理员培训基地，对从事养老护理工作的人员进行业务培训，并逐步纳入职业资格制度，通过组织统一的培训、考试，发放养老护理员职业资格证书。其次，健全养老专业人才的使用、考核、评价和激励等管理制度。根据护理员的从业资格、服务质量等制定不低于当地最低工资标准的合理的薪金及奖励机制，建立大学毕业生入职养老服务补助和养老护理员职业资格补助制度，提高养老护理人员工资福利待遇。对在养老机构就业的专业技术人员，执行与医疗机构相同的执业资格、注册考核政策，增强养老服务岗位吸引力。最后，完善志愿服务管理制度和服务方式，培育和壮大各类慈善组织，通过制度设计、税收优惠和金融支持等一系列扶持政策，促进志愿服务经常化、制度化和规范化，推动志愿服务与政府服务优势互补、有机融合。

六、设施建设配套政策

规划部门在编制城市总体规划、控制性详细规划时，必须按照人均用地不少于0.1平方米的标准，分区分级规划设置社区服务及养老服务设施。根据国家标准和要求，凡新建城区和新建居住小区必须在小区配套建设能够满足小区居民需要的社区服务和养老服务用房，并列入土地出让合同，与住宅同步规划、同步建设、同步验收；对没有配套建设养老服务设施、改变用途或不达标准和要求的，房产部门不得办理售房手续。凡老城区和已建成居住小区无养老服务设施或现有设施没有达到规划和建设指标要求的，要限期通过购置、置换、租赁等方式开辟养老服务设施，不得挪作他用。各地要按照《山西省无障碍建设“十二五”实施方案》及无障碍设施工程建设相关标准和规范，实施好无障碍设施建设和公共设施改造。

撰写人：杨素青（负责人）

任　杰

第九章　山西养老体系的构建设想

近年来，我国人口老龄化程度逐渐加深，高龄化、空巢化趋势明显。国家统计局《2017 年国民经济和社会发展统计公报》显示，中国 60 岁及以上的老人为 2.409 亿人，占总人口比例为 17.3%。据世界卫生组织预测，2050 年中国将有 35% 的人口超过 60 岁，成为世界上老龄化最严重的国家。

现行养老和医疗体系正面临着人口老龄化及健康问题带来的严峻挑战，现有的任何单一体的养老机构或者医疗机构都很难应对这一严峻挑战。医养结合将是缓解这些问题的现实选择。医养结合模式，既不是一种养老模式，也不是一种医疗模式，而是医疗和养老融合的新模式，将改变传统的养老和医疗服务提供理念和方式，是解决我国老年人养老、医疗的创新之举，尤其对于失能和半失能老年人及其家庭而言是非常重要的。国务院《关于促进健康服务业发展的若干意见》指出推进医疗机构和养老机构的合作，将健康服务理念融入养老服务中，加强在养老服务中的医疗支撑作用；《国务院办公厅转发卫生计生委等部门关于推进医疗卫生与养老服务相结合指导意见的通知》明确了医养结合的意义、基本原则和发展目标、重点任务和保障措施；《中共中央关于制定国民经济和社会发展第十三个五年规划的建议》提出，建设以居家为基础、社区为依托、机构为补充的多层次养老服务体系，推动医疗卫生和养老服务相结合，探索建立长期护理保险制度。这么多政策的相继推出充分说明了医养结合已不再停留在理论层面,而是作为一项重要的战略,亟须加快实施。

第一节 推进医养结合健康支持体系

国外进入老龄化的时间比较早,较早地建立了长期照护保险制度,国外学者对长期照护保险制度的研究更加深入、细致。随着我国老龄化的进程加剧,国内学者也开始关注老年人养老问题,对养老服务体系进行了深入的研究。

一、完善医养结合相关法律制度

立法先行是保障医养结合可持续发展的基础,国家和各级地方政府、有关部门应根据我国老年照护保险发展的实际需要,有步骤、有计划、有重点地出台相应的法律、法规、政策,把医养结合保险以法律形式纳入社会保障体系当中,积极推进医养结合保险制度的实施,逐步规范医养结合保险市场的运行。医养结合法律规范出台是一个漫长的过程,在现阶段,医养结合的发展有赖于民政和卫计两个部门规章和政策的积极作为,应分别修订民政和卫计关于养老和医疗资格准入、机构规范、行业管理等相关的规定,为医养结合服务提供制度上的保障,经过不断的实践来总结经验,推动立法工作,从而实现医养结合制度化、法制化和可持续发展。

二、建立长效筹资机制

医养结合模式是近几年发展起来的新型模式,要探索保险制度支撑的突破口。加强老年人长期护理保险制度政策研究,并对现有研究进行整合,提出适合我国国情的长期护理保险制度;在研究基础上选择部分地区开展试点,鼓励已有长期护理保险制度社会经济基础的地方大胆探索,摸索经验。

在长期护理保险制度尚未建立时,政府的政策支持至关重要。一是政府建立医养结合救助性基金。通过整合现有保险制度或者救助制度,借鉴现有制度经验，注入部分资金，探索医养结合救助性基金模式，为建立长期护理保险制度奠定制度和组织基础。二是划拨部分医保资金作为医养结合持续发展的重要资金保障。主要用于支付医养结合相关服务的提供。三是利用商业保险经办和管理精算等优势，发挥市场机制在资源配置中的决定性作用。四是推出相应的税收优惠政策和前期资金补贴，鼓励更多人加入。

三、加强医养结合服务体系建设，引导社会力量参与

目前，我国仍处于社会主义初级阶段，我国养老服务更多地依赖于家庭照护。构建我国的医养结合模式，是有效弥补医疗机构不足，建设覆盖城乡医疗服务体系的重要环节，是保障人人公平享有卫生保健的有效措施。《社会养老服务体系建设规划（2011—2015 年）》提出“居家养老为主，社区、机构养老为辅”。老年人需求的调查也显示，老年人更加希望在家中养老。考虑到深化医疗卫生体制改革以来，我国的基本医疗网底已搭建，再结合我国发展阶段和文化传统等因素，依托基层医疗服务机构的作用，建立以居家为主的医养结合服务体系。在这个基本体系内，对现有的基层医疗卫生服务机构进行调整，不仅可以满足医疗需求，还可以鼓励养老和医疗机构利用富余资源举办医养结合机构。建立居家—社区—机构多层次立体医养结合服务体系，满足各类人群的需求。

目前，医养结合还在逐步探索阶段，政府需要创新服务模式，创新购买服务理念，通过购买服务的方式引导社会力量进入。作为健康服务业的重要组成部分，医养结合服务具有一定的产业性，这与政府提供公益性的公共服务并不矛盾，仅仅是服务提供方式的改变，通过购买服务的方式，获得运营和管理效率较高的服务，不仅有利于发挥市场在资源配置中的决定性作用，也有利于转变政府职能，强化政策制定等宏观管理的职能。同时，医养结合服务属于新鲜事物，不存在公立机构的垄断情况，只要政府在购买服务、行业规划、行业监管以及公共服务方面的职责履行到位，社会力量就能够既有动力又更好地参与到医养结合服务提供中来。政府对社会力量举办医养结合机构应给予资金支持，这些资金支持既可以是购买服务式的，也可以是鼓励式的。当然，在存量养老和医疗资源的重组方面，政府还要发挥协商平台的作用，牵针引线，促成社会力量与传统公立机构的合作与交流学习，更好地推动我国养老经济的发展建设。

四、强化政府职责，多部门协同推进医养结合服务发展

医养结合不单单是医疗和养老两个领域的融合，更重要的是一项重要的制度创新。积极推进该项制度的建立及其政策协调。一是要完善医养结合的规划，医养结合既是基于传统养老和医疗服务，也是对传统服务内涵和外延的拓展与延伸，在规划时需要考虑已有养老服务体系和医疗服务体系现状，充分利用和整合现有资源，同时考虑人口老龄化及其需求特点，长远规划。二是加强多部门协同。医养结合体系的建设涉及多部门，包括民政、卫计、人社、财政、教育、司法等部门，医养结合的建立关键在于政府对多部门的政策协调成效，政府部门要充分认识到自己的责任，建立统一的老年长期照护制度，明确各方责任，打破条块分割，对以医养结合方式经营的医疗机构或者养老机构给予政策支持。三是完善服务与监管。政府的一个重要职责是提供公共服务，如完善机构审批流程，在相应的基础设施方面提供优惠条件，加强监管，维护规则和秩序，促进行业良性发展。

五、多措并举加强医养结合人才队伍建设

目前，无论是养老行业还是医疗行业，我国老年医疗、护理、康复机构的从业人员数量不足、人才质量不高、人员能力不强，不能满足老年人口不断增长的多元化需求，供需失衡突出，人才缺乏是限制养老行业和医疗行业发展的重要因素。从长远来看，急需完善职业教育体系，在传统的技校、大中专、高校中增设老年护理专业，增加老年护理的相关知识和专业训练，充分利用高职高专、中专等职业教育，培养老年护理专业技术人员，拓展老年护理人才的培养来源，同时，加强老年护理研究者和管理者的培养。

第二节　强化老年人健康预防举措

进一步重视和加强对老年人健康的促进和干预,积极开展和实施重点人群疾病发生和预防监测,通过各种媒体传播健康知识,加强老年人健康教育,重视老年病的预防、康复,提高老年人自我保健能力。

一、加强老年人健康促进和疾病预防

(一)重视老年学教育和科学研究

加强老龄化基础理论研究。我国在老年教育和科学研究方面处于较滞后地位,教育部门积极推进老年相关课程设置应是下一步工作重点。在中、高等医药院校设置老年医学、老年药学专业、老年心理和老年护理专业,在综合性大学设置老年社会学课程。建立跨学科老年生物科学研究中心,利用高新科学技术为老龄化服务,包括老年人医疗生物用品以及医疗新技术,如低侵袭性的低温医学、肝肿瘤的冷冻治疗、冷冻保存自身红细胞和血小板在心血管外科中的应用等新技术的临床应用,为健康养老提供更多可能,以提高老年人的生活质量。2018 年 5 月 18 日,国家老年医学中心、国家老年疾病临床医学研究中心在北京医院揭牌,迈出可喜一步。

(二)加强对老年人健康生活的指导

宣传老年膳食科学指南,积极发展老年健康食品和保健品,引导社会有关部门重视对老年人膳食结构的指导,减少因营养过剩、营养缺乏和不平衡等问题引发的老年性疾病;实施和推进各项适应老年人需求的生活服务和文化活动,发展适合老年人特点的体育运动项目;关注老年人心理健康,开展老年人心理咨询,增强自我心理调适,提倡老年人要自尊、自信;增加老年大学建设;整顿现有保健品行业和针对老年人的直销企业,打击违法传销;发展为老服务产业,满足老年人对设施、产品和服务的需求,促进健康老龄化,对于减轻国家和家庭负担,都有不可忽视的作用。

（三）构建健康养老的和谐社会

老年人作为脆弱群体，应当得到社会更多的帮助，使其融入社会发展，跟上时代步伐。在社会各成员权益得到兼顾的前提下，要大力弘扬尊老、敬老的传统文化。老年人过去为国家、社会和家庭做出了贡献，作为公正回报，社会应向老年人提供支持；老年人不受年龄歧视，都应享有参与社会发展的权利；关于老年人的重大政策，要吸收老年人的合理意见；以不伤害、有益于人、尊重人和对人公平的社会伦理准则构建健康养老的和谐社会。健康促进是关系到我国人口老龄化社会整体生态的战略问题。将健康知识的传播和健康的生活方式养成纳入国民基本教育，促进全人群健康作为一项系统工程，把健康人群带入老龄化社会是促进健康养老的根本性问题。

二、发展老年医疗与康复护理服务

到 2017 年底，中国 60 岁以上老年人口为 2.41 亿人，占全国总人口的 17.3%，人口老龄化问题日益严重。中国先后成立了国家老年医学中心和国家老年病临床研究中心，老年健康大学的建设目前也在积极推进中。为积极应对老龄化，中国批准在北京医院成立国家老年医学中心和国家老年病临床研究中心，进行老年疾病的研究、防控、管理。目前，北京医院已经与全国 42 家基层医院建立医联体。除了业务上疑难杂症的合作、技术指导、讨论之外，健康科普也已经深入社区。

各医院或有条件的养老服务机构可根据老年人的需求成立更多的专业学科研究室和教研室，利用医疗系统互联网的平台优势，针对老年人开设更多的课程，传授老年健康知识。同时可积极开展健康数据的采集和动态管理，将老年病预防、筛查、诊断、慢性病管理、康复护理等有机结合起来，构建适应实际需求的健康云，利用“互联网 +”老年健康积极搭建线上线下互动平台，实现科普信息的传递、网络课程的传播，搭建完善的老年医疗健康信息平台系统和老年医疗与康复护理服务平台。

三、加强老年体育健身

随着社会的进一步发展，老年人对体育活动的需求越发增强，体育锻炼对提高中国人尤其是老年人的生活质量起到了积极作用，基层体育活动中，老年人健身活动占70%。但目前很多老年人体育组织、活动场地等尚不能满足广大老年人日益增长的体育健身需求，需进一步加强对老年体育事业发展的支持。

（一）城市老年人体育健身活动情况分析

1. 老年人体育健身活动的时间、时段和频度

我国城市老年人体育活动的频度较高，体育活动是我国城市老年人生活中的重要组成部分。老年人生活方式特点与年龄特点，决定了老年人体育健身活动的时间时段与频度，早晨、下午、晚上是城市老年人体育健身活动的主要时段选择，并且以早晨活动人数最多，晚上次之。我国城市老年人体育健身活动频度表现为：长间隔型每周活动1—3次，短间隔型每周活动4—5次，无间隔型每日活动。这三种类型以每周活动3次以上的短间隔型人数最高。据资料反映，山西中型城市老年人体育锻炼每周3次占78.76%，每周2次占17.70%，每周一次占15.04%。有体育健身活动习惯与兴趣的城市老年人每次活动大于1小时者约占78.5%。

2. 老年人体育健身活动的动机

我国城市老年人体育健身活动的主要动机是强身健体、调节精神、人际交往，因此，我国城市老年人体育健身活动动机呈现多样化特征。我国城市老年人往往因年老而发生这样或那样的生理与心理疾病。体育所具有的强身健体、康复保健、娱乐身心、调节精神、促进人际交往等功能，日益被现代城市老年人意识到。据资料反映，我国部分城市老年人体育锻炼动机中，强身健体、延年益寿成为首要动机，娱乐身心、寻找精神寄托占65.2%，消除孤独、加强人际交往占50.5%，防病治病占65.9%，实现自身价值占33.7%，消磨时间占7.69%。

（二）老年人体育健身活动的项目、内容与形式

老年人受到性别、职业、兴趣、体质、区域、气候、经济条件等因素影响，体育健身活动项目、内容与形式带有明显的特征。目前，城市老年人

选择的活动项目主要有：散步、跑步类，气功、棋牌类，太极类，乒乓球、羽毛球、网球、台球、门球、保龄球类，自行车类，体操类，舞蹈类等，其中散步、跑步类，乒乓球、羽毛球类，太极类，体操类，舞蹈类成为我国城市很多老年人的首选。从我国城市老年人的体育健身活动的项目选择看出，富有竞争和审美意识的项目内容普遍受到城市老人的青睐，老年人的选项带有明显价值取向和目的性，具有保健性、健身性、娱乐性、实用性。城市老年人体育健身活动内容丰富多彩，带有年龄特点，呈现多样化、季节性、地域性的特征。单独活动、与家人一起活动、十几人或数十人群体活动、社区活动，这四种活动形式是城市老年人体育健身活动的主要形式。

(三)积极创造老年人运动政策条件

随着我国人口老龄化进程的加快，老年人口、老年体育人口比例不断提高，目前城市老年体育人口比例达 50.2%，而且表现出经济、文化越发达的城市，老年体育人口比例越大的特点。

一是各级行政主管部门要不断完善有关体育法规制度 ，认真贯彻实施《全民健身计划纲要》和有关体育法规，使城市老年人体育健身活动得到落实。

二是各级各层社会体育组织要积极引导城市老年人充分认识体育的功能与价值 ，以《全民健身计划纲要》的落实为契机，组织城市老年人积极参加体育健身活动，投入全民健身的大潮中去，使城市老年人的体育健身活动朝着综合化、科学化、规范化、系统化、普及化的方向发展，不断扩大城市老年人体育人口比例，不断提高城市老年人的生活质量和健康水平。

三是强化老年体协的作用，构建各级各层城市老年人体育健身活动的管理机构和运作机制，加强组织管理与指导，开展社区体育活动模式，进行宏观调控 。

四是加大宣传力度，强化城市老年人健身意识，加强各级主管部门、单位、社区对城市老年人体育的投资，改建场馆设施，落实城市老年人健身措施与物质条件，创造城市老年人体育健身活动的良好环境和氛围。

五是增加社区老年活动中心，加大室内室外活动场所面积和配套相应活动用品。

第三节 行业监管体系

建立并完善监管机制有着重要意义，有助于约束责任主体的行为，有助于责任内容的落实，有利于老人权益的保障，有利于增强社会对养老服务行业管理部门的了解和信任。在养老服务业监管机制建立中，政府、行业协会、机构的地位不同，也相应需要承担不同的责任。

一、规范公办养老机构供给标准

（一）通用基础标准体系

构成服务通用基础标准体系的标准包括养老服务机构所采用和贯彻的国家标准、行业标准、地方标准及本机构制定的通用基础标准。所有通用基础标准均应在标准化法律法规、各种相关政策和本机构制定的方针、目标等指导下形成有机整体。服务通用基础标准一般包括标准化导则、术语和缩略语、符号与标志、量和单位以及测量标准等四个子体系。

（二）保障标准体系

服务保障标准体系指由养老机构为支撑服务有效提供而制定的标准构成，按其内在联系而形成的科学有机整体。服务保障标准体系通常包括：环境与能源标准、安全与应急标准、职业健康标准、信息标准、财务管理标准、设施与设备及用品标准、人力资源标准、合同管理标准等八个子体系。

（三）提供标准体系

服务提供标准体系一般包括：服务规范、服务提供规范、服务质量控制规范、经营管理规范、服务评价与改进标准等五个子体系。根据理想中养老机构的功能设置，一个服务完整的养老机构应具备如下几个方面的标准规范：生活照料服务、膳食服务、洗衣服务、环境卫生服务、老年护理服务、安全保护服务、心理/精神支持服务、协助医疗护理服务、医疗保健服务、休闲娱乐服务、教育服务、委托服务、交通服务、购物服务、通信服务、安宁服务、急救服务、物业管理服务、运行管理规范、评价与改进标准等。该养老机构标准体系只是一个原则性、引导性、探索性、开放性的结构，有待在后续研究与实践中不断完善。

二、严把行业准入标准，构建科学评估机制

（一）严把准入标准

在取消养老机构设立许可后需要严格养老行业准入标准，加快建立养老机构分类管理制度，积极推进公办养老机构转制为企业或开展公建民营，建立健全养老领域相关规范，着力解决托底保障职能与公建民营不协调问题。支持各类市场主体增加养老服务供给，研究制定医养结合机构服务和管理指南，深入开展长期护理保险试点。开展养老机构服务标准体系建设和养老机构服务质量专项行动，推动社区养老服务设施全覆盖。

（二）构建第三方评估体系

评估认证是依据特定目的对已实施的项目或政策过程和成果进行查证的行为。评估目的是检查机构是否按照政府制定的标准提供服务，所提供的服务是否满足服务利用者身体、情绪、认知和社会需求。2017年3月，民政部等六部门联合发布《关于开展养老院服务质量建设专项行动的通知》，并配发包含115项检查项目的《养老院服务质量大检查指南》。养老院服务质量建设专项行动从2017年开始，持续4年，同时部署了2017年专项行动的步骤和每个阶段的任务。开展养老院服务质量大检查，确实能够整治养老机构存在的问题，推进养老院服务质量大转变，但是这种方式具有突击性、临时性和应急性特征。因此有必要建立独立的评估机构，形成官员、专家和机构经营者共同组成的评估团队，依据严格的评估指标，进行科学评估并公布评估结果，使评估活动向专业化、制度化和定期化方向发展，对老年服务机构进行过程式管理的一个

重要环节就是服务质量评估。国际和国内的相关经验表明:服务质量评估最好委托第三方机构来实施。

质量评估的重要性已经得到政府部门的充分重视,2017 年 8 月《养老服务标准体系建设指南》印发,在日常工作中设立相应的指标体系进行定量评估也成为常用的管理手段。但是,政府自己对自己的工作进行评估在一定程度上缺乏公信力,所以依照国际惯例,第三方机构的任务包括:一是根据设定的评估任务,确立评估的目标和标准,构建相关的指标体系和制定严格的工作程序;二是根据设定的标准和程序,在服务过程中对老年服务机构进行定期或不定期的评估和监督,并就机构的硬件设施和软件配置不断提出进一步改善的意见和建议;三是根据设定的标准和程序,对申请入住的老人进行身心状况,特别是失能状况的检查和鉴别,提出综合性的评估意见和入住后的服务方案。

老年服务机构的质量评估,其影响并不局限于接受评估的老年服务机构,从某种意义上说,微观层面的机构评估,可以为政府在宏观层面制定社会政策和进行制度安排提供必要的信息。在具体的评估活动中,国际上近年来提出的一些新的理念值得尝试。比如,机构的管理人员、服务人员和服务对象参与"互动式"评估,以达到评估者与被评估者共同讨论、分析、交流、分享的目标。

三、建立统一的监管体系

(一)政府行政监管责任

近年来我国养老服务业基本形成了包括公办、民办等不同性质的以及不同经营方式的多元化养老服务体系,养老服务体系呈现出多元化发展趋势。新形势下,政府在不同的养老服务体系中应有不同的职责定位:政府应在基本养老服务体系中发挥主导作用,在非基本养老服务体系建设中应做好引导。政府在养老服务相关的规律法规、价格监管、准入监管以及质量监管等方面需要进行机制的建立与完善。为了提高养老服务的质量,保护老年人的合法权益,政府应完善相关法律法规,加强对养老服务业的法律行政监管。

(二)行业协会监管责任

经济市场化的必然产物行业协会作为行业中介组织,对社会管理、经济发展有重要作用,是市场调节和政府调控后的第三种控制机制,在国外有第二政府之称。在市场经济体制比较完善的国家、地区,行业协会的作用甚至多于政府,是对养老机构进行外部监管的主要力量。行业协会对养老服务业的监管包括监管意愿和监管能力,监管意愿是指行业协会能有效管理和监督意念程度的强弱,体现了行业协会在主观上想要管理养老服务业意志的程度。监管能力是指行业协会监督管理的具体措施、制度政策等,是行业协会实现监管的工具手段。监管意愿——需要有行业协会对养老服务提供者进行监管,由于协会性质不能是强制性入会,这就需要行业协会更多参与到养老服务业运行与管理中,充分发挥和重视行业协会作为产业桥梁的巨大作用,在相应的法律法规完善、标准的制修订、质量管理、人才培养、养老市场信息化提供和政府建言等方面发挥更大的功能作用和价值。监管能力——首先,在对养老服务业监督管理的制度化水平上,有所提高,这些制度化水平提高可以是行业协会管理体制的创新、对行业协会监管的规章制度的改进,其中包括税收制度、财务制度、信息公布制度、年检制度等内容到方法的改进,同时推进行业协会的民间化进程,推进政会实现分离等;其次,行业协会监管应运用多元化管理手段,包括法律手段和经济手段等。

(三)机构内部监管责任

养老机构要在法律法规、行业标准等要求下,制定自身发展的管理制度和实施方案,还要接受行业协会监管,不断改善其服务能力和服务质量。因此,养老服务机构不仅是社会化养老服务实施的主体,同时也是政府和行业协会监管的主要对象。养老机构应该从机构设立条件、服务合同内容、服务人员要求、服务纠纷处理、风险管控等方面来完善养老机构的监管机制。确定养老机构服务合同当事人间的权利义务关系,明确责任分配和服务措施,来更好地提高和改善养老机构的服务质量,规范其运行管理机制。加强机构内部管理不仅是为了应对政府规制和外部评估，更重要的是通过自身的努力，在养老服务市场上取得竞争优势，吸引更多的服务利用者。因此机构自身有必要加强内控体系建设，通过优质的服务人员和优质的服务项目，创造服务品牌，保证机构的可持续发展。

（四）建立监督反馈的协调机制

实现运营监管的健康发展需要做到以下几点：一是建立相互监督和信息反馈制度，保障服务质量管理，实现合作过程中管理信息和数据信息的及时交流和反馈，推动两个体系的良性发展；二是控制各类产品和服务的风险节点和关键环节，建立相应的风险控制流程，以及产业间合作的利益分配机制等；三是通过研究和建立保险业务体系与服务供给体系之间的合作机制，旨在形成从产品供给、服务配套，到财务结算、跟踪评价的一体化服务体系。

第四节　保障体系

行之有效的制度还要有健全的保障体系，要建立健全老年人社会保险制度、社会福利制度、社会救助制度等制度，推进老年社会福利机构的改革，真正使老年人老有所养，老有所照。

一、社会保险制度

积极探索建立长期护理保险评估和服务标准，建立和完善核保、理赔手册、工作流程和服务指南等保险制度和体系，积极推进长期照护保险的基础研究，提高长期照护保险运营管理的专业化水平。研究和制定长期照护分级、评定和服务标准，奠定养老服务的补偿基础。长期照护保险需要根据需求的不同等级，建立保障和服务两个市场之间的匹配和融合。保险资金进入养老护理服务市场，将成为推动市场融合发展、提升行业服务水平的关键因素。建立保险产品分级和评定标准与养老护理服务的服务标准，以及收费数据之间合理、匹配的数据融合，与统计分析口径，将形成养老照护保险产品的基础数据模型，为长期照护险设计和费率精算等关键技术的形成奠定基础。

对养老服务质量的监管。不同产品、不同类型的保险产品对应的服务要求不同,因此要研究匹配的服务供给功能划分。从保险责任的评定流程、保险客户的服务需求评估和方案制定流程,以及服务支付的财务结算流程和制度等方面,协调建立相应的服务供给的工作流程和制度。从国外经验看,养老护理保险产品主要有三种类型:定额给付型、实物给付型和费用报销型,不同类型的长期护理产品其进行养老服务监管的理论和方法不同。

二、社会福利制度

大力发展社区老年福利服务。社区老年福利服务是我国社会福利事业的重要组成部分,是今后实现社会福利社会化的重点和突破口。广大老年人居住在家庭,生活在社区,急需国家和社会为他们提供看得见、摸得着、用得上的福利服务设施,因此,要建立符合中国特色的老年人福利服务体系。

首先,必须抓好社区老年福利服务网络的建设。发展社区老年福利服务体系是一项系统工程,涉及社会的方方面面,发展社区老年福利服务事业必须走社会化的发展道路,应建立以社会筹集为主、政府资助为辅的多层次、多途径的投资体制和社会各界、居民群众广泛参与的发展机制。同时要适应社会主义市场经济发展的要求,逐步引入市场机制,建立以社会效益为主、兼顾经济效益的充满活力的社区养老服务运行机制,形成一个有偿服务与低偿服务和无偿服务相结合,福利性、公益性和经营性并举的社区老年福利服务体系。

其次,充分发挥政府的主导作用,加大资金投人和政策扶持力度。社区老年福利服务事业具有福利性和公益性,各级政府应从财政预算中拿出一定比例的经常性资金,支持社区老年福利服务事业的发展。政府部门要根据经济和社会协调发展的要求,制定宏观发展规划和设施建设标准,将广场、绿地、托老所、社区服务中心、老年人活动中心、卫生保健站等社区养老服务设施纳入城市的总体规划和居民区改造设计与建设方案之中，以改变目前城市建设中无足够老年人活动场所的状况，同时，为老年人丰富精神文化生活，开展健康有益的活动，提供良好的环境。鼓励和动员社会团体、企业、个人以及海外组织，采取各种形式，兴办社区老年服务事业，允许和支持社会力量以合资、入股、购买或租赁等形式参与现有社会福利设施的改造或扩建，实现投资主体多元化。充分调动各方投入，大力挖掘社区资源，广泛动员社会力量，建立社区老年人福利服务网点，为居家养老提供支持，为社区照料提供载体，为老年人活动提供场所，在2—3年的时间里建立和完善社区老年人福利服务网络，以满足广大人民群众日益增长的福利服务需求。

再次，巩固和支持家庭养老。现阶段，在发展社会化养老服务体系时，一定要充分发挥家庭在养老服务方面的功能。尊老、敬老是中华民族的传统美德，家庭养老在我国有着悠久历史，社会成员的家庭观念较为牢固，老年人则更是爱家、恋家，愿意在家中享受天伦之乐，根据我国经济发展水平和生产力的发展状况，在今后相当长的一段时期内，老年人的生活照料问题主要依靠家庭及其成员来解决，家庭在养老方面具有社会服务所不能替代的功能，据全国人口普查结果表明，有74%的老年人生活在二代、三代及以上的家庭中。因此，发展老年福利事业必须以居家供养为基础，要坚持家庭在养老服务方面的基础地位，通过道德教育、舆论宣传、制度规范和政策支持，最大限度地发挥家庭的福利服务功能和作用，绝不能因为推进社会福利社会化而将本应由家庭承担、家庭又能够承担的责任推向社会。

三、社会救助制度

积极深化社会救助制度创新。抓好低保制度的创新。一要探索建立直观量化、便于操作、群众认可的贫困状况评估指标体系，完善低保对象认定办法，精准认定低保对象，研究制度支出型贫困家庭救助支持政策；二要缩小城乡低保标准差距；三要加快推进农村低保政策与扶贫开发政策的有效衔接。

加快建立特困人员救助供养制度。尽快出台贯彻国务院《关于进一步健全特困人员救助供养制度的意见》落实意见，进一步健全完善特困对象认定条件，科学制定救助供养标准，细化审核审批等程序，优化救助供养方式，全面提升供养机构管理服务能力。

深化社会救助工作机制创新。完善社会救助统筹协调机制。全面建立部门联席会议制度，加快建立“大救助”工作机制，切实提高社会救助的准确性和有效性。完善社会救助“一门受理、协同办理”机制。加强窗口人员配备，确保有人办事；规范工作程序，完善受理、分办、转办等工作流程，提高办事效率；加大民政系统内部各项业务的协同。

建立“救急难”工作机制。积极探索建立全方位、多层次的主动发现机制；进一步畅通救助渠道；建立快速响应机制；加强部门配合。

引导社会力量参与社会救助工作。加大购买服务力度，着力解决基层社会救助工作力量薄弱的问题。大力募集社会资金，着力解决政府救助资金不足的问题。加快推进社会工作发展，着力解决社会救助专业化水平低的问题。

推进救助窗口标准化建设。加快推进社会救助领域行业标准、地方标准的制定工作，重点研制社会救助家庭经济状况核对、特困人员供养机构和救助窗口管理服务等标准，统一窗口设置标准，统一窗口人员和设施配备标准，统一窗口服务标准。

四、深化社会福利机构改革

抓好公办老年社会福利机构管理方式和运行机制的改革，进一步深化公办社会福利机构的改革，既是推进社会福利社会化的必然选择，也是社会主义市场经济条件下发展老年社会福利事业的客观要求。公办老年社会福利机构应加快改革步伐，从实际出发，按照产业化的发展方向探索社会福利性质的老年服务机构走产业化道路，建立适应市场经济体制的运行机制。深化现有的国家所有制或集体所有制社会福利机构的改革，探索公有制的多种实现形式，引导它们实现从为民政对象服务向为全社会劳动群众服务的转变，从单纯供养的办院模式向供养、教育、医疗、康复一体化和服务、经营一体化的办院模式转变。从依赖国家包办包管向依靠市场、自主经营、自负盈亏的方向转变。赋予社会福利机构经营、用工、分配等方面的自主权，通过建立和实行行政领导负责制、干部聘任制、全员劳动合同制、岗位责任制、民主管理参与制、按劳分配和股份分红等，激发机构内部的生机和活力，提高福利机构的管理服务水平和经营创收能力。通过改革，将国家举办的老年社会福利机构办成示范性、窗口式单位，切实发挥它们在人才、服务和设备方面的优势，使之在服务形式、服务规范、服务质量上创特色、当样板、作示范，努力成为当地福利服务的中心和基地，在社会福利事业的发展中发挥骨干和辐射作用。对于新办的公办老年社会福利机构，从一开始就要按照市场经济的要求，采取国家规划、公开招标、团体或个人投标、政府监督经办和管理，依法实行实体化的市场运作方式，一切以市场需求为出发点和着眼点，从而以良好的经济效益来保证社会效益的实现，真正服务于老年养老事业，促进医养结合的健康发展。

撰写人：王　鑫

参考文献

[1]张国平. 居家养老社会化服务的新模式——以苏州沧浪区“虚拟养老院”为例[J]. 宁夏社会科学,2011(3):56-62.

[2]王树新. 中国养老保障研究[M]. 北京:华龄出版社. 2004.

[3]董亚红. 我国社会养老服务体系的解析和重构[J]. 社会科学,2012(3):68-75.

[4]孟庆梓. 发达国家养老保障和服务提议建设经验及启示[J]. 理论观察,2014(12):46-47.

[5]黄匡忠等. 无缝社会养老服务体系探索——从珠海看中国社会养老模式[M]. 广州:中山大学出版社,2017:180-181.

[6]张文娟. 中国社会养老服务体系建设[M]. 北京:社会科学文献出版社,2017:5-6,160.

[7]苏国. “十二五”期间大力推进养老服务体系建设的建议[J]. 宏观经济管理,2011(2):18-19.

[8]鱼洁. 城市居家养老服务的多元化供给主体研究[D]. 西安:西北大学,2011.

[9]王桥. 我国养老服务发展进程、存在问题及产业化之路[J]. 湘潭大学学报(哲学社会科学版),2015,39(6):29-32.

[10]李乐. 养老服务社会化中的地方政府职能优化研究——以上海市为例[D]. 上海:复旦大学,2013.

[11]赵晓征. 养老设施及老年居住建筑——国内外老年居住建筑导论[M]. 北京:中国建筑工业出版社,2010.

[2]戴靓华. “医养结合”城市社区养老居住设施规划设计[M]. 北京:中国建筑工业出版社,2016.

[13]中国标准化委员会. 养老机构设施与服务要求[M]. 北京:中国质检出版社,2014.

[14]王琼. 我国养老服务综合配套改革实践与创新[M]. 成都:西南交通大学出版社,2017.

[15] 孙博. 老龄化时代需要大养老金融思维[J]. 中国社会保障,2016(05):37 - 38.

[16] 陈莹莹. 关于发展我国养老金融的观点综述[J]. 经济研究参考,2014(18):40 - 47.

[17] 胡继晔. 养老金融:理论界定及若干实践问题探讨[J]. 财贸经济,2013(06):43 - 52.

[18] 魏丽莹. 中国老龄化背景下养老金融服务研究综述[J]. 现代管理科学,2018(09):70 - 72.

[19] 杨秀玲,邸达. 国外养老金融业发展的经验及借鉴[J]. 经济研究参考,2014(52):30 - 34.

[20] 金融时报. 日本养老金融发展的启示[EB/OL]. (2016 - 09 - 05)[2018 - 10 - 02].

[21] 彭维瀚. 德国养老金体系的改革与反思[EB/OL]. (2018 - 03 - 13)[2018 - 10 02].

[22] 侯明,熊庆丽. 我国养老金融发展问题研究[J]. 新金融,2017(02):54 - 59.

[23]冯丹,冯泽永,王霞等. 对医养结合型养老机构的思考[J]. 医学与哲学,2015(4):25 - 28.

[24]孟颖颖. 我国“医养结合”养老模式发展的难点及解决策略[J]. 经济纵横, 2016(7):98 - 102.

[25]耿爱生.养老模式的变革取向:“医养结合”及其实现[J].贵州社会科学,2015(9):101－107.

[26]马丽丽,陈娜,汤少梁.医养结合养老机构养老服务发展政策研究[J].医学与社会, 2016, 29(4):40－43.

[27]张晓杰.医养结合养老创新的逻辑、瓶颈与政策选择[J].西北人口,2016,37(1):105－111.

[28]耿桂灵,宋彦玲,肖玉华.医养结合理念下老年慢性病患者延续护理模式构建分析[J]. 护理管理杂志,2015,15(6):381－382.

[29]山西民生改善和社会管理创新课题组.转型背景下的山西养老研究[M].北京:中国财政经济出版社,2015.

[30]国家发展改革委社会发展司,民政部社会福利和慈善事业促进司,全国老龄办政策研究部.走进养老服务业发展新时代[M].北京:社会科学文献出版社,2018.

[31]左美云.智慧养老内涵与模式[M].北京:清华大学出版社,2018.

[32]张薇.西安市智慧养老服务问题研究[D].陕西:西北大学,2018.

[33]陈晓晓,唐铁球,王璐洁,洪榕泽,郭宇菲,钱伟能.“互联网＋”背景下嘉兴市养老模式研究[J].合作经济与科技,2018(4).150－152.

[34]于潇,孙悦.“互联网＋养老”:新时期养老服务模式创新发展研究[J].人口学刊,2017(1):58－66.

[35]纪晓岚.社会化养老服务模式研究[M].北京:中国社会科学出版社,2017.

[36]王利剑.需求导向的中国社会养老服务体系建设模式研究[M].北京:科学出版社,2018.

[37]刘金华.中国养老模式选择研究[M].成都:西南财经大学出版社,2011.

[38]苏振芳.人口老龄化与养老模式[M].北京:社会科学文献出版

社,2014.

[39]周博.特色养老——世界养老项目建设解析[M].南京:江苏科学技术出版社,2016.

[40]李亚敏.中国基本养老保险的制度构建与政策研究[M].上海:上海人民出版社,2017.

[41]苏春红.人口老龄化的经济效应与中国养老保险制度选择[M].北京:经济科学出版社,2010.

[42]国家改革和发展委员会等.走进养老服务业发展新时代:养老服务业发展典型案例汇编[M].北京:社会科学文献出版社,2017.

[43]周爱民等.中国养老保障制度的改革和发展——社会建设卷[M].北京:经济科学出版社,2017.

[44]许江坪.中国养老政策目标与路径[M].北京:中国市场出版社,2018.